Dedicada a la memoria de
Mis padres y abuelos
Que vivieron y sufrieron esta época.

Moramai

La Historia de los vencidos

Marcos Barraza Urquidi

Editorial Los Bárbaros de Norte
ISBN 2648-0-9-078-0-988
6248 Edgemere 655
El Paso Tx. 79925
Tel (915) 6035187
Mex (656)200 7123
losbarbarosdelnorte@gmail.com
Copyrihgt Marcos Barraza 2012

Prologo

En el 2002 con motivo de la quinta visita de Juan Pablo II, publiqué un artículo en un foro al que titulé Juan Pablo II el papa Mexicano.

La reacción de los rabanitos (rojos por fuera blancos por dentro) fue desproporcionada y me llovieron los insultos jacobinos, uno de ellos terminó sus ataques y burlas con esta frase, solamente faltó que dijeras ¡Viva Cristo Rey!.

Mi siguiente artículo se tituló ¡Viva Cristo Rey!.

Revisaba en internet artículos sobre los Cristeros pero la información era en extremo reducida y vaga.

Empecé a tratar de recordar historias que había escuchado sobre la persecución religiosa, siendo adolescente pasé unas vacaciones en Morelia y la señora de la pensión donde nos hospedábamos nos platicaba historias de la Cristiada en especial la historia de su sobrino Aurelio, muerto muy joven.

También recordaba que en el 80 cuando acudí a Norogachi un poblado de la Sierra de Chihuahua a ver una Rarajipari (carrera de la bola de los Tarahumaras) y para mi sorpresa no había hoteles así que se me ocurrió ir a la iglesia a preguntar donde me podía hospedarme, ahí me encontré a una monjita con el cabello totalmente blanco que estaba barriendo el templo, me acerqué a preguntarle y me asombro ver su rostro totalmente lleno de arrugas pero hermoso, unos ojos azules enmarcados en un rostro bondadoso y sonriente.

Me dio las señas donde podía encontrar una casa que me diera alojamiento, advirtiéndome que si no la encontraba me podía hacer un lugar en el internado de muchachos tarahumaras que estaba junto a la iglesia.

Esa tarde cayó un tremendo aguacero que nos hizo permanecer dentro de la casa, la señora de la casa nos platicó la historia de Moramai, en el 2006 empecé a escribir la novela y mi primera intensión fue regresar a Norogochi, pero hice cuentas y para esa fecha debía de tener más de cien años.

En un viaje a México me encontré varios libros sobre el tema en la librería Gandhi, el más completo, eran los tres tomos de la Cristiada de Jean Meyer.

También encontré el libro Los masones de Cesar Vidal y El Parral de mis Recuerdos de Salvador Prieto Quimper que fueron vitales para armar la novela.

Nunca me gustó la historia de México, porque la sentía falsa y absurda, con estos libros empecé a entenderla y me apasioné con ella ya que no solamente entendía la historia, sino el presente de nuestro país, los sindicatos, los masones, las luchas de poder, todo se veía más claro.

Hoy seis años después termino la novela en forma apresurada ante el temor de que el regreso del PRI al poder vuelva a ocultar o prohibir el tema.

En una sociedad hedonista quizás resulte difícil entender una relación platónica como la del relato, pero ahí dejo la novela, una historia ficticia formada de pequeñas historias reales, la historia de la clase media, la que sostiene al país, la que tiene escondida su Fe en los templos, la que paga la escuela pública y la privada, la que paga la medicina "social" y la particular, la que no tiene cabida en los discursos, ni en la historia, en una palabra, *La historia de los vencidos.*

Moramai

La historia de los vencidos

Capítulo I

El seminario

Aurelio respiraba lentamente como queriendo economizar el aire que respiraba. Sentía el latido de su corazón, la sangre se le agolpaba en la garganta, los pasos de los soldados se oían por toda la casa, a estos sonidos se agregaba el de los muebles al rodar por la vieja madera que servía de piso.

-¡Aquí debe estar lo vieron anoche¡ -gritaba uno de ellos.

Su padre había hecho el escondite en la cocina para ocultar a su hermana de las tropas revolucionarias y le quedaba chico, obligándolo a estar encorvado, algunas partes del piso eran de tierra apisonada y levantaba un polvo que se metía por el respiradero haciendo aún más incómoda la estancia, estaba encendida la estufa de leña y parte del humo se colaba enrareciendo el escaso aire.

Como quien ve cercana su muerte empezó a recordar su vida: se veía a sí mismo de niño con su sotana roja y su alba, moviendo en forma pendular el incensario delante de la gente que llenaba la iglesia con devoción.

Había aprendido a leer el rostro de la gente adivinando su estado de ánimo, sus penas y sus alegrías, mientras contestaba el "Dominos vobiscum" sus ojos recorrían lentamente, lo mismo aquellas caras agrietadas por el sol y los años, que los cutis frescos y lozanos de las jovencitas que cuchicheaban entre los rezos para ser reprendidos con una mirada fuerte de sus madres.

La luz entraba por los vitrales del oriente dando matices solemnes al lugar, las altas cúpulas decoradas al estilo churrigueresco, las columnas de cantera labrada, las imágenes realzadas del vía crucis, todo formaba una atmósfera de grandeza que le gustaba a Aurelio y soñaba con ser sacerdote.

La escuela era una vieja bodega de granos que se había adaptado como salón único de clases, donde los niños de diferente grado y edad compartían a la única maestra del pueblo, quien lo mismo les enseñaba las letras que los números, la historia que la geografía, el civismo y la religión.

Doña Anita caminaba entre los viejos mesabancos, con la regla en la mano que le servía para mantener la férrea disciplina, Aurelio la buscaba para que le dejara más mecanizaciones, encontraba un extraño placer en resolver cada vez más complicadas multiplicaciones, divisiones, quebrados y raíces, llegó el momento que Doña Anita ya no sabía que ponerle y lo mandó con Mister Shaffer, un alemán refugiado, el cual por las tardes le prestaba sus libros y le enseñaba álgebra.

Cuando no estaba leyendo, se reunía con su pandilla a jugar o a medir fuerzas con otras pandillas, a los 9 años terminó la primaria y fue admitido en el preseminario, al lomo de mula con todas sus pertenencias en una caja de cartón amarrada con ixtle, su padre lo llevó a la ciudad, dejando atrás el lomerío de su pueblo y sus afectos.

-Hay 300 solicitudes y sólo 25 lugares en, estos dos meses sabrán si se queda- con voz afectuosa les dijo el prefecto a Aurelio y a su padre, Melitón.

-Se lo encargo mucho, padrecito- dijo don Melitón, besando la mano del sacerdote y dando la bendición a su hijo.

La sala de espera era muy grande y estaba llena de muchachos parloteando animadamente. Aurelio permaneció silencioso hasta que llegó el prefecto, quien empezó a dar las instrucciones para que acomodaran sus pertenencias en sus casilleros y pasaran al comedor donde les leerían el reglamento antes de cenar.

Muchachos habilitados de meseros, distribuían fuentes con frijoles recién hechos y carne deshebrada con papas, Aurelio devoró su platillo, mirando de reojo a sus compañeros de mesa, se sirvió de nuevo lo que quedaba en las fuentes.

Rezaron el rosario y pasaron a un enorme dormitorio, se metió entre las sábanas y ahí se desvistió como marcaba el reglamento, ¿una cama con resortes? Nunca había dormido en una cama de ese tipo y la sentía demasiado blanda, muy diferente a los tablones con colchoneta donde había dormido siempre.

Una campana lo despertó cuando aún no salía el sol.

-¡A las regaderas!- gritaba un cura al tiempo que sonaba la campana de mano.

El baño, una hora de meditación, la misa, el desayuno, una hora de estudio, una hora de clase, 20 minutos de descanso, otra hora de estudio y una hora de clase, luego la comida, la siesta, de nuevo una hora de estudio por una hora de clase, deportes, rosario, cena y a dormir.

Los dos meses pasaron como un suspiro para Aurelio, jamás había sido tan feliz. Excelentes maestros y una gran biblioteca donde pasaba todo su tiempo libre, de momento le asaltaban dudas sobre si sería admitido, había conocido sobrinos de obispos, sacerdotes, hijos de políticos importantes o acaudalados comerciantes. ¿Lo admitirían a él?.

Cumplido el plazo, fueron llamados los padres y en un enorme salón el señor Obispo Ruiz dirigió un mensaje a los padres y alumnos de lo que significaba ser aceptados, arengó a quienes no fueran admitidos a seguir con una vida de cristianos.

-Voy a dar los nombres de acuerdo al lugar que obtuvieron en el examen, sólo mencionaré a los 25 que admitiremos este año-

Se colocó sus lentes y levantó una lista.

-Este año por primera vez en nuestro seminario tenemos un examen perfecto, primer lugar con promedio de 10, Aurelio Vargas.

Don Melitón soltó el llanto, mientras Aurelio no sabía que hacer.

-Pásale Aurelio- le dijo el Obispo.

En un acto sin precedentes, se quitó la cruz de plata que tenía en el cuello, dándosela a Aurelio, toda la gente se quedó en silencio y algunos sacerdotes fruncieron el ceño en señal de sorpresa.

El primer día de clase todo era alergia, bromas y entusiasmo, acariciaban los libros y los ordenaban en el gran cajón del mesa banco, en el momento de entrar el prefecto todos se pusieron en silencio de pie junto a su lugar.

A pesar de sus años, el prefecto conservaba un porte erguido y su voz potente y grave.

-Señores, el estudio de la liga Dios-hombre, hombre-Dios es el motivo que nos trae a estudiar lo que el hombre ha aprendido sobre esta relación, la Iglesia Católica ha atesorado celosamente a través de los siglos, ustedes, tendrán que apoyar a la grey a entender y vivir esta relación.

-Religare doble liga, religión, considérense privilegiados, Dios ha querido mandarnos un gran maestro de religión un sacerdote que se ha adentrado en los grandes misterios de las religiones quizás como nadie.

En ese momento, apareció en el pórtico de la puerta la figura de un hombre alto y robusto vestido con sotana y banda negra, de mirada inexpresiva y gesto frío.

-Señores les presento al padre Cereceres.- Dijo el prefecto al tiempo que el padre subía al estrado.

-Gracias, padre Benito.- dijo, sin voltear, el Padre Cereceres.

-Tomen asiento- ordenó el Padre Cereceres.

-Veo muchos niños delicados. A a ver, dígame alguien ¿por qué quiere ser sacerdote?- Dijo con voz dura el padre Cereceres.

Alberto levantó la mano y con un gesto el padre Cereceres lo autorizó a hablar.

-Quiero seguir el camino de Jesús y ayudar a mi comunidad- contestó brevemente.

-¿Y que esperas a cambio?.- Contestó con voz fría el padre.

-El respeto y aprecio de mi gente.- Dijo inocentemente.

-Levante la mano los que estén de acuerdo con esta visión del sacerdocio.- Dijo con gesto duro.

Casi todos levantaron la mano lenta y tímidamente.

-Pues siento decirles que están muy equivocados, el sacerdocio se ha vuelto en nuestro país una ocupación muy peligrosa, quiero decirles que serán perseguidos, hostigados, golpeados, encerrados en jaulas como animales peligrosos y sus cabezas serán destrozadas a culatazos, así que es tiempo de que llamen a sus papás para que los regresen. –

El padre hablaba en forma tranquila y fría, parecía no tener emoción alguna. Recorrió lentamente con la mirada esos rostros de niños y vio con sorpresa que en ninguno había miedo o temor, se sintió orgulloso y esbozó algo que pudiera parecer una sonrisa.

-Bien; pues una vez que saben lo que los espera iniciamos la clase y olvidamos el tema.- Concluyó Cereceres.

La pasión por los libros se acrecentó en Aurelio el cual se pasaba todos los ratos libres en la biblioteca. Como los mejores libros estaban escritos en latín, se volvió una obsesión él aprenderlo y a diario hacía acordeones con vocabulario para leerlos en misa o los pegaba en la portería mientras jugaba fútbol o debajo de la almohada para estudiarlo durante la siesta.

Aún no había terminado su primer año cuando ya hablaba perfectamente el latín y lo practicaba con sus maestros, quienes se sentían orgullosos de un alumno tan dedicado, pero no todo era felicidad, la deferencia de sus maestros generaba envidias en sus compañeros. Un buen día el Epi lo reta a golpes, Aurelio sabe que eso le puede costar la expulsión, pero ante la burla de sus compañeros acepta liarse a golpes esa noche después de la cena, atrás de la gruta.

Al día siguiente en la primera clase el maestro le pregunta a Epi.

-¿Qué te pasó en el ojo?-

-Me golpeé con una puerta- contestó muy serio.

-¿Y en el otro ojo?-

-Me golpeé con otra puerta, padre-

-A ver Aurelio, acompáñame a la dirección.-

Salieron del salón rumbo a la dirección preguntándole.

-Fuiste tu ¿verdad? –

-Si padre- contestó agachando la cabeza.

-Voy a hacer como si estuvieras en confesión y será un secreto, no lo vuelvas a hacer porque tendré que expulsarte.- aclaró muy firme el sacerdote.

-No padre.- contestó muy serio Aurelio.

-Ahora regresa al salón- le ordenó

Cuando Aurelio se alejaba, el sacerdote no pudo esconder una sonrisa y se dijo así mismo.

-¡Vaya! hasta que alguien puso en su lugar a ese bravucón.-

Con los meses Aurelio se convirtió el ejemplo de virtud, disciplina y conocimiento, apreciado por maestros y compañeros.

Al terminar el cuarto año le llegó una carta de su casa donde le informaban que su padre agonizaba, de inmediato le llevó la carta a su maestro de Religión, el padre Cereceres, quien le prestó su caballo para que se fuera a su pueblo.

Entre rezos y peticiones a Dios por su padre, cabalgó durante siete horas que separaban a la ciudad de Morelia de su pueblo. Cuando llegó, los vecinos velaban el cuerpo de su padre, su única familia, no se separó un momento del féretro hasta que la tierra cubrió el ataúd y los vecinos se lo llevaron del lugar.

Aurelio se quedó algunos días para vender la herrería de su padre, habían pasado cuatro años desde su salida y todo parecía igual. Por las mañanas visitaba la tumba de sus padres, les rezaba y le cambiaba el agua.

Un día caminando rumbo a la salida del cementerio se encuentra con una muchacha vestida de negro.

-Martita ¿Qué haces por aquí?- le preguntó Aurelio

-Mi padre murió hace un año- le contestó.

-El mío la semana pasada- le contó Aurelio.

Se dieron un fuerte abrazo de condolencias mutuas.

-Cómo has cambiado, Martita- le dijo Aurelio.

Efectivamente, a sus 15 años, Martita, la niña que había jugado con él en su infancia, era ahora una señorita, sus ojos verdes brillaban en el marco de un cutis de perla y sus formas se sugerían a pesar de la discreción de su vestido.

Caminaron platicando animadamente hasta la casa de Martha donde la mamá lo invitó a comer y la comida se juntó con la cena y no dejaban de charlar.

Al día siguiente se encuentran rumbo a la iglesia, Martha había dejado el vestido negro y usaba uno verde claro con pequeñas flores estampadas, destacando su hermoso cuerpo, Aurelio le vio como si se le apareciera la virgen y la saludó efusivamente. Recorrieron de nuevo el pueblo y se sentaron a la orilla del río a comer una sandía. Los días siguientes les parecieron instantes, al enterarse el párroco le pidió a Aurelio que regresara al seminario, la despedida fue triste.

Ya nada fue igual al regreso al seminario, se le veía distraído, en lugar de ir a la biblioteca subía al campanario de la capilla a ver a lo lejos, se volvió más solitario y menos participativo, batallaba para dormir y se quedaba con la vista perdida.

-¡Has cambiado mucho Aurelio! ¿Que te pasa muchacho? – Preguntó el consejero espiritual.

-No sé padre- contestó confundido.

-¿Estas durmiendo mal? Tienes unas ojeras pronunciadas- Insistió el sacerdote

-Sí, estoy durmiendo mal- contestó Aurelio.

-La muerte de tu padre te ha afectado, pero tienes que reponerte, todos seguiremos el mismo camino, recuerda que es sólo un paso a otra vida.- Comentó el padre.

-Así lo entiendo, padre- contestó calmado Aurelio.

-Pues bien, hijo, a retomar el rumbo- afirmó con una sonrisa en su regordete rostro.

-Padre, conocí a una muchacha, mejor dicho la volví a ver después de muchos años y no dejo de pensar en ella, la veo en todas partes, en los vitrales del templo, bueno hasta en los altares..- Confesó Aurelio

-¡Estas blasfemando!- interrumpió molesto el sacerdote.

-¡Padre!, me paso las noches recordando cada momento que estuve con ella, abro un libro y de nuevo, recuerdo su aroma, su sonrisa, su voz, su rostro...

-¡Basta!- interrumpió enérgico el sacerdote.

-He fallado padre, me hace más falta que la vida misma.- contestó con vehemencia.

-Todos hemos tenido pruebas, hijo mío; las superarás.- Contestó en un tono más calmado el sacerdote.

-Padre, no creo poder, cada día es más fuerte mi amor por ella, ya no puedo más, por favor ayúdame, usted ha dicho que es mejor un buen cristiano que un mal sacerdote.- Aurelio levantó la cara suplicante ante su maestro.

-Teníamos muchas esperanzas puestas en ti, pero el amor es así y tú eres muy apasionado, llévate el caballo que te presté y que Dios te bendiga.- le dijo el padre que ya había presentido el motivo del joven.

-También usted deme su bendición.- contestó Aurelio.

Ya era la media noche cuando Aurelio llegó a su pueblo por lo que decidió pasar la noche en su casa que seguía cuidando Chonita su nana, por la mañana calentó agua y se baño a jicarazos, le pidió a Chonita que le planchara su camisa blanca, limpió sus zapatos y se peinó con mucho cuidado, ensilló su caballo y salió rumbo a la casa de Martha.

-Está en el establo- le gritó la sirvienta cuando Aurelio preguntó por ella.

Martha se sorprendió al ver a Aurelio y corrió a saludarlo al tiempo que jalaba de la rienda a su caballo.

-Que hermoso caballo, Martita.- inició la plática Aurelio.

-Es un purasangre.- respondió orgullosa.

-¿Es de tu padre?- le preguntó Aurelio por mantener la plática.

-¡NO! es mío, me lo regaló mi prometido.- Exclamó orgullosa Martha.

-¿Tu prometido?- Balbuceó Aurelio, sintiendo que el mundo se le acababa.

-Si, nos casaremos en diciembre, cuando esté el obispo por aquí. ¿No te da gusto?- Le preguntó Martha con una sonrisa.

-Sí...sí claro,- tartamudeó Aurelio.

-Te iba a escribir para invitarte a la boda, quiero que cantes el Ave María en latín como la cantaste la última vez que viniste, fue algo hermoso, nunca la había oído cantar como tu, pero te veo pálido, ¿te pasa algo?- Preguntó Martha tratando de escudriñar el rostro de Aurelio.

-No, nada, ¿qué día te casas?- Preguntó con una calma falsa.

-El sábado 17 de diciembre.- Contestó con una sonrisa.

-¿Por qué ese día?- Dijo Aurelio para disimular el enorme dolor que sentía.

-Bueno diciembre, porque puedes venir en ese mes y 17 porque sumando los números de año 1925 dan 17 y es un número de suerte, tu mismo me lo dijiste.- contestó Martha tomándolo de la mano.

El corazón de Aurelio se le escapaba del pecho, Martha estaba más hermosa, más angelical, más mujer que en sus sueños, pero también más distante, quería gritarle su amor, decirle que había abandonado el seminario, que no hacía más que pensar en ella, pero veía el caballo y sabía que no podía competir, no tenía nada que ofrecerle más que su amor.

-Bueno Martita, me tengo que ir- Aurelio necesitaba huir.

-Pero si acabas de llegar- le reclamó Martha.

-Solo vine por un documento y me regreso a Morelia.-

Aurelio le apretó la mano y la miró intensamente como queriendo grabar aquellos ojos verdes en su mente para siempre.

Capítulo II
El padrino

Las herraduras del caballo producían un sonido especial al avanzar por aquellas calles empedradas de la bella Morelia, anteriormente Valladolid. Al llegar a una casona, descendió del caballo, lo amarró a la reja que protegía la ventana y tocó la puerta.

-Hijo, ¡qué sorpresa es ésta!- decía una mujer entrada en años pero con vestigios de aquella hermosura que la hiciera famosa.

-Madrina, ¿Cómo esta Usted?- contestó Aurelio

-Pero, pásale, hijo, te ves cansado.-

-No es nada, madrina.- contestó sonriente.

La casa formaba una U con un gran patio, un pozo en el centro y los cuartos en la U como se acostumbraba en aquellos tiempos, junto al pozo floreaban unas gardenias que le daban un suave perfume al patio, al tiempo que los pájaros en las jaulas generaban el ruido de fondo.

Bajo un gran árbol de aguacates estaban dos sillas de mimbre que sirvieron para que, ahijado y madrina, iniciaran una larga plática.

La madre de Aurelio había muerto al parirlo y pasó los primeros años con su madrina, hasta que ella se fue del pueblo a Morelia.

-Quisiera que me permitiera vivir, un tiempo con usted, mientras formo mi propia familia.- dijo en tono suplicante.

-Claro hijo; esta es tu casa.- Le contestó titubeante, ya que su marido, de un tiempo acá nada le parecía y continuó.

-¿Qué fue de tu casa?- Le preguntó la madrina.

-Se quedó Chonita en ella- contestó clavando la vista en el musgo que se formaba entre los ladrillos del piso.

-Supe que dejaste el seminario- usó un tono amable y suave, como no queriendo importunar.

-No era mi vocación, madrina.-

Al contestar, su gesto se tensó, como queriendo escapar de la pregunta. La madrina sonrió y le tomó suavemente del hombro.

-Solo Dios conoce nuestro destino, él te tendrá reservado para otra misión-.

Doña Tencha trataba de aliviar la tensión que se notaba en el rostro de Aurelio, que no levantaba la cara.

-Así es madrina.- Contestó Aurelio como si fuera victima de un interrogatorio.

-Mira, ahí viene tu padrino.- dijo la mujer, sintiendo alivio por cambiar la plática.

Aurelio, levantó la vista, vio entrar la figura corpulenta de su padrino, notó que había cambiado su forma de vestir, ya no usaba la levita y el sombrero de copa, sino un sombrero de fieltro y unos pantalones de casimir muy holgados con una americana, sus lentes claros y redondos habían desaparecido por unos lentes oscuros y se notaba una arrogancia extraña en su caminar.

Aurelio sintió el deseo de ir a abrazar a su padrino, de niño lo había querido como un segundo padre, pero ahora notaba algo extraño en él.

Doña Tencha se levantó como resorte y se acercó a su esposo al tiempo que le decía:

-Aurelio se va a quedar entre nosotros, unos días- Su voz se sentía titubeante y había en su actitud una mezcla de temor y respeto.

-Tendrá que trabajar duro, yo no mantengo haraganes. Contestó molesto Don Filemón y agregó:

-Desde mañana se irá a la herrería a darle al parejo mío- Sentenció con voz enérgica y dicho esto se dirigió a su despacho sin tender la mano a su ahijado.

Durante la revolución, aprovechando su cercanía con monseñor Hicks, Filemón se había acercado a familias acomodadas para ofrecerse a resguardar sus bienes mientras ellos se ponían a salvo en Europa y Estados Unidos, sin embargo, no esperó a que los "revolucionarios" las saquearan; él mismo tomó todo lo que había de valor en ellas formando una gran fortuna.

Al término de la revolución vendió estas propiedades a generales y coroneles que traían botines de guerra considerables y reportó a los dueños que había sido obligado a ceder estas propiedades.

Se había reservado para sí un palacete en la Colonia Roma donde habitaba su amante. Cuando Filemón visitaba la Ciudad de México, organizaba bacanales para la gente de Calles donde en la embriaguez "arreglaban" sus asuntos.

La gente bien le había retirado el saludo y él le achacaba esto al padre Benito que alguna vez fue su confesor y lo acusaba de haber faltado al secreto de confesión como si nadie se enterara de sus burdas tranzas y raterías.

La ventana del cuarto que le asignaron a Aurelio daba a un arroyo seco, cubierto de maleza y arbustos, su cama era de latón, había una mesa con una palangana para asearse, la duela del piso estaba recién aceitada. Se recostó en la cama y pronto se quedó dormido.

Era el mediodía cuando la voz chillona de Carmelita le llamaba a comer, Aurelio despertó con dolor de cabeza, rara vez dormía de día, pero el viaje nocturno le había cansado, ante el quicio de la puerta la figura obesa en extremo de Carmelita le regalaba una sonrisa, Aurelio le regresó la sonrisa y se sintió en confianza ante aquella mole de carne enfundada en un vestido de manta con huellas de la comida que había preparado y sus eternos huaraches de cuero.

-Mi niño, qué gusto de tenerlo de nuevo con nosotros- le dijo Carmelita mientras se jalaba una trenza denotando nerviosismo y alegría al mismo tiempo.

Aurelio se apresuró a abrazarla.

-Mi Carmelita, un gramo más y vas a estallar-. Le dijo Aurelio estallando en carcajadas.

-Muchacho del demonio, ¿Pues de que le sirvió el seminario? – Le contestó Carmelita fingiendo enojo.

-Platícame, ¿Cómo ha estado todo en esta casa?- Dijo Aurelio.

-Mmmm mijo, esta casa ya no es la misma. El patrón ha cambiado mucho, ya casi no viene, dizque viaja mucho y cuando viene, pus ¿pa` que?, pa´ maltratar a la niña, a mí ya ni me saluda, como si no existiera, sólo cuando necesita algo, ya no da las gracias, sólo manda, ahora la comida siempre esta fría o caliente, picosa o desabrida, por todo regaña a la niña, yo crioque tiene el diablo metido.

-Tengo hambre Carmelita, y tu nunca terminas con tus chismes, luego me platicas.- Cortó por lo sano Aurelio y salió de la habitación seguido por Carmelita quien no paraba de hablar.

El comedor era de sobria elegancia destacaba la mesa de cedro cuya cubierta era de una sola pieza y según se decía las sillas eran del mismo enorme árbol, que a pesar de los años, seguía con su olor característico, los trinchadores adornados con vajilla decorada a mano con motivos regionales. Colgaban de la pared dos bodegones que Tencha, su madrina, había pintado durante sus años de estudio en Paris y en el lugar de honor, un enorme platón de madera labrado, pintado con tierras y aceite de linaza, Tencha había querido mantener la técnica original que los frailes habían enseñado a los indígenas, Paul Cèzane, el gran pintor francés postimpresionista, le había hecho hincapié en que tratara de mantener las tradiciones pictóricas de la región.

Tencha inició la oración para bendecir los alimentos, Aurelio veía de reojo que su padrino no contestaba las oraciones como queriendo ignorarlas. Carmelita entró trayendo una fuente con sopa de flor de calabaza, hacía tiempo que Aurelio no disfrutaba de una comida tan exquisita, nadie pronunciaba una palabra hasta que Aurelio sin pensar pregunta:

-¿Cómo van los Caballeros de Colón?, padrino-

-Ya dejé a esos mochos, retrógrados, creen formar un sindicato, ¿qué saben ellos de sindicatos? ¡Bah! Son una caricatura de los masones.- Se veía el rostro encendido de Filemón y apretaba el puño derecho sobre la mesa como si la hubiera golpeado, Tencha inclinó la cabeza como pretendiendo ser ignorada o aislarse de la plática que empezaba mal, Filemón había sido expulsado en forma deshonrosa de Los Caballeros de Colón al quedar descubierto en sus raterías.

Esta agrupación había nacido unos años antes en Estados Unidos bajo la dirección del padre McGivney, viendo como los católicos eran excluidos de los sindicatos y otras organizaciones que otorgaban servicios sociales, además se les prohibía el ingreso a las más populares organizaciones fraternales, como era el caso de la masonería, McGivney deseó proveer una alternativa.

También pensó que el catolicismo y fraternalismo no eran incompatibles y quiso fundar una sociedad que impulsara a los varones a ser orgullosos de su herencia católica-americana, la organización fue un éxito y pronto se extendió a México donde, siendo el pueblo mayoritariamente católico, rápidamente se extendió por todo el país.

Filemón fue un gran entusiasta porque creía ver en ello la posibilidad de entrar al círculo de amistades de su esposa y de su suegro que nunca lo había aceptado totalmente. Filemón y Tencha se habían conocido en París donde los dos habían sido enviados a estudiar, sólo que Tencha brilló intensamente por su dedicación y talento, mientras Filemón se la pasó en francachelas engañando a sus tutores, ni siquiera aprendió francés, Tencha por su parte fue muy aceptada en el círculo de los impresionistas quienes disfrutaban de su delicada plática, sus finos modales y su amplia cultura.

Filemón hablaba mucho de los principios de la orden, la caridad, la unidad, la fraternidad y el patriotismo, pero estaba muy lejos de vivirlos. Enfrentado con los caballeros de Colón decidió entrar a la masonería, donde se sentía feliz, con la salvedad de que se orinó en los pantalones el día de su iniciación. Todo le sentaba de maravilla, cada día se relacionaba con más gente importante dentro del gobierno que la masonería había infiltrado "hay que ser bueno pero no tanto" era la frase masónica que más se repetía.

Se volvió un experto en la venta de favores, adulador con los poderosos y déspota con los humildes, pronto se volvió una pieza importante para el gobierno de Obregón e indispensable en el gobierno de Calles.

Por encargo del gran maestro había hecho amistad con Luis N. Morones, secretario general de la CROM, le había planeado la idea de generar una red de poder que dominara en forma total al país, por lo cual habría que reglamentar a los sindicatos y otorgarles poder total a sus líderes desde el gobierno para asegurarse en el poder y dominar a los empresarios que se quisieran oponer a sus deseos.

En 1921 había servido como cantinero en una reunión histórica en la finca de Gonzalo N. Santos donde este se había reunido con Luis N. Morones y Maximino Ávila Camacho Ahí los tres se comprometieron a realizar alianzas con los generales Obregón y Calles, ellos les pondrían en bandeja de plata al movimiento Obrero.

Morones se pondría al frente del partido Laboral Mexicano y en la rebelión delahuertista, mandaría como carne de cañón a sus obreros, Filemón participaba desde las sombras, evitaba aparecer en público, prefería la secrecía de la logia.

Obregón estaba urgido por firmar Los Tratados de Bucareli, el Senador Francisco Field Jurado se había enterado del contenido y había amenazado a Obregón de hacerlos públicos, Obregón le habló a Morones y Morones a Filemón. Field caía muerto en la Calle de Córdoba en la Colonia Roma de 8 disparos.

Por las noches Filemón se revisaba las manos para ver si no tenían sangre y repetía las frases de su jefe, "La guerra es sin cuartel, diente por diente, vida por vida. Toca ahora a los senadores el castigo", yo no disparé se decía ante el espejo, fue Morones y el arrepentimiento inicial pasó a ser orgullo, "Es la guerra y nosotros venceremos".

Al parejo de Morones, Filemón se enriquecía sin límites. En febrero de ese año la CROM había establecido que ninguno de sus sindicatos se podía lanzar a huelga sin autorización del Comité Central y el comité Central era Morones, el negocio de la NO Huelga se volvía muy interesante y Filemón se las agenció para ser "el cobrador" ante los patrones de la protección de sus empresas.

Esa noche frente al gran maestro y sus hermanos masones decía:

-La red se vuelve más fuerte, pronto todo mexicano tendrá que pedirnos permiso para vivir, para respirar, México estará en nuestras manos- Amenazaba Filemón.

Cerraba el puño como en ese momento en la mesa.

Aurelio veía a su padrino muy diferente, lo sentía como un desconocido pero lejos de sentir miedo le contestó:

-Antes no había elogio que no dedicara a Los Caballeros de Colón y..

-Basta, no quiero ni que los menciones- interrumpió firmemente Filemón, agregando:

-Bueno ya que estas aquí, quiero que en mis ausencias te ocupes de la herrería.- Le ordenó Filemón.

Nadie volvió a interrumpir y disfrutaron de la delicia de la comida que le habían preparado, al terminar, Flemón sacó de la bolsa interna de su americana un estuche y se lo entregó a Tencha, diciendo:

-Estuve con la Tía Gertrudis y me dio este collar que perteneció a mi abuela.- Dijo Filemón al tiempo que le extendía el estuche.

Tencha abrió el estuche donde se encontraba un hermoso collar de oro con diamantes y una aguamarina engarzada en plata en el centro, en el fondo la marca francesa preferida de Tencha.

La madre de Filemón era sirvienta en la casa de su padre y había muerto al parirlo, la esposa lo aceptó y lo crió como uno más de sus hijos, era un secreto que todos conocían y que de niño le hizo mucho daño, Tencha conoció el secreto casi en forma simultánea de conocerlo a él, pero no le importó.

El collar era nuevo y la tía Gertrudis sólo existía en la mente de Flemón y aunque no le agradaba usar joyas seguía acumulándolas por si algún día tuviera que convertirlas en dinero..

-Gracias- dijo tímidamente Tencha.

El amor había desaparecido a fuerzas de bofetadas con las que Filemón dominaba a Tencha, quien "cargaba su cruz" con resignación, Tencha representaba para Filemón lo que siempre había aspirado y hoy era lo que más odiaba, el anterior respeto se había transformado en temor por ambas partes, Tencha temía la ira de Filemón, y éste tenia un gran temor que no alcanzaba a entender por Tencha.

Dándose golpecitos a su voluminoso vientre, eructó fuertemente con el deseo de molestar a los presentes al tiempo que se levantaba y se dirigía a Aurelio.

-Mañana te presentaré en la herrería.-

Aurelio y Tencha juntaron las manos bajaron el rostro e iniciaron la oración para dar gracias a Dios por los alimentos recibidos.

Capítulo III
La herrería

Una hora antes de amanecer Aurelio se puso un pantalón, una camisa de manta y salió a correr, le gustaba correr descalzo como de niño y probar cuanto resistía. Pronto llegó a las afueras de la ciudad y localizó un cerro donde probaría su condición, lo subió rápidamente al tiempo que recordaba las carreras matutinas con sus amigos del pueblo para alcanzar lo alto del cerro y ver el amanecer, esta vez lo hacia solo, pero esperaba tener pronto amigos que lo acompañaran.

Aún no amanecía, desde lo alto se podía ver la luz de los quinqués en algunas ventanas y las siluetas de las casas con la tenue luz de la luna, parecía distinguir carretas repartiendo leche en las botellas que la gente dejaba en las banquetas, personas con un enorme sombrero lleno de pan para surtir a los tendejones con pan recién hecho, que la gente disfrutaba con ese chocolate que sólo en Morelia tiene ese aroma y sabor.

Aurelio contempló por un instante la magnífica vista y de un salto se colgó de una rama para hacer sus dominadas.

Repentinamente el cielo se pintó de rojo y Aurelio suspendió sus ejercicios y se puso de rodillas con los brazos abiertos, su cara se iluminó con una sonrisa de felicidad al tiempo que decía.

-Gracias, Señor, por permitirme contemplar la maravilla de tu creación, gracias, Señor, porque en la humildad de mi persona y mi escaso razonamiento puedo sentir y admirar la belleza de tu obra, de tu magnificencia y te pido que me des sabiduría para encontrar la ruta que le marques a mi vida y pueda ser útil a mi Dios, mi patria y mi familia.

Se quedó inmóvil viendo como las sombras desaparecían y todo se iluminaba, se quitó la camisa para recibir los primeros rayos de luz, sentía que esos primeros rayos le darían la energía necesaria para lograr sus metas.

Cuando medio disco solar había emergido en el horizonte, se levantó y caminó hasta llegar a un punto donde pensaba estar en dirección a su pueblo y con su voz de tenor empezó a gritar

-¡Martha!, ¡Martha! te amo- Gritaba una y otra vez mientras sus lágrimas se mezclaban con su sudor hasta caer sentado en la tierra y esconder su sollozante rostro entre las piernas, desahogando su dolor acrecentado por el primer amor que lo había tomado por sorpresa.

Luego reanudaba su ejercicio con más vigor, quería eliminar hasta el último átomo de grasa, despertar y tonificar todos los músculos de su cuerpo.

Habrían pasado 3 horas cuando inició el descenso saltando entre las grandes piedras del cerro, llegó directo al pozo para sacar agua y darse un buen baño.

Filemón no se había levantado aún, las parrandas nocturnas, el exceso de alcohol y las mujeres no le permitían levantarse hasta media mañana, lo que le permitió a Aurelio disfrutar de un delicioso desayuno con su madrina y lo mejor, los relatos de Paris de ella los cuales disfrutaba con éxtasis, Ella, por su parte, se sentía rejuvenecida al relatarlo y ver como su ahijado no perdía detalle.

Pasaron a la mesa y Tencha le pidió a Aurelio que hiciera la oración para bendecir los alimentos, Aurelio se sintió halagado y con verdadera devoción inició el "Bendícenos Señor y bendice estos alimentos", la madrina había aprendido a hacer queso de leche de cabra en Francia, con el cual hacía un "omelet" bañado con salsa de tomate y especias que era un verdadero manjar, acompañado con pan de agua recién hecho, le seguía como platillo a la avena cremosa y terminaban con una espumeante taza de chocolate que previamente Carmelita preparaba moliendo en metate el cacao agregándole azúcar morena, mantequilla, canela y unas especias que Tencha se negaba a revelar. Acompañaban el chocolate con pan de dulce aún caliente, conchas, pan de anís, "Kequis", cocoles, toda una variedad que se había ido agregando al pan que los frailes les habían enseñado a elaborar a los indios purépechas.

El ruido de los pájaros en los árboles del patio daba un fondo musical a la plática y las gardenias en grandes macetas mezclados con los aromas propios de la cocina daban ese ambiente agradable de estar "en casa".

-Madrina, en ocasiones veo una profunda tristeza en su mirada.- Comenta Aurelio

-Mi México se está muriendo, digo mi México, en el que crecí, en el que me enamoré, el que añoré en la lejanía, fuerzas oscuras se han apoderado de él.- Dijo en tono melancólico Tencha.

-¿Qué añoras de ese México? ¿Las grandes fiestas?-Le pregunta Aurelio.

-No, eso es superficial, añoro la convivencia, los valores, la vida diaria, los temas de conversación, las amistades transparentes, la alegría del pueblo, su música espontánea, tantas cosas que se llevó la revolución.- Suspiró Tencha.

-Pero es que unos cuantos tenían todo y los demás no tenían nada.- Le increpó Aurelio.

-No hay una época en la historia, ni un lugar en el planeta donde en algún momento haya existido igualdad entre los hombres y no por eso se matan los unos a otros.- Contestó pausadamente Tencha viendo a los ojos de su ahijado.

-Pero los Hacendados explotaban a los campesinos.- comenta Aurelio.

-Para generar riqueza hay que explotar la tierra, el agua, el viento, la mano de obra, el capital y lo más importante; hay que explotarse uno mismo, hay que estar atento al tiempo de la siembra y tener lista la semilla, hay que preparar la tierra en el momento justo, hay que regar, cuidar el crecimiento, tener lo necesario para la cosecha, el dinero para pagar los jornaleros, las bodegas para almacenar el grano, llevarlo a los mercados, negociar un precio justo, cobrar el producto y después tener el temple para respetar ese dinero y afrontar los gastos.

Manejar una hacienda no es fácil, manejar el campo no es meter el arado solamente, son generaciones de sacrificios, suma de esfuerzos, temple para encarar los problemas.-

¿Y que me dices de las tiendas de raya?- Preguntó Aurelio.

-Se ha satanizado ese concepto desde las oficinas de los burócratas y políticos que nunca han vivido en el campo, a diferencia del trabajo en las fábricas, oficinas y comercio, en el campo, el trabajo no es continuo sino por temporadas y la gente tiene que comer todos los días y no siempre tienen el hábito del ahorro y cuando se quedan sin dinero ningún banco les presta, las tiendas de raya hacen esa función y lo que no dicen los políticos es que muchos se van sin pagar y que hay tiendas que le siguen fiando a las viudas o a los enfermos que difícilmente pagaran, sin estas tiendas la pasarían mal.-

-Pero entonces ¿por qué se levantó el pueblo en armas?- pregunta intrigado Aurelio

-No se levantó el pueblo, lo levantaron, el pueblo no estaba armado, lo armaron, contrario a lo que dicen los políticos, el pueblo no estaba en el hambre o la desesperación sino que se vivía una bonanza no conocida en México. Mira en la hacienda levantábamos más de mil toneladas de maíz, trigo y garbanzo al año y diariamente 1500 litros de leche, ¿cuántas toneladas consumíamos al año mis 5 hermanos, mi padre, mi madre y yo? Difícilmente una y cuando mucho 2 litros de leche al día, lo demás iba para la sociedad, esa riqueza se distribuía en toda la cadena, más de la mitad partía al extranjero y generaba divisas para el país, el dinero que se recibía había que estirarlo hasta la siguiente cosecha, ahorrar algo para los tiempos malos cuando se perdían las cosechas y algo también para darnos nuestros gustos y hacer nuestras fiestas con todos los trabajadores que también ellos se daban sus gustos, en la fiesta de la cosecha las mujeres lucían sus vestidos y rebozos nuevos, los hombres sus botas y sombreros de paño, éramos como una gran familia.

Cuando el Coronel Sisniega se quedó con la hacienda, descuidó el ganado que se enfermó y empezó a morir, cuando el coronel se enteró mandó llamar al caporal quien le recordó que le había advertido la falta de medicinas, el coronel enojado sacó la pistola y se la vació advirtiendo a todos que al general no se le hablaba así, al paso de los días la gente aterrorizada se fue moviendo a otros lados, mientras el coronel se la pasaba en la capital y el ganado se acabó.

El coronel no ponía atención a la época en que había que comprar la semilla y barbechar la tierra y las cosechas empezaron a escasear, hoy la hacienda sólo sirve para las fiestas y orgías que organiza el coronel, las tierras están cubiertas por las yerbas y sólo quedan los caballos que usa el coronel, esa fue la maravilla de la revolución.

La repartición de la tierra resultó una burla, las grandes extensiones se las dieron a los gringos, las medianas a los jefes militares y las pequeñas e improductivas a los campesinos en la forma más burda y vergonzosa en la gleba.-

¿Qué es la gleba?, Madrina.- Interrumpió Aurelio.

Era la forma como los señores feudales retenían a sus gentes, los esclavos pasaron a ser, La Servidumbre de la gleba, era un estado intermedio entre la esclavitud y la libertad.

Estos generales están regresando a México al Medievo con esa gleba que le llaman ejido, le dan tierra al campesino, pero no la propiedad sino sus frutos o como pomposamente le dicen el usufructo de ella, pero el estado sigue siendo el dueño de la tierra y digo estado por no decir la clase política o el gobernante en turno.

El campesino no puede dejar la tierra porque la pierde, no se puede enfrentar al gobierno porque la pierde, tiene que votar por ellos o la pierde, esto los va a eternizar en el poder, le dirán a todo mundo que somos una democracia y como la mayoría de la población está en el campo ahí tendrán los votos que ellos necesitan para perpetuarse en el poder.-

-¿Pero que me dices de la educación?- preguntó de nuevo Aurelio.

Es el mayor crimen que están cometiendo, han cerrado muchas escuelas por el delito de ser dizque "confesionales" y no están abriendo nuevas, muchos pequeños poblados se han quedado sin escuela, ya hace diez años que las cerraron, y no llega la prometida del gobierno, se esta perdiendo una generación y en las que han abierto, han desterrado la enseñanza de los valores bajo la excusa del laicismo, están fomentando la lucha de clases y destrozando el nacionalismo, los maestros son gente improvisada y mal preparada, hay maestros que apenas saben leer y en ocasiones llegan alcoholizados.

Muchos fuimos enviados a Europa para regresar y aumentar el nivel educativo de la gente, pero fuimos desplazados por el odio de clases.-

La cara de Tencha pasaba de la rabia, a la desesperación, a la tristeza, al vacío, efectivamente el México que había soñado desaparecía del horizonte, la sociedad anhelada no sólo no tenía esperanza sino avanzaba en sentido contrario. Cada vez le era más difícil continuar el tema por lo que Aurelio silenciosamente se levantó y caminó hacia el jardín.

La herrería se había cambiado a una gran nave a las afueras de Morelia, cuatro fraguas y dos hornos de fundición de acero hacían que el ambiente fuera sofocante, los obreros semidesnudos colocaban los moldes de arena sílica para que recibiera el acero fundido que luego se transformaría en tapas de alcantarillas, de otros moldes salían elegantes adornos para las rejas que estaban construyendo, unos más daban forma de punta a las barras de acero al rojo vivo, nadie tomaba un respiro, la mirada de hierro del capataz Melquíades no se lo permitía.

Melquíades era hijo de la sirvienta de Filemón y se murmuraba que éste la había preñado a los 12 años, como ella había muerto en el parto nadie podía afirmarla fehacientemente.

Los pisos eran de tierra apisonada, las paredes de adobe que con el tiempo habían tomado un color negruzco, la luz entraba por unas pequeñas ventanas en lo alto de las paredes, la luz del sol hacia ver el polvo y humo que flotaban en el ambiente, se pegaban en él, con el sudor en las espaldas de los obreros dándoles un color café oscuro a su piel.

Aurelio preguntó por Melquíades y un obrero le hizo la seña hacia aquel hombre de rostro iracundo y seco, Aurelio se acercó lentamente y le dijo:

-Buenos días- como no recibió respuesta continuó

-Soy Aurelio Beltrán ahijado de Don Filemón, él me ha mandado a encargarme de la herrería.- Le dijo amablemente.

Melquíades sintió que la sangre le hervía, lo habían tenido desde niño en ese lugar, ahí comía y dormía en un pequeño cuarto, ahora venia un roto a desplazarlo sólo porque era leído, lo volteó a ver de pies a cabeza y le dijo en forma despótica al tiempo que le daba la espalda.

-Este no es lugar para señoritas.- le dijo con coraje

-Entonces ¿qué haces tu aquí?- Le contestó en el mismo tono.

Aurelio nunca buscaba pleito pero tampoco lo eludía, desde niño practicaba lucha libre y boxeo, era el mejor en el barrio, aún en el seminario había tenido algunos pleitos que no se habían dado a conocer.

Melquíades se regresó y sin decir algo le tiró un golpe abierto a la cara.

Con rapidez, Aurelio lo elude al tiempo que con la mano derecha le toma la muñeca y con la izquierda el codo y carga todo su cuerpo en la misma dirección del golpe, Melquíades cae pesadamente sobre el piso de tierra al tiempo que Aurelio sin soltarlo presiona con su rodilla la columna vertebral de Melquíades y sigue aplicando la llave a un Melquíades que grita de dolor.

Lo obreros suspenden sus quehaceres y forman una rueda alrededor de los dos, nadie se atreve a intervenir, en el fondo ven con agrado a su capataz con la cara en la tierra, mordiendo el polvo.

-Ya esta bien- grita Melquíades

Aurelio lo suelta y espera que se levante, por un momento se quedan uno frente a otro en forma retadora hasta que Melquíades anuncia a los trabajadores.

-Este es el nuevo patrón, aprendan a respetarlo- y se alejó.

Aurelio lo siguió hasta un pequeño cuarto que hacía las veces de oficina.

-¿Quiere que me vaya en este momento?- Le dijo secamente Melquíades.

-De ninguna manera, todo seguirá igual, yo me encargaré de los clientes, los documentos y las compras, tu seguirás dirigiendo la herrería.- Dijo tranquilamente Aurelio mientras tomaba uno cuchillos hechos a mano en la herrería.

-No se vaya a cortar- exclamó Melquíades.

-¿Quieres seguir peleando?- Respondió Aurelio.

-No, sólo que están recién afilados- Respondió Melquíades.

-En la herrería de mi padre hice muchos y mejor balanceados que éstos, debes de centrar bien la punta en el cuerpo del cuchillo y suavizar las aristas del mango.- agregó Aurelio al tiempo que lanzaba rápidamente el cuchillo a un poste de madera que estaba como a diez metros, el cuchillo se ensartó con un ruido seco.

-Tuvo suerte- exclamó Melquíades

-No es suerte, es técnica- contestó Aurelio al tiempo que lanzaba en forma secuencial los 5 cuchillos que estaban sobre la mesa y éstos se encajaban uno debajo de otro.

Un temor invadió a Melquíades que veía con asombro a aquel adolescente que lo había vencido en forma casi instantánea y ahora lo menos que quería en su vida era volverlo a enfrentar.

Aurelio sonrió al ver la cara de susto de Melquíades y le dijo:

-Espero que seamos amigos ya que tenemos mucho trabajo por delante.

-¿Amigos? Usted es de otra clase social nunca podremos ser amigos- le contestó Melquíades.

-No seas idiota, las clases sólo existen en la mente de los hombres, ante Dios todos somos iguales y creo que ante la naturaleza también, ya perdimos mucho tiempo, ve a darle una vuelta la gente para que todos estén haciendo su trabajo.- Terminó diciendo Aurelio.

Melquíades obedeció sin chistar al tiempo que una gran tranquilidad le invadía, desde que Filemón le dijera que su ahijado se encargaría de la herrería un gran rencor había nacido en su alma y ahora se sentía aliviado. El desprecio se había convertido en admiración.

Abrió la puerta de la oficina, todo estaba lleno de polvo, unos viejos retratos de familia descuadrados, se veía que hacía mucho tiempo no se había abierto, el archivero estaba medio abierto y las carpetas sucias y desordenadas, el escritorio con restos de café y cerveza junto con papeles.

Se regresó, empezó a recorrer la herrería. Todo estaba sucio y desordenado, las paredes rayadas y sucias, el sanitario asqueroso, se detuvo ante unos enormes bultos tapados con manta.

-¡Melquíades!- gritó Aurelio

Melquíades soltó las pinzas y caminó hacia Aurelio.

-Diga Ud. Señor- preguntó respetuoso.

-Para empezar no me hables de usted y no soy señor, soy Aurelio.-

-Diga Ud. Señor Aurelio.

Aurelio sonrió y le tomó por el hombro.

-Dime que hay en esos enormes bultos-

-Maquinaria, que trajo su padrino.- Contestó muy formal Melquíades.

-¿Que tipo de máquinas?- preguntó intrigado Aurelio.

-No sé, lo que supe por el chofer es que es maquinaria que llegó de Alemania para una fabrica allá en la capital, el dueño no aceptó pagar la cuota del sindicato y le hicieron una huelga, lo despojaron de todo, su tío se quedó con las máquinas.- Melquíades torció la boca. Y continuó

-Su padrino presume que las compró en Alemania pero no sabe ni para qué sirven-

-Vamos a verlas- dijo Aurelio al tiempo que removía las mantas.

-Un torno Pratt & Whitney, que increíble, sólo lo había visto en libro, sabes Melquíades, este tipo de tornos los utilizaron para fabricar rifles en la guerra civil americana, ven, vamos a ver que más hay-

Fueron quitando las mantas y aparecieron una fresa, una rectificadora y una gran cantidad de herramientas y materiales, Aurelio estaba emocionado.

-Melquíades, con esto podemos hacer maravillas- dijo entusiasmado Aurelio.

-¿Usted sabe manejarlas? Preguntó asombrado Melquíades.

-Mmm he leído sobre ellas, tengo una idea pero debe de haber manuales.-Contestó Aurelio.

-Pues parece que allá hay una caja, a lo mejor esos son.- Respondió Melquiades apuntando hacia el rincón.

Los dos corrieron y abrieron la caja, con la desesperación de quien busca un tesoro, abriéndolas de inmediato.

-Están en alemán- dijo Aurelio con decepción

-¿Quién sabe alemán?- preguntó Melquíades

-El padre Cereceres, él nos ayudará, por lo pronto vamos a cubrirlos de nuevo y vamos a limpiar este muladar, necesitamos poner piso de ladrillo o mosaico y cerrar bien esta área.

Con el paso de los días la herrería se fue transformando, Aurelio llegaba muy temprano y se ponía a probar las herramientas, luego salía a buscar trabajo para la herrería, todos trabajaban entusiasmados, Mariano, el molinero, había arreglado la gran fragua y acondicionado un horno para fundir acero, entusiasmado y apoyado por Aurelio hacía moldes de arena para fundir herraje para rejas, pronto toda la clase alta quería cambiar sus rejas por las que hacía Aurelio.

Aurelio aprendió a hacer tornillos y partes para maquinaria y cada nueva pieza que lograba corría hasta la casa para mostrársela a su madrina quien se entusiasmaba tanto como Aurelio y cada nueva pieza era un reto para lograr algo mejor.

Capítulo IV
El Padre Cereceres

La tarde caía y el cielo tomaba un color azul profundo como los ojos de Elisa, cuya mirada se perdía a los lejos en el camino, que serpenteaba por entre los cerros, su rostro de adolescente tenía la dulzura de quien tiene un huésped formándose en su vientre y sentada en aquella mecedora de mimbre se movía suavemente como si arrullara a su hijo que aún no había nacido, su cabello largo y rizado le cubrían sus hombros del viento frio de septiembre.

-Ya métase, mi niña- le ordenó afectuosamente su nana.

-Estoy esperando a Franz, vas a ver que hoy sí llega, hace rato escuché el tren, hoy llegará estoy segura- afirmó Elisa.

-Ya han pasado 5 meses desde que se fue y solamente ha llegado una carta.- contestó temerosa la nana.

-Rita, Alemania esta del otro lado del mundo, no es como ir al pueblo y regresar el mismo día, se lleva su tiempo.- Elisa trataba de ser enfática como para convencerse a sí misma.

-Muchos ingenieros no han regresado.- comentó la nana, al tiempo que le ponía la mano en su hombro derecho.

-Franz sí, porque me ama, él regresará, entiéndelo Rita.- Elisa subía el tono de voz más por angustia que por enfado.

La nana guardó silencio, mientras que los bellos ojos de Elisa se humedecían.

Los días se fueron haciendo más cortos y a fines de diciembre, un día en que la nieve había alcanzado los 10 cm. , fue llamada la comadrona a asistir a Elisa en el arribo de su pequeño.

Rita y Jerónimo, su esposo, corrían a la cocina a traer agua hervida y trapos blancos, Elisa sudorosa, con la respiración agitada y agudos dolores veía como aparecía una cabecita de entre sus piernas, luego aquel frágil cuerpecito que develaba la curiosidad precedente al evento, llegaba un varoncito a la vida de Elisa.

Los padres de Elisa habían muerto en una epidemia de cólera y Rita con su marido, sirvientes de la casa, se habían quedado con la custodia de la niña por deseo expreso de los padres. Para ayudarse rentaron la casa del pueblo y se fueron a vivir a la pequeña granja que tenían a las afueras del pueblo.

Elisa estudió para secretaria en la escuela del pueblo y obtuvo trabajo en la oficina de la mina, a los dos meses conoció a Franz, un ingeniero que venía de Alemania a instalar un sistema de flotación nuevo, para el aprovechamiento de los minerales de plata. El enamoramiento fue inmediato, Franz y Elisa compartían todos sus ratos libres, se les veía por la plaza, por la Iglesia, caminaban por los campos luciendo felices.

Al término de la instalación llegó la orden para que Franz regresara a Alemania y con dolor se despidieron jurándose amor eterno. Franz pediría el consentimiento de sus padres y regresaría por Elisa para casarse.

Desde Nueva York le escribió a Elisa refrendándole su amor y su deseo de casarse con ella, no hubo más cartas, ni para ella, ni para la compañía donde trabajaba, nadie volvió a saber de él.

La casa de la granja estaba construida de gruesos adobes, altos muros, techos de tejamanil y lodo. Con un cielo de manta encalada que la hacía tibia en el invierno y fresca en el verano, el calor de la estufa de leña en la cocina era suficiente para mantener una temperatura agradable.

Elisa, sentada en la cama, con su bebé en los brazos, lucía verdaderamente hermosa aún con la palidez de su rostro y lo desordenado de su cabellera, la felicidad reflejada en todo su ser la hacía lucir como nunca.

El bautizo fue en la capilla de San José, en cuyo honor le fue dado al pequeño el nombre de José. Prepararon una comida en el porche de la casa a la que asistieron 2 amigas de Elisa, el párroco que era gran amigo de los padres de Elisa, Rita y su marido.

Los animales de la granja, junto con la cosecha de maíz y trigo les proporcionaban en forma suficiente los alimentos a la familia y el dinero de la renta les permitía ciertos ahorros y la posibilidad de comprar lo que no producían en la granja, por lo que Elisa decidió no regresar a su trabajo y dedicarse por entero a cuidar a su hijo.

Se había aficionado a leer los viejos libros de su padre que se encontraban apilados en el piso de una pequeña habitación y ahora leía en voz alta para tranquilizar al bebé, cuando José empezó a dar sus primeros pasos, Elisa lo llevaba al campo a pasear al salir el sol y por las tardes le leía cuentos e historias a su hijo, el cual, la escucha con extrema atención.

En esa rutina le llegó la edad escolar sólo que ahora era el quien le leía a su orgullosa madre. Prepararon la carreta y se dirigieron a la escuela parroquial donde sabía que el sacerdote aceptaría a su hijo por la amistad que había tenido con su padre.

Por las noches la ausencia de luces permitía ver, a simple vista, una cantidad muy grande de estrellas. José subía al techo de la casa y se tendía en el suelo a observarlas hasta que se quedaba dormido, Elisa lo bajaba para llevarlo a su cama, pero pronto él insistió en dormir a la intemperie en las noches de verano y pronto lo hacía casi todo el año.

José era un niño muy fuerte y aplicado en sus estudios pero solitario y taciturno, sus compañeros no hacían por buscar su amistad, era hijo natural y sus papás no lo aceptarían de visita en su casa, a José tampoco parecía interesarle hacer amistad con ellos, aunque en los recreos defendía a los débiles de los niños abusones, no buscaba la plática con ellos, prefería platicar con sus maestros que le decían el niño "porque", ya que siempre estaba interrogándolos sobre diversos temas.

Elisa vivía para su hijo, con la renta compraba telas y zapatos para su niño quien siempre iba impecable a la escuela, aunque regresaba hecho un asco, se esmeraba por comprarle frutas y verduras y prepararle nuevos platillos.

Un buen día decidió elaborar quesos, tomando como guía un viejo libro francés, su pequeña producción era suficiente para la familia y para enviarle al párroco de regalo y a los maestros de José, Elisa se esmeraba por producir cada vez mejores quesos, los cuales pronto le fueron solicitados.

Con la ayuda de Rita y su esposo levantaron un nuevo establo y adquirieron más vacas para surtir la demanda de sus quesos que crecía sobre todo en la población de extranjeros que pagaban un alto precio por ellos, al terminar José la primaria, el negocio florecía y ya venían de otros lugares a comprar los quesos de Elisa que eran únicos en la región, habían recuperado la casa del centro y la habían transformado en tienda donde vendían los quesos y productos ultramarinos.

Llegó la ceremonia de fin de cursos de la primaria y el orgulloso párroco inició un discurso.

-Hoy terminan estos jóvenes su instrucción primaria, una etapa importante en sus vidas, ya que todos saben leer, escribir y hacer cuentas, así como una idea clara de nuestra historia, geografía y religión de nuestro país y del mundo.

En esta ceremonia premiamos a los mejores alumnos, a los niños de dieces como se dice, solamente que hoy tenemos un caso único en la historia de esta escuela, tenemos un niño de diez, un niño que en todos sus trabajos, tareas y exámenes durante toda la primaria tuvo una calificación: diez, le pido al niño José Cereceres que pase a recibir la medalla de excelencia como el mejor de su generación y una medalla especial como el mejor en la historia de esta escuela.-

Elisa no pudo contener el llanto, todos sus esfuerzos eran recompensados, pensó en Franz, él se sentiría muy orgulloso de su hijo; aunque físicamente no se pareciera a él, sí se parecía en su carácter y en su inteligencia, la gente aplaudió discretamente y José sin emoción en el rostro pasó a recoger las medallas y el diploma.

Al terminar la ceremonia se reunieron en la sacristía de la Iglesia donde el párroco le insistió a Elisa que José debía seguir estudiando y que la mejor escuela sería el seminario, José sentía inclinación por el sacerdocio, pero a Elisa le parecía la muerte separarse de su hijo.

-Padre, pero está muy chico para irse a la capital sólo tiene 11 años- decía con cierta angustia Elisa.

-No te preocupes, él estará bien, hay muy buenos maestros preparados en el Vaticano y José será un gran sacerdote- afirmaba enfático el párroco.

El párroco tenía razón, José se distinguió en sus estudios y calificaciones, que fueron perfectas, le acompañó su ansia de aprender nuevos idiomas pronto dominó el latín y griego que eran obligatorios y por su parte, con la ayuda de un viejo sacerdote aprendió el arameo, varios dialectos egipcios, árabes y judíos que le permitían leer antiguos libros de historia.

Su temperamento se mantenía sin cambios: introvertido, reflexivo y poco expresivo, le seguía apasionando la astronomía y ahora gracias a un maestro que le había regalado un telescopio sus conocimientos sobre las estrellas impresionaban, era capaz de orientarse fácilmente con las estrellas y saber la fecha y la hora con sólo ver el firmamento.

La ceremonia de ordenación fue majestuosa, acostados sobre el piso escuchaban el "Tu es sacerdos in aeternum secundum ordinem Melchisedech", (Tu eres sacerdote eternamente según la orden de Melquisedec) Elisa de nuevo lloraba de la emoción, a sus 35 años se mantenía muy hermosa y soltera, su negocio de los quesos se había transformado en un emporio, pero su máxima felicidad era su hijo a quien visitaba por unos minutos cada semana, al ponerse de pie la estatura de José sobresalía por más de una cabeza del resto de sus compañeros, la mása muscular de sus hombros le hacían lucir ligeramente encorvado, el ancho de su quijada contrastaba con las finas facciones de su rostro que como siempre no dejaban ver ninguna emoción, sus negros ojos y sus leves ojeras le daban todavía más una expresión dura que inspiraba respeto.

Por la noche fueron invitados a cenar con el señor obispo, quien los recibió en el comedor de la casa episcopal, Elisa lucía un hermoso vestido francés de seda y encajes como se usaba en la época, confeccionado a su medida, un peinado de salón y alrededor de su cuello un collar de esmeraldas, el párroco del pueblo la acompañaba con el orgullo de haber sido quien lo recomendó para que lo admitieran en el seminario.

En su sitio esperaron sólo unos minutos para que llegara el obispo, acompañado por el rector del seminario quien después de bendecir los alimentos inició una entretenida y trivial charla mientras disfrutaban de una cena sencilla pero muy bien preparada donde no faltaron los quesos de Elisa y el vino francés que ella le mandaba al Obispo periódicamente.

José mostraba una ligera sonrisa en ese rostro serio y adusto.

-Señor Obispo.- dijo José.- estoy ansioso por saber a qué pueblo me voy a ejercer mi sacerdocio-

-A ningún pueblo José, vas a La Ciudad- afirmó el Obispo.

-A La Ciudad Eterna, a Roma, ¡hijo!. He tomado la carta con que te recomendó el párroco para que ingresaras al seminario y sólo le he agregado los 12 años que estudiaste aquí, 18 años sin un nueve, eso es un record difícil de igualar, allá estudiaras con los mejores maestros y estudiantes del mundo, no te será fácil mantener este nivel, tendrás que esforzarte para mantener en alto el nombre de tu país.

Elisa interrumpió sorprendida

¿Cuánto tiempo estará por allá?-

-Tres años al menos, aunque pudieran ser más- le contestó el obispo ante la cara descompuesta de Elisa.

-Disfrútalo esta semana que estará de vacaciones ya que tendrá que tomar el barco el 10 de Octubre de 1910 para ser precisos.- terminó diciendo el obispo.

Como cada año, que le permitían pasar unos días en su casa, José disfrutaba trabajar con los peones de la granja que cada día se extendía más, nuevos establos se agregaban y la quesería se agrandaba, carros de ferrocarril completos para la capital que todo lo devoraba y otros para la frontera, más de 300 empleados se habían agregado en esos 12 años que había pasado en el seminario.

Rita salió corriendo a recibirlo y lo abrazaba como queriendo asfixiarlo.

-Pepito, mi niño.- gritaba – ahora sí vamos a tenerlo para siempre con nosotros.

-No, Rita, me voy la semana que entra- le contestó lacónico

-Pero, cómo nos van a hacer esto- decía Rita abrazándolo más fuerte como si quisiera retenerlo.

Cuando se llegó el día, Elisa lo acompañó hasta el puerto de Veracruz con el deseo de aprovechar su compañía hasta el último minuto, lo vio subir la escalinata del barco con el rostro lleno de lágrimas y con la angustia de que Europa le arrebatara a su hijo como lo hizo con su padre, no se movió de su lugar hasta que el barco se perdió en el horizonte.

Acababa de amanecer cuando José estaba en el comedor leyendo como era su costumbre, cuando se acercó el capitán diciéndole.

-Antes de irme a dormir le vi observando las estrellas y hoy al levantarme antes del amanecer seguía Ud. viéndolas, ¿es usted astrónomo?-Le preguntó el capitán.

-Sólo aficionado, pero el espectáculo era único y no me lo quería perder- contestó José

-¿Qué tenía de único el cielo anoche?- le preguntó intrigado el capitán.

-Soy de un pueblo del norte del país y estudié en la capital del estado que está aún más al norte, todos esos años he visto casi las mismas estrellas, estando unos grados menos de latitud he podido ver estrellas que sólo había visto en los planos estelares y eso fue un gran acontecimiento, por cierto hemos estado viajando hacia el sur cuando esperaba ir subiendo hacia el norte, ¿a que se debe señor capitán?-Le preguntó José

-Vamos a hacer escala en Mérida, luego Cuba, Florida, Houston y Nueva York, ahí cambiarán de barco los que van a Europa y nosotros nos regresamos costeando hasta Río de Janeiro.- Le contestó en forma animada el capitán.

Dos astrónomos aficionados tienen mucho de qué hablar, José y el capitán tomaron el desayuno luego la sobremesa y, si no es por que un grumete llama de urgencia al capitán a la sala de motores, quizás hubieran platicado todo el día.

Al anochecer José estaba de nuevo mirando las estrellas con un cuaderno de notas trazando líneas y puntos cuando llegó el capitán con el navegante.

-¿Le interrumpimos?- preguntó el capitán quien venía con el navegante

-De ninguna manera, tomen asiento por favor- contestó José.

-Me dice el capitán que Usted puede saber el día, la hora y la posición donde nos encontramos con sólo ver las estrellas- dice el navegante.

-Bueno por su uniforme veo que Ud. Es el navegante y eso lo sabe mejor que yo- le contesta José.

Pensando que fanfarroneaba le pregunta, -bueno ¿nos podrías dar la hora viendo las estrellas?-

-No tengo conmigo un compás, sólo sería aproximada- contesta José.

-No importa dinos aproximadamente qué hora es- insistió el navegante con una sonrisa burlona.

José volteó la cabeza hacia el este y dijo:

-Son aproximadamente las 8:35 más menos dos minutos.

El navegante sacó su reloj de su uniforme y asombrado gritó:

-las 8:36 ¿cómo lo hizo?- preguntó

-Hoy Sirio apareció en el horizonte justo al ponerse el sol, el sol se ocultó a las 6:32 y Sirio ha avanzado un poco más de 30 grados en la esfera celeste, sume dos horas y tendrá las 8:32 pero como se ve que es un poco más de 30 grados le agrega al tanteo los minutos. –terminó diciendo.

El capitán y el navegante se quedaron viendo con sorpresa para después sonreír afectuosamente, las reuniones nocturnas se hicieron una costumbre y se agregó el contramaestre a ellas, al llegar a Nueva York le dijo el capitán.

-José, un amigo parte hoy a Europa y tiene una fragata muy ligera que te ahorrará varios días de viaje, he hablado con él y con gusto te llevará.- le dijo entusiasmado.

-Muchas gracias Capitán, fue un placer conocerlo- le dijo José al tiempo que estrechaba la mano en señal de despedida.

-Espera, una última pregunta, dijiste que no eras astrónomo, luego te pregunté si eras matemático o físico pero no recuerdo que nos hayas dicho qué estudiaste.- Le dijo intrigado el capitán.

-Estudié para sacerdote, me ordené hace unas semanas- contestó sonriendo.

-Nos hubieras dicho para tratarte con el debido respeto- dijo el asombrado capitán.

-Me trataron mejor, me trataron como amigo y eso no lo olvidaré, Adiós- dijo José mientras se retiraba por el muelle acompañado de Douglas, el capitán de la fragata.

En poco tiempo José arribaba al viejo continente y casi de inmediato tomaba el tren para Múnich, antes de llegar a Roma quería ir a la tierra de su padre, el único dato que tenía era que vivía en un pueblo al norte de Múnich llamado Oberacker, de un salto bajó del tren y de inmediato abordó un carruaje dándole la orden al cochero.

-¡A Oberacker!- dijo con voz firme y en perfecto alemán.

Después de estudiar Latín, griego y arameo, José había seguido con el francés y el alemán.

El carruaje tomó un camino que cruzaba un bosque y dos horas después llegaban a Oberacker un pequeño poblado de casas con techos de dos aguas, todas sus calles empedradas y muy limpias, la gente dedicada a la madera en su mayor parte, pero además contaba con un laboratorio de minerales y un taller de metalmecánica de mucho prestigio, que hacía trabajos para las fábricas de Múnich y el laboratorio de minerales era famoso en Europa.

El cochero detuvo el vehículo y se bajó a preguntarle a José el domicilio donde lo debía de llevar, José estaba verdaderamente nervioso.

-Lléveme a la iglesia, por favor- balbucea José.

-¿A cuál?- preguntó extrañado el cochero.

- A la católica – contestó titubeante José.

- Las dos son católicas- respondió el asombrado cochero.

- Mmm a la parroquia- contestó José pensando que debía de haber una parroquia.

El cochero regresó a su lugar sin contestar mientras José se golpeaba las rodillas tratando de calmar sus nervios.

Empezaba a lloviznar cuando el coche se detuvo frente a la Iglesia del pueblo, sólo traía una maleta y la tomó después de pagarle al chofer.

El párroco debía saber donde vivía su padre, se dirigió a una puerta donde suponía debía estar la sacristía, tocó la enorme puerta de madera labrada y unos minutos más tarde aparecía un anciano cura.

-¿En que puedo servirle?- preguntó lacónico.

-Vengo de muy lejos ¿me permite pasar?- preguntó José.

-Claro, pase por favor- contestó el anciano cura.

Pasaron a un saloncito con una mesa y dos sillas de madera sólida.

-Mi nombre es José Cereceres y vengo de México, estoy buscando a Franz Gramer.- inició la plática José.

El rostro del cura se ensombreció y contestó.

-¿Qué sabe Ud. De Franz Gramer?- le preguntó intrigado el cura.

-Soy su hijo- respondió sin preámbulos José y le contó las historia de su madre y la propia.

El cura se levantó y empezó a caminar de un lado a otro.

-Lamento darte malas noticias, Franz nunca regresó, su padre hizo el camino en sentido contrario buscando a su hijo que le había anunciado su retorno y sus deseos de casarse con una mexicana.

En Nueva York encontró en el hotel el equipaje de su hijo, tu abuelo duró un mes buscándolo en esa ciudad pero jamás lo encontraron, ya hace 23 años y aún lo lloran, tu voz y tus ojos son idénticos a los de Franz, pero no perdamos tiempo, vamos a que conozcas a tus abuelos- dijo el cura al tiempo de que tomaba su sombrero y se dirigía a la puerta, sus movimientos eran ágiles a pesar de los años que delataba su rostro.

A pesar de la llovizna la plaza estaba llena de gente que paseaba, cruzaron la plaza y a pocos metros llegaban ante una casa de dos pisos con vitrales en todas las ventanas del frente.

Pase Ud. Señor cura, qué milagro que nos visita- dijo una mujer robusta sesentona y con el cabello aún negro y rizado.

-Será mejor que nos sentemos, Nilda, porque vamos para largo- dijo el cura al tiempo que le daba su sombrero.

El viejo cura sentó a José frente a frente con su abuela y él quedó en medio observando esas cabelleras negras y rizadas tan iguales, esos perfiles tan semejantes.

-Nilda, quiero que veas detenidamente los ojos de este joven y me digas a quién te recuerda- dijo firmemente el anciano cura.

El corazón de Nilda se sacudió y su rostro reflejó la sorpresa.

-Atinaste, son los ojos de Franz ¿y sabes porqué?.- dijo el cura con voz enérgica

El corazón de Nilda aceleraba su ritmo y sólo atinó a voltear a ver al cura.

-Es el hijo de Franz- dijo el cura en el mismo tono.

La cara de sorpresa de Nilda empezó a inundarse de alegría y se levantó deprisa a abrazar a José, el cura repitió la historia de José a Nilda quien no cabía de felicidad.

Nilda se levantó, fue a su cuarto y regresó con una carta.

-Franz estaba muy enamorado de tu madre. Aquí nos lo cuenta en su última carta, él venía a pedirnos autorización para casarse, quiero que se la envíes a tu madre para que sienta la paz de que mi Franz nunca la abandonó- dijo Nilda con el rostro lleno de lágrimas.

En ese momento llegaba Fritz, el abuelo de José, y el cura aprovechaba para retirarse, de nuevo la historia, la alegría y el llanto.

José disfrutó de sus abuelos los días que se había ahorrado en el viaje, le mostraron fotos de su padre cuando era niño y una foto de su madre que su padre había enviado, se quedó sorprendido de la belleza de su madre y estaba feliz de poder enviarle la carta donde se explicaba todo lo que había acontecido con su padre, se sentía liberado, el fin de semana el abuelo lo llevó a

Múnich para que tomara el tren a Roma y otra vez los abrazos efusivos y las lágrimas.

Era de noche, había planeado viajar de noche y poder hacer escala en Venecia y Florencia.

De madrugada llegó a Venecia y se trasladó de inmediato a la Plaza de San Marcos, aún no abrían la basílica así que caminó un rato por la orilla del mar, tenía días sonriendo y feliz, congraciado con la vida, a media mañana regresó a la Basílica y se pasó varias horas admirando la iconografía de sus cúpulas decoradas en el siglo XIII, por la tarde cenó en un café al aire libre escuchando un cuarteto de cuerdas y de nuevo al tren.

Aquí también, su paseo se inició en la gran Catedral de mármol blanco, con policromías en verde y rosado, se quedó contemplando la enorme cúpula diseñada por Brunelleschi, le interesaba también ir a conocer la tumba de los Medici para admirar las esculturas de Miguel Ángel, en particular, "Aurora".

El tiempo corrió demasiado aprisa y sólo alcanzó a conocer el palacio de los Uficci y el Ponte Vecchio.

De nuevo abordó el tren tratando de dormir un poco.

Finalmente Roma, la eterna Roma, amanecía y desde una colina admiraba aquella hermosa ciudad que despertaba, José había leído mucho sobre esta ciudad y la había recreado en su mente, pero en este momento todo eso se borraba ante la magnificencia de la ciudad eterna, la gran Roma, donde flotaba un ambiente de calidez, de alegría, de lozanía.

El sol se erguía y los tonos grises del horizonte se aclaraban acercando las imágenes, soplaba una suave brisa ligeramente húmeda y refrescante, las calles se empezaban a llenar de gente que iban al trabajo, escolares de la mano de sus madres, jovencitas de uniforme luciendo su belleza temprana, hombres rudos con herramientas de labranza.

José tenía la convicción de que las catedrales contenían secretos que sus constructores escondían en ellas y estaba ansioso de conocer las 4 catedrales de Roma.

En orden cronológico quería visitar primero San Juan de Letrán, la primera catedral erigida en un terreno que le regaló Constantino al Papa para que edificara la catedral de Roma y que sería la residencia de los papas hasta la construcción de la de San Pedro, quería hacer este recorrido a pie, disfrutar de las plazas, las fuentes, ver los cafés sobre las aceras, en una palabra sentir Roma.

Al llegar a San Juan de Letrán recordó que ahí estaban las cabezas de San Pedro y San Pablo cubiertas de Plata, las cuales les fueron entregadas a sus familias después de sus ejecuciones.

Al entrar vio por primera vez las 15 estatuas de 7 metros de altura representando a Cristo, a San Juan Bautista, a San Juan Evangelista y a los doctores de las Iglesias griega y latina.

José entra con el debido respeto y después de inclinarse ante el altar mayor empezó a admirar la obra de Giovanni di Stefano, un enorme Baldaquino, para luego pasar a ver el ábside y el presbiterio, las horas fueron pasando mientras José recorría cada imagen cada escultura cada detalle de la catedral, al estar en el altar principal levantó la vista para ver aquel macizo de "oro de las Américas" como le decían.

-Ahí esta un pedazo de mi pueblo- dijo para sí mismo.

-Disculpe, es hora de cerrar- le dijo un guardia.

Ya era de noche cuando salió y se dio cuenta de que no había comido nada, todo el día se le había hecho poco para admirar las obras de arte.

Le quedaban tres días aún antes de presentarse y decidió ocupar cada día para visitar las otras tres catedrales.

Era su quinto día en Roma cuando, con su equipaje al hombro se dirigió al "Collegio Etiopico" lugar donde se encontraría con Giovanni máscagni y quienes serian sus compañeros de estudios, desde la vía Aurelia se podía ver la torre de la catedral de San Pedro, cuando llegó al lugar, ya estaban algunos rodeando a quien debía de ser Giovanni Mascagni.

-Soy José Cereceres de México- dijo dirigiéndose a Giovanni.

-Vaya, se te adelantó una carta- le dijo al tiempo que sacaba de un libro una carta para José.

Era una carta de Martín de Alba, el párroco de su pueblo, se sintió feliz de tener noticias de los suyos y abrió rápidamente el sobre:

Mi querido hijo en Cristo, un día después de que tu madre regresara de Veracruz donde te despidió, sucedió algo terrible, el viernes como a las 7 de la noche, cuando todos los trabajadores se habían marchado llegó una pandilla de asaltantes a la granja, sólo se encontraban Rita, su esposo y tu madre, mataron de inmediato a Rita y su esposo, enterraron a tu madre hasta el cuello para que les dijera donde estaba el oro, una vez que les dijo y tomaron el oro, solamente agregaron tierra a su cabeza, debió ser horrible su muerte, cuando escapaban fueron vistos por unos arrieros que dieron la alarma e identificaron al jefe de la banda, un hombre que se hace llamar Pancho Villa, el cual se ha ganado la fama de ser cruel y sanguinario como nunca se había visto por esta zona, lo acompañaban Tomas Urbina y Trinidad Rodríguez, el comandante y un grupo de voluntarios se dio a la tarea de perseguirlos, el pueblo entero está en este momento en su velorio y la sepultaremos en la cripta de la Iglesia como era su deseo, Dios la tenga en su misericordia.

Martín de Alba

Municipio de Valle de Allende, Chihuahua 16 de Oct. De 1910

José no dijo una sola palabra, guardó la carta y su rostro tomó un gesto duro y sombrío, Giovanni, que estaba al tanto de lo ocurrido, lo tomó del brazo y lo llevó hasta la capilla Sixtina que en esos momento estaba cerrada al publico, lo dejó delante del altar y retirandose respetuosamente.

José seguía con las mandíbulas trabadas y los puños cerrados de rodillas ante el altar con la mente en blanco, pasaría una hora cuando la capilla se estremeció con un grito fuerte y desgarrador: ¿POR QUÉ?

Días Después escribía una carta lacónica al párroco dando instrucciones para que se vendieran todos los bienes de su madre y se donaran al asilo de San Vicente.

Su carácter se volvió aun más hosco y retraído, evitaba tener la mente ociosa y estudiaba más duro que nunca, pasaba todos los momentos de descanso en la biblioteca, a pesar de estar en un grupo de elite en poco tiempo se destacó como el mejor del grupo por su capacidad para el aprendizaje de idiomas así como para analizar temas complejos los cuales documentaba en forma abundante.

Las semanas empezaron a formar meses y estos años, la rutina de estudio sólo se interrumpía por la visita de los abuelos que transformaban a José, sus compañeros lo trataban con respeto y distancia, sus maestros con deferencia y cierto celo.

Un día lo llama el obispo Bartolomeo Pecci.

-José, me han dicho que pones en duda los acuerdos del concilio de Trento, ¿es cierto eso?- Le inquirió el obispo.

- No señor- contestó tajante

-Has hecho comentarios sobre los evangelios incluidos en la Biblia- Le replicó.

-Bueno es evidente que prácticamente no hablan de la infancia y juventud de Jesús y creo que hay mucha sabiduría y conocimiento en esa época del Salvador- Se atrevió a contestar.

El obispo hizo una mueca de disgusto.

-¿Pones en duda a los doctores de la Iglesia? Le miró amenazante.

-De ninguna manera, pero hay en esa época información que nos permitiría unir a muchas religiones – contestó enfático.

-¿Quién quiere unir las religiones? Dijo el Obispo.

-No importa el quién, tarde o temprano tendremos que ir a la raíz común- respondió José, continuando.

-Mire, he leído algunos libros Egipcios y del medio oriente de la época de Cristo y hablan de El, es más, hay agrupaciones secretas que guardan documentos de aquella época, documentos que debíamos de estudiar para entender mejor a Jesús.

-Basta.- Interrumpió el Obispo, -Estás entrando a terrenos prohibidos-.

-El conocimiento no es terreno prohibido, mire en las montañas al sur de Egipto hay una orden monástica que guarda celosamente papiros que describen la infancia de Cristo, nosotros deberíamos tener acceso a esa información, hay otra en Petra y muchas más por el medio Oriente, la India, Pakistán y El Tíbet, no podemos estar con los ojos cerrados a esta información.

-¿Y tu crees poder hacer ese trabajo?- Interrumpió de nuevo el Obispo.

-Claro- contesto firme José- conozco sus idiomas, dialecto y costumbres, además sé como lograr que me permitan acceder a esos libros.

-Veo que la modestia no es una de tus virtudes, tus planes e ideas han llegado a los oídos del Papa.-

-¿Y?- Interrumpió ahora José visiblemente emocionado.

-Creo que Pío X ya esta muy enfermo y toma decisiones inadecuadas- dijo el obispo en tono falsamente molesto.

-¿Qué tipo de decisiones? preguntó José.

-Mandarte a Egipto- Contestó sonriente el obispo.

La cara de José se iluminó con una gran felicidad, el Obispo continuó:

-Aquí tienes la información que tiene el Vaticano de esos libros, los 3 sacerdotes que en el pasado lo intentaron desaparecieron.- Dijo lacónicamente el Obispo.

-Conozco su historia, sus viajes y sus errores.- Dijo en el mismo tono José.

-Vaya con el soberbio Mexicanito, debes de saber que cualquiera de ellos era muy superior a ti- el gesto del Obispo se endurecía.

-No dudo que hayan sido superiores a mí, pero equivocaron la estrategia. Mire la única forma de entrar a esas zonas sin ser advertido es a través de alguna tribu errante como comerciante.. José siguió detallando su plan durante más de una hora, al final el Obispo le entregó los documento y dinero para el viaje.

-Cada mes recogerás dinero en El Cairo- agregó el Obispo.

-Ese fue uno de los errores que cometieron, deme dinero para un año y olvídense de mí por ese periodo- dijo tajante José.

El Obispo saca de su escritorio una bolsa con monedas de oro y se las entrega.

-Gracias Señor no se arrepentirá- dijo sonriendo José.

-¡Vale! ¡Dominus Tecum!(Adiós, que el señor esté contigo)- Respondió el Obispo.

-¡Vale! ¡Domine!.- contestó José

José dio la media vuelta y se dirigió a paso acelerado a la puerta.

-Vaya con el biblioteco, tiene agallas.- se dijo a sí mismo el Obispo.

Los boletos eran para embarcar en Ostia y llegar a Damietta y de ahí a El Cairo, sin embargo vendió los boletos y tomó el tren para entrar por España y cruzar el estrecho de Gibraltar, empezaría a comerciar en Marruecos y de ahí al sur de Argelia Nigeria y Norte de Sudan; entraría a Egipto por el sur, por un pasaje cerca de las cataratas.

Unos meses después el Vaticano daría la noticia de la muerte de Pio X y la elección de Giacomo Giambattista della Chiesa quien tomaba el nombre de Benedicto XV.

El obispo Bartolomeo no tenía ninguna noticia de José y no encontraba el momento de plantearle el tema al nuevo Papa.

Al cumplirse un año de la salida de José, el obispo abordaba su carruaje para regresar al Vaticano después de oficiar una misa, cuando, de pronto, un intruso se introdujo rápidamente a su carruaje.

-No se asuste y siga su camino- le dijo en forma autoritaria un hombre de barba y cabellos crecidos, de rostro tostado por el sol y mirada férrea.

-Tome estos documentos se los manda Osej – sin esperar respuesta salto de carruaje en movimiento y se alejó entre la gente.

Desconcertado el Obispo abrió el envoltorio lacrado que contenía un fajo de hojas con el título de "Los libros del Nilo". Una gran emoción le invadió y paró el carruaje para saltar e ir tras el mensajero, pero éste ya se había perdido entre la gente.

Osej..Osej ¿quien era Osej? José, claro, quién más podría ser, sonrió para sí diciendo en voz baja.

-El muy canalla no me encaró, sabe que ya no vive su protector, este es el hallazgo más importante del siglo y habrá que mantenerlo secreto.-

Durante los años siguientes y de la misma forma llegaría "El paso por la media luna", un año después "Cristo en la India" y el cuarto año "Los misterios del Tíbet"

Dos días después, en sus oficinas, el obispo era interrumpido por su secretaria quien le avisaba que El oficial Inglés Oscar Rountree le urgía verlo, atrás de su secretaria se veía el porte militar de un hombre de 30 años vestido a la usanza de los militares ingleses comisionados en la India.

-¿Cuál es la urgencia de su visita?- le preguntó con cierto grado de molestia el Obispo.

-He terminado mi misión y me pongo de nuevo a sus órdenes- le dijo el oficial haciendo sonar los tacones de sus botas.

El obispo se le queda viendo, tratando de entender y dijo:

-¿Quién es Usted?-

-El menos inteligente de sus enviados pero el único con resultados- dijo el oficial al tiempo que se quitaba los anteojos negros y el sombrero.

-¡José!- grito el Obispo al tiempo que se levantaba de su asiento para abrazarlo eufórico.

-¿Por qué no te reportaste en todos estos años?- le reclamó el Obispo.

-Los guardianes están infiltrados aquí desde siempre, me siguieron desde que salí, están temerosos de que El Vaticano destruya sus religiones y creencias-contestó José.

-¿Pero de dónde sale ese temor?- preguntó el Obispo.

-Con la proclamación de la Infalibilidad del Papa en el concilio de 1869, ellos piensan que se están sentando las bases para un dictador universal que imponga la religión católica como única, además circulan fuertemente los rumores de que el Vaticano se declarará Estado independiente y formará el ejército más grande del mundo- dijo José como invitando a que le explicara.

-¡Bah!, esas son tonterías de los fanáticos.- replicó el Obispo.

-Quizás sean tonterías, pero son tan fanáticos como nosotros.-Contestó José

-¿Qué estas diciendo?- Contestó indignado el Obispo.

-No se moleste, es sólo cuestión de enfoque, lo que para nosotros es vivir en la fe para ellos es fanatismo y de igual manera lo que para nosotros es fanatismo para ellos es su Fe.- Aclaró lentamente José.

-Recuerda que hay un sólo Dios, José- le dijo golpeando la mesa con la palma de la mano.

-Sí señor, el problema es que le llamamos de diferente manera.- Contestó José.

-¡Basta Ya!, te irás dos semanas con tus abuelos y regresarás con el apellido de tu padre, tomarás el puesto de mi secretario particular, necesito que traduzcas toda la información que conseguiste y que impartas la cátedra de historia, además seguirás estudiando derecho canónigo, necesitamos buenos cardenales. Ahora vete ya que me estas poniendo de mal humor.- Sentenció el Obispo.

José salió feliz, le agradaba la idea de pasar unos días con los abuelos, viaje que emprendió de inmediato, los abuelos rebozaban de felicidad de verlo de nuevo y les encantó la idea de que tomara el apellido paterno y cambiara de nombre, al terminar la semana de nuevo regresa al Vaticano y la rutina lo absorbe, por las mañanas imparte historia y estudia derecho, a la hora de la cena se sienta con el obispo quien disfruta oír las aventuras de José, el tiempo vuela y José termina sus estudios de derecho y decide regresar a México.

La idea disgusta al Obispo Pecci.

-¿Qué vas a hacer a México?- le grita el obispo.

-Le has hecho grandes servicios al Vaticano,- continúa diciendo.

-Y muy pocos a mi país, ayer cumplí 12 años fuera - contesta José.

-Tienes un enorme futuro aquí muchacho, ya estoy viejo y pensé en ti para continuar mi trabajo- El obispo sentía cierta angustia porque sus trabajos quedaran inconclusos, habría que preparar el nuevo concilio y eso llevaba décadas en hacerlo, quizás no viviría para cuando se diera este concilio y José era su gran apoyo.

-Bueno, como dicen en tu país, quien nace para maceta nunca sale del corredor, si te quieres regresar haré los oficios necesarios para que regreses. ¿Alguna parroquia en especial?- Preguntó molesto el Obispo Pecci.

-Quiero regresar a dar clases en algún seminario, pero lejos de mi tierra.- Agregó José.

-¿Sabes del riesgo que corres al regresar México?- Le dijo viéndolo a los ojos y frunciendo el ceño para luego agregar:

-Han matado muchos sacerdotes, saqueado Iglesias, profanado altares, fusilado santos, destruido bibliotecas y escuelas, el gobierno quiere dirigir y controlar la fe de las gentes, no se conforma con haber saqueado los tesoros de la Iglesia quiere tener al clero a sus pies.-

El obispo Pecci apretaba las mandíbulas y caminaba de un lado a otro hablando en voz alta y cerrando los puños.

-El pueblo mexicano es un pueblo de Fe y sabe defenderla, los jacobinos bolcheviques no podrán someterlos.- contestó fríamente el padre Cereceres.

-Tu eres un gran intelectual, pronto podrías llegar a ser el doctor más joven de la Iglesia- Insistía Pecci

-Mi vida esta en mi patria, si pudiera escoger me gustaría Morelia.- Respondió escueto Cereceres.

-¿Temes encontrarte con el asesino de tu madre? Le preguntó agresivamente Pecci.

-Ya lo perdoné hace mucho tiempo, Sr. Obispo.- Contestó fríamente.

-Dicen que sigue abusando de la población civil-, Pecci insistía en provocar los recuerdos del padre Cereceres.

-Villa era cobarde, ladrón y asesino antes de ser revolucionario, fue cobarde, ladrón y asesino durante la revolución ¿por qué nos extraña que lo siga siendo hoy que vive como triunfador en Canutillo?- Contestó el padre Cereceres sin mostrar ningún gesto en su cara, ningún asomo de emoción.

Se quedaron sin hablar viéndose a los ojos, el obispo se dio cuenta que no cambiaría la decisión, dio media vuelta al tiempo que decía:

-Daré instrucciones para que preparen tu viaje.- Dicho lo cual salió deprisa de la habitación. José se quedó viendo un cuadro de Stefano Di Giovanni Sassetta que representaba la visión de Santo Tomás de Aquino (1423), después avanzó a una ventana donde se veían las colinas de Roma, suspiró, como movido por un resorte caminó en forma enérgica rumbo a la salida. Al avanzar por los pasillos se volvía a maravillar de aquellos techos planos, que lucían como bóvedas, por la pintura sobre ellos.

Pietro Panicali había sido su guía espiritual, confesor y de alguna forma su confidente por eso la despedida se volvía un tanto difícil, llegó hasta la puerta de su oficina y tocó levemente.

-Avanti José.- gritó Pietro quien conocía de memoria la forma de tocar de José.

Pietro era un romano clásico, pero los años lo habían encorvado y el poco cabello que le quedaba estaba totalmente blanco, su rostro lleno de arrugas, siempre llevaba una sonrisa.

El rostro espartano de José se modificó por unos momentos con algo que parecía ser una sonrisa.

El escritorio de Pietro tenía una montaña de papeles y expedientes por donde se asomaba el rostro sonriente y ligeramente burlón o mejor dicho pícaro, repentinamente su cara se ensombreció y lanzó una pregunta:

-¿Entonces te vas a ir?- Le dijo Pietro antes de saludarlo.

-Sí- contestó secamente José.

¿-No te importan las recomendaciones de tu guía espiritual?- Le increpó Pietro viéndolo firmemente a los ojos.

-Es mi destino.- replicó levemente José.

-¿Ahora es el destino quien guía tus pasos?- Dijo Pietro apretando los puños.

-Bueno es la voluntad del Señor- corrigió de inmediato José.

-La voluntad de Dios es que te quedes y te conviertas en doctor de la Iglesia.- Pietro de nuevo apretaba los puños.

-Hace tiempo que mi mente y mi corazón están en México.- Contestó lentamente José.

-Y escogiste Morelia, el lugar más peligroso ¿qué no sabes que el general Mujica mantiene cerrados los colegios y curatos?. La gente exige que se abran, una sola chispa y eso explota, los católicos de Panindícuaro se han armado y Mujica denunció a Obregón a los sacerdotes Ceferino Guerrero, Gaspar Tena y Jesús Padilla como instigadores, necesitamos reconciliarnos con el gobierno, Obregón se muestra accesible.

-Padre quiero que me escuche en confesión.- Interrumpió José.

Se quedaron viendo fijamente, la dura mirada de José venció la de Pietro.

-¿No quieres que le diga a su santidad mis razones para evitar tu viaje?-. Volvía a levantar la mirada retadora hacia la de José.

-No quiero irme a México sin terminar esta plática, sin despedirme de mi guía y maestro.- Respondió ahora respetuoso José.

-No me adules, si me consideraras tu maestro, me obedecerías y no emprenderías ese viaje absurdo- respondió irritado Pietro.

-¿Entramos en confesión?- Insistió José

-No buscas confesión, sino complicidad, en fin entremos en confesión con el perdón de Dios por este abuso- dijo Pietro al tiempo que elevaba su mirada al techo.

-Ustedes creen que es asunto de buena voluntad, hagan lo que hagan Obregón y todos los que están atrás de él, los masones, los protestantes y demás grupos secretos que han tomado el país por asalto con las armas, no cesarán en su intento de exterminar la Iglesia Católica, ¿qué no entiende que el único obstáculo para someter al pueblo mexicano de manera total es eliminando a la Iglesia y ustedes con su pasividad se están volviendo cómplices de los enemigos del pueblo mexicano.- La sangre se le agolpa en el cuello de toro resaltando las venas y la cara le enrojecía, Pietro se puso de pie e intentó hablar, pero José continuó.

-Hace sólo unos días, el 8 de mayo, los agraristas profanaron la catedral de Morelia y pusieron arriba del campanario la bandera roja y negra, al volver el otro día vieron que ya no está su bandera y mataron a golpes al sacristán quien no tenía nada que ver ya que fue Joaquín Cornejo quien quitó la bandera, después acuchillaron la imagen de la Virgen de Guadalupe, la sociedad de padres de familia, con la ACJM y los sindicatos católicos, organizaron un marcha en desagravio de la virgen y obtuvieron un permiso de la presidencia municipal al llegar la multitud al acueducto, Vicente Coyt, Inspector general de la policía dio la orden de disparar contra la multitud, cayeron en el primer momento 10 jóvenes muertos mientras gritaban ¡Viva Cristo Rey¡ ¡Viva la Virgen de Guadalupe!- relataba José.

-Fue algo muy desafortunado- comentó más tranquilo Pietro.

-¿Y que me dice de los sucesos de Uruapan y Cajona? ¿De Pénjamo, los de Guadalajara? Todo el Bajío esta siendo masacrado por su Fe. -José seguía citando casos.

-El presidente Obregón está tomando una posición conciliadora- dijo ya tímidamente Pietro.

-Me imagino que es tan conciliadora, como cuando justifico la bomba que le pusieron en su casa a Mons. Orozco y Jiménez, estuvo a punto de costarle la vida, muy conciliador cuando dejó libre a Juan M. Esponda quien trató de destruir la imagen de la Virgen en la Basílica.-

-Por cierto es muy delicado que se siga hablando, acerca de que fue un milagro, no se ha comprobado.- Interrumpió preocupado.

-Pues va a ser muy difícil que la gente que presenció cómo se caía el muro, se pulverizaba el mármol, se retorcían los hierros y el vidrio que cubre el cuadro de la virgen ni siquiera se astilló. ¿Cómo los convenzo de que Dios no intervino?-. José endurecía de nuevo su mirada.

-Terminó la confesión José, "ego te absolvo pecatis tuis".- Empezó a rezar Pietro mientras José se hincaba para recibir la bendición de su guía espiritual.

-No habrá un día de vida que mis oraciones no se eleven al señor pidiendo que te ilumine y proteja.- Decía Pietro al tiempo de abrazar a José, sentía que no lo volvería a ver.

-Muchas gracias por todas sus enseñanzas siempre lo tendré presente en mis oraciones.- Dijo José al tiempo que daba la vuelta y se retiraba con un nudo en la garganta.

Pietro lo siguió con la mirada, su caminar parecía más el andar de un soldado o de un atleta que la de un sacerdote, cuando la puerta se cerró colocó sus brazos sobre el escritorio para que sirvieran de apoyo a su rostro, dejó que las lágrimas contenidas fluyeran ampliamente. Era como cuando un padre ve a su hijo amado irse para siempre.

Las demás despedidas fueron cortas y sencillas, le urgía alcanzar el tren que lo llevaría a Alemania donde pasaría 3 meses con sus abuelos, al tiempo que ayudaría al cura de la parroquia.

Capítulo V

La Constitución

Mientras el barco atracaba en el puerto de Veracruz, una emoción intensa sacudía a José, 12 años fuera, por fin de nuevo en México, había enviado sus libros y sólo traía una maleta con unos cambios de ropa, las gaviotas invadían el barco, la gente se acercaba a esperar a los viajeros. Aunque nadie lo esperaba disfrutaba ver la gente.

Una vez en tierra, con maleta en mano, recorrió el malecón hasta el centro, su alegría y sonrisa desaparecían paulatinamente, qué diferente el puerto que vio al salir, aquellas calles limpias llenas de carruajes, gente bien vestida, grupos jarochos de música, niños jugando habían desaparecido, las calles se veían sucias, la gente mal vestida, edificios destruidos, basura por todos lados, la ciudad estaba empobrecida, empezaba a ver los estragos de la revolución.

Siguió caminando hasta la estación del tren y el panorama era aún más desolador, aquella elegante estación ahora lucía sombría y los pedigüeños lo rodeaban agresivamente, el tren salió con 3 horas de retraso y de nuevo el contraste con la época porfirista sentía como si el país hubiera retrocedido 50 años.

El tren iba ascendiendo demasiado lento y las paradas eran interminables, guardó el libro que leía, sacó de su maleta un cuaderno de dibujo y empezó a delinear bocetos de los pasajeros y paisajes. Qué diferentes las expresiones en los rostros sin duda la lucha armada había dejado huella en esas caras ordinarias.

Al bajar del tren se le acercaron dos hombres altos con abrigo negro y largo que le dijeron en alemán.

-Su excelencia, el embajador de Alemania en México nos pide que lo invitemos a comer en la residencia de nuestra embajada.- Dijo con cierto grado de solemnidad.

-¿Qué tengo que ver con el embajador?- Preguntó serio José.

-Es un buen amigo de su abuelo y quiere conocerlo.- Le contestó.

-Bien, vamos.- Contestó con voz alegre.

Abordaron en un elegante carruaje y tomaron el Paseo de la Reforma, contrastaba esta gran avenida con las calles destruidas y sucias que había pasado en su viaje, amplia, con monumentos y grandes árboles rivalizaba con los campos Elíseos de París.

Llegaron a una gran casona y las rejas se abrieron con una precisión que hizo innecesaria la reducción de velocidad, José fue recibido en un elegante salón donde ya lo esperaba el embajador.

De forma cálida abrazó a José y le invitó a sentarse.

-Viene Ud. A México en tiempos difíciles- le dijo el embajador después de los saludos formales.

-Son nuestros tiempos, Señor, es la época en que nos tocó vivir, donde Dios quiere que estemos presentes.- contestó José con cierta solemnidad.

-Me dicen que fue su elección y que abandona una posición privilegiada en el Vaticano.- Agregó el embajador.

-El sacerdocio no se hizo para privilegios, mi estimado embajador, la misión del sacerdote es servir a Dios y al prójimo donde esté. – Contestó secamente.

-El gobierno de su país piensa diferente. Mi estimado José.- El embajador hacía un gesto burlón

-¿El gobierno piensa? Creí que esos rufianes sólo obedecían órdenes.- Contestó José apretando las mandíbulas.

El embajador se sorprendió por la respuesta y se quedó un momento pensativo.

José continuó, al tiempo que se ponía de pie.

-Le agradezco sus atenciones y si me disculpa, me retiro ya que mi viaje es largo- Dijo José al tiempo que se levantaba.

.No, no espera. Tu abuelo es mi mejor amigo y le he prometido ayudarte.- Contestó titubeante el embajador.

-Delo por hecho, Señor, ya me ayudó bastante, con su permiso.- José tomó su maleta.

-No puedes ser tan directo, no sobrevivirás una semana en estos tiempos.- Le aclaró el embajador.

-¡Ven!, ¡siéntate! no soy tu enemigo.- Insistió el embajador.

-Los gobiernos extranjeros no se han pronunciado en contra de los crímenes del actual régimen, me imagino que lo justifican.- Aclaró José sin dar la vuelta.

-El que no nos pronunciemos no significa que no estemos atentos a lo que pasa.- Aclaró el embajador con cierta molestia.

-¿Están esperando que Estados Unidos reconozca el gobierno de Obregón, no les basta que los gringos manejen al país desde su embajada y sus grupos secretos?- Contestó con firmeza José.

-No habla Ud. Como un ministro de Dios.-Le dijo el embajador con gesto de reproche.

-Dios no esta peleado con la verdad, Él es la verdad y si Ud. quiere un intercambio de mentiras hay muchos cafés en la ciudad donde podría darse un banquete.- Dijo secamente José.

-Veo cierta agresividad en tu posición, te repito que no soy tu enemigo, te ruego que tomes asiento, he recabado información que te será de mucha utilidad.- El embajador tomaba un tono conciliador.

José regresó y de nuevo tomó asiento en un pequeño sillón frente al escritorio del embajador.

-México es un país privilegiado,- continuó el embajador.

-Tiene los yacimientos de plata más importantes del mundo, casi todos los minerales útiles para el hombre se encuentran en estas tierras, hay lugares como el cerro del mercado en Durango donde el fierro se encuentra a flor de tierra, lo mismo en Michoacán, hay también grandes extensiones de tierras fértiles donde es posible producir todo el año, grandes reservas boscosas, maderas preciosas, en fin, todos los recursos naturales en forma pródiga y por si fuera poco el subsuelo tiene yacimientos muy grandes de petróleo.

El desarrollo económico bajo el período de Porfirio Díaz puso en alerta a grupos americanos que vieron en México un grave competidor, la red ferroviaria, el sistema de puertos, la gran productividad de sus campos, minas y naciente industria era un gran peligro para la búsqueda de USA de una supremacía en América.

Taff se entrevisto con Díaz en Cd. Juárez para llegar a un acuerdo y permitiera a USA ser el único que explotara todas esas riquezas, tú sabes que las compañías inglesas, alemanas y francesas estaban teniendo un gran crecimiento en este país.

La negativa de Díaz activó a estos grupos que reunieron una gran cantidad de dinero y mercenarios que manipularon a unos idealistas mexicanos para hacer la "revolución", Madero se la tomó en serio y al no prestarse al juego de estos grupos lo asesinaron sin piedad, Carranza aceptó y le dieron el apoyo para que se hiciera del poder, el pago era la constitución de 1917, este decreto le fue entregado por las logias de masones del rito de York, en donde el estado era el gran poseedor de todo en el país, con este poder que se otorgaba a sí mismo era fácil entregarles todo a ellos.

A la muerte de Carranza, pusieron a uno de sus generales de presidente el cual deberá de firmar un tratado con USA donde se comprometa a no desarrollar industria, comercio o hacienda que compita las de USA.-

-Eso es absurdo, el pueblo jamás lo permitirá.- interrumpió airado José.

-Un pueblo dominado acepta todo.- Respondió el embajador y continuó.

-El gran obstáculo para ejercer ese poder total es la Iglesia católica, ya que son quienes tienen el poder real con la gente, desde la colonia han estado muy cerca de la gente, en sus alegrías y aflicciones ahí ha estado un sacerdote, el pueblo los quiere y respeta, por esto los grupos secretos han determinado su exterminio.- Ahora el embajador tomaba un tono firme y su voz subía de tono.

-El Vaticano piensa que hay un acercamiento con Obregón que llegará a una distensión en el conflicto.- Comentó no muy seguro José, casi con cierta diplomacia, aunque lo que pretendía era conocer más.

El embajador soltó una carcajada.

-Sólo les están tomando el pelo y dando tiempo al exterminio, aunque este "maistrito" elevado al rango de presidente en el fondo le asusta la matanza de curas, no tiene opinión propia, sólo obedece órdenes.- Afirmó enfático el embajador.

-Si, parece que el mundo lo controlan las organizaciones secretas, en Europa, África y Medio Oriente me ha tocado ver escenarios donde el acontecer público tiene sus raíces en intereses de estos grupos.-

El semblante de José se tornaba pensativo, le asaltaban los recuerdos de sus viajes por África y Oriente Medio donde grupos secretos manejaban los destinos de cientos de miles de gentes.

-La única forma de detenerlos es usando sus propios métodos- Continuó el embajador a tiempo que era interrumpido.

-¿Formar grupos secretos para frenarlos?- Inquirió José.

-No hay necesidad de formarlos, ya están hechos, su abuelo es el dirigente de HOMO, una agrupación que busca un mundo sin fronteras, sin nacionalidades, sin discriminaciones, donde el hombre sea sujeto de derecho y respeto por el estado, donde todos tengan las mismas oportunidades, donde el único límite sea la libertad de los demás, la muerte de tu padre no fue accidental.- José dio un salto y se puso de pie.

-¡Tranquilo!, aún te falta mucho por saber.- Le dijo el embajador al tiempo que continuaba.

-A pesar de su edad, tu padre, era un líder nato. En la universidad movió a los estudiantes hacia la idea de una Europa unida, de la eliminación del nacionalismo por su naturaleza aislacionista, de un estado acotado y de una sociedad vigorosa, tu abuelo preocupado por su vida lo mandó a México, sin embargo, a través de cartas seguía motivando a la gente hacia la apertura, lo demás de la historia ya la debes de saber, los enemigos de tu padre y tu abuelo están en México- Ahora le hablaba de tú y con cierto tono de misterio.

-Nunca me dijo nada mi abuelo, aunque siempre me pareció extraño que le llegara tanta correspondencia a otra dirección y que se pasara noches en vela respondiéndolas, me parece extraño en un hombre tan bondadoso.- Comentó José

-Nada de extraño, su enorme bondad lo lleva a buscar un mundo mejor, en cuanto se enteren de que estas en

México tu vida estará en continuo peligro, ya que Pietro no pudo detenerte, por favor acepta que HOMO te proporcione dos escoltas, han sido entrenados por varios años.- aclaró el embajador al tiempo que José soltaba una carcajada.

-Un cura con escolta, vaya, qué bien me voy a ver.- José continuaba riéndose.

-Son dos hindúes que en cuestión de segundos ponen fuera de combate a cualquiera, además su piel morena y baja estatura no llamaran la atención, tendrán una casa y un vehículo cerca del seminario y un plan de escape inmediato.- Aclaró el embajador.

-¿Huir? No soy muy ligero para eso.- Contestó con cierta sorna José.

-No serás muy útil como mártir, así que deberás cuidarte.- Advirtió el embajador.

-¿Son órdenes?- Le miró retador José

-Es una súplica, en nombre de la tranquilidad de un hombre que desde muy lejos vela por ti. En esa habitación encontraras ropa de civil y no uses la sotana cuando salgas a la calle, un vehículo te llevará hasta Morelia. En este momento llamo a tus acompañantes.- El embajador sonó una campanilla y por la puerta aparecieron dos hombrecillos morenos de mirada profunda y vestimenta sencilla.

-¡Abud!.- Gritó José poniéndose de pie y visiblemente emocionado.

-¿Qué haces aquí?- Preguntó

-Lo mismo que en Egipto, protegiéndolo.- Contestó con una sonrisa al tiempo que se hincaba tratando de besarle la mano, José lo levantó en vilo y lo abrazó.

-Vaya ahora resulta que mi fiel cargador era mi escolta, buena la hiciste, que bien me tomaste el pelo.- Dijo José entre risas.

-No señor, no fue tomada de pelo, su abuelo, me comisionó la defensa de su vida, siempre he estado cerca de Usted sin que lo note, pero ahora el riesgo es mayor y deberé de estar lo más cerca posible siempre.- Había una lealtad y admiración que rayaba en el fanatismo.

-Lo siento pero yo no necesito, ni chofer, ni guardaespaldas.- José cambiaba la expresión de su rostro, mostrando una seriedad y enojo, el embajador y Abud se miraban asombrados y sorprendidos, José continuó:

-Solo te puedo aceptar en calidad de amigo, yo sólo soy un siervo del señor y los siervos no tenemos escolta ni choferes.- Ahora sonreía y todos reían, Abud intentó de nuevo besarle la mano y José le estrechó la mano y con la otra le tomaba del hombro mientras decía:

-¡Abud!, mi gran compañero de aventuras, qué gusto verte de nuevo, bien pues hay que darse prisa porque el viaje es largo y el terreno accidentado.-José volteaba a ver al embajador como apurándolo.

-Te tengo el automóvil más veloz del mundo, un Mercedes Targa Florio de 16 cilindros, diseñado por el mismo Paul Daimler para el regreso de la mercedes a las carreras, es de dos plazas, tu abuelo lo mandó para ti.- Aclaró el embajador mientras llegaban al patio donde se veía el portento de auto.

-Ni crean que me voy a subir al, por cierto ¿es mío?- Preguntó José.

-Claro aquí están los papeles.- le alargó unos documentos el embajador.

-Díganle a mi abuelo que los pobres de mi pueblo le agradecen su donativo. ¿Conoce alguien que quiera comprarlo?- Exclamó José.

-Solo los generales y los americanos tienen dinero para eso.- Le dijo el embajador con cierto tono de burla.

-¡Bueno! ya veremos qué hacer con él- Dijo José al tiempo que pasaba a la habitación a cambiarse.

Sobre la cama había unos finos pantalones ingleses, una camisa de seda, una chamarra de piel, unos lentes y una gorra de aviador, el carro era convertible y habría que protegerse, una vez cambiado salió de la habitación.

-Hubiera preferido un traje de payaso, si querían que pasara inadvertido, con este carro y vestimenta no creo que lo vayan a lograr.- dijo José haciendo muecas.

-Aquí están estos documentos que te acreditan como ciudadano alemán y en ellos aparece tu verdadero nombre, difícilmente se meterán contigo los gendarmes o el ejército.- El embajador le entregaba un pasaporte alemán.

-Mi verdadero nombre es José Cereceres, recuérdelo por favor y mi nacionalidad es mexicana.- Dijo firmemente José.

-Esta bien, esta bien, pero los caminos son muy inseguros, tendrán que viajar sólo de día y no pararse, dentro de los cambios que tiene este automóvil es que tiene 3 velocidades hacia atrás, con lo cual podrán huir fácilmente.- Aclaró el embajador.

-Hubiera preferido viajar como arriero.- Contestó José.

Un estruendo inundó el patio al arranque de aquel poderoso motor, José quitó a Abud del volante y salieron rumbo a Toluca.

El camino estaba aceptablemente bueno y el carro subía con gran facilidad, varias horas después llegaban a una casona situada a las faldas del Nevado de Toluca donde ya los esperaban.

El paisaje era bellísimo, los campos verdes, la punta del nevado blanca, las ovejas formaban manchas en los pastos, el aire frío y puro, rico en oxigeno levantaba el ánimo de los visitantes.

La casona estaba amurallada y sólo se veía una cúpula desde afuera, los sirvientes se apresuraron a abrir la reja y ayudar a los viajeros con sus escasas pertenencias. La casa estaba construida con madera de pino, recubiertas las paredes y pisos con maderas tropicales, las puertas eran de cedro y le daban su aroma a la casa, la sala era enorme, de doble altura, en el centro una gran chimenea de piedra recubierta de cantera y lamina de latón.

-Llegan a tiempo a la cena, estábamos a punto de servirla, tomen asiento por favor. Don Cesar bajará en unos momentos.- Aclaró el ama de llaves al tiempo que saludaba respetuosa al padre Cereceres.

La mesa era de madera rústica y la parte superior era de una sola pieza, la habían cortado de un oyamel de 3 metros de diámetro, la silla tenía forro de cuero y la vajilla artesanía de un poblado cercano.

César había estudiado teología y filosofía en la Sorbona de París y leyes en Londres, apoyado por su hermano se dedicaba a estudiar y leer, ocasionalmente aceptaba una cátedra en la Sorbonne, el impacto de la muerte de su hermano a manos de los agraristas le había hecho regresar y defender sus tierras, sentía que la invasión a sus tierras mancillaba la memoria de sus padres, abuelos y tatarabuelos que habían trabajado por más de cien años aquellas tierras, ingresó a la universidad y en sólo tres años obtuvo el título de abogado, pronto se hizo temer por jueces y magistrados por su oratoria y conocimientos, pero sobre todo por andar armado siempre.

Era corresponsal de La Gazette y se movía muy bien en el ambiente diplomático, de ahí que Obregón no hubiera dado importancia al enfrentamiento armado que tuvo con los agraristas cuando llegaron a invadir sus terrenos, César mantenía un arsenal en el sótano de su casa y sus "campesinos" estaban adiestrados para repeler cualquier ataque.

Aunque apenas pasaba los 50 años, su gusto por la comida y la bebida lo mantenían con un exceso de peso por lo que le costaba trabajo caminar.

-¿Cómo esta padre Cereceres?, Que gusto tenerlo aquí.- La voz gruesa de Cesar invadía la estancia, su corpulenta figura salía del cuarto del fondo, se acercaba lentamente a la mesa, José se levantó para acercarse a saludarlo.

-Hace algunos kilos que no nos veíamos, Don Cesar.- Exclamó en forma amistosa José.

-No todos somos deportistas como tú, José, tienes más la figura de gladiador que de sacerdote, no has cambiado nada desde nuestra cena de Campos Elíseos. Pero ¡ven! vamos a sentarnos que tenemos mucho que platicar.- Cesar tomaba el brazo de José para apoyarse. Ya sentados, exclamó con alivio:

-Te esperaba hace una semana, preparé una cena increíble, me traje a mi chef de París.- César soltó una carcajada semejante a la de un niño travieso que cuenta sus fechorías.

-Por cierto ¿recuperaste las propiedades de tu madre? - Le preguntó sin preámbulos César

-Las doné en su momento.- contestó secamente José.

-Era una fortuna cuantiosa.- Dijo Cesar levantando las cejas.

-¿Qué le hizo dejar la bella France? Pensé que nunca regresaría a México.- Contestó José cambiando de tema.

-¿Cómo? ¿Dejar que esos pelafustanes se apropien de mi patria? ¡Jamás!- César levantó el puño para enfatizar su última palabra.

-Me han dicho que prepara un documento para abrogar algunos artículos de la nueva constitución.-afirmó a manera de pregunta José.

-Nos iremos a tribunales internacionales para exigir una verdadera constitución, se regaron los campos de sangre ¿Para qué? ¿Para retroceder a un sistema peor que el que tiramos?.

La de 1917 no es constitución ni es nada, es un decreto expropiatorio de todo México, inclusive la Fe del pueblo, nos espera la peor tiranía, retrocedimos a la era de los Chichimecas- Cesar continuaba su diatriba con el rostro enrojecido por el coraje, al tiempo que se levantaba e iba a un librero por un manojo de documentos que ponía sobre la mesa y continuaba su soliloquio.

-El estado no reconoce los derechos fundamentales del hombre los concede, estúpidos; se sienten dioses o nos consideran esclavos y por lo tanto pueden a su arbitrio retirarlos.

Luego la educación, es aberrante que en una constitución se cancelen 300 años de educación y se otorgue a sí mismo el monopolio de ella, estas bestias están cerrando escuelas de larga tradición, las pocas que abren la hacen con maestros improvisados y envenenados con la lucha de clases que quieren imponer a sangre y fuego, los padres no quieren mandar a sus hijos a esas escuelas, los roces con los maestros son de todos los días, ya no son fuentes del saber, sino incubadoras de odio.-Cesar hablaba fuerte y su cuerpo se estremecía.

-¿Qué es lo que dice ese artículo?- interrumpió José

Véalo Usted mismo- le contesta Cesar al tiempo que le extiende una copia de la constitución.

Art. 3o.- *La enseñanza es libre; pero será laica la que se dé en los establecimientos oficiales de educación, lo mismo que la enseñanza primaria, elemental y superior que se imparta en los establecimientos particulares.*

Ninguna corporación religiosa, ni ministro de algún culto, podrán establecer o dirigir escuelas de instrucción primaria.

Las escuelas primarias particulares sólo podrán establecerse sujetándose a la vigilancia oficial.

En los establecimientos oficiales se impartirá gratuitamente la enseñanza primaria.

-Qué cinismo decir que la enseñanza es libre y desterrar a los educadores por 300 años y poner policías a las escuelas particulares, ¿con qué van a poner y mantener escuelas oficiales si cada centavo que cae a las arcas del gobierno es robado por esa banda de pillos que han tomado el poder? Están condenando a la ignorancia al pueblo mexicano.

¿Con qué derecho se otorgan el monopolio del conocimiento, estos generales campesinos si algunos ni leer saben?

Pero no terminan ahí quieren, también administrar la Fe del pueblo, Morones, el líder de la CROM ha retomado la idea de Melchor Ocampo de crear una Iglesia mexicana que puedan manejar y controlar a su antojo como un sindicato, donde el Papa sea el presidente mismo, imagínate a esa recua de borrachos, ladrones y asesinos dirigiendo la Iglesia- César se exaltaba cada vez más.

-¿No estarás exagerando, Cesar?- preguntó José tímidamente.

-Ve tu mismo estos artículos.-

Art. 27. II.- *Las asociaciones religiosas denominadas iglesias, cualquiera que sea su credo, no podrán en ningún caso tener capacidad para adquirir, poseer o administrar bienes raíces, ni capitales impuestos sobre ellos; los que tuvieren actualmente, por sí o por interpósita persona entrarán al dominio de la Nación, concediéndose acción popular para denunciar los bienes que se hallaren en tal caso.*

La prueba de presunciones será bastante para declarar fundada la denuncia.

Los templos destinados al culto público son de la propiedad de la Nación, representada por el Gobierno Federal, quien determinará los que deben continuar destinados a su objeto.

Los obispados, casas curales, seminarios, asilos o colegios de asociaciones religiosas, conventos o cualquier otro edificio que hubiere sido construido o destinado a la administración, propaganda o enseñanza de un culto religioso, pasarán desde luego, de pleno derecho, al dominio directo de la Nación, para destinarse exclusivamente a los servicios públicos de la Federación o de los Estados en sus respectivas jurisdicciones. Los templos que en lo sucesivo se erigieren para el culto público, serán propiedad de la Nación.

-Con este artículo la clase política se ha quedado con todo lo que huele a Iglesia y también con lo que no.

Muchas mansiones han sido confiscadas, mejor dicho robadas por la sola presunción de que pertenecen a la iglesia y sus legítimos dueños echados a la calle, seminarios convertidos en caballerizas, conventos transformados en burdeles. Asilos en hoteles, orfanatorios en cuarteles, se quedan con lo que hay y con lo que en el futuro hubiera, su ambición no tiene límites.- Tomó un respiro Cesar que nadie interrumpió.

-Pero si eso no fuere suficiente, ve este artículo.- Continuó

III.- Las instituciones de beneficencia, pública o privada, que tengan por objeto el auxilio de los necesitados, la investigación científica, la difusión de la enseñanza, la ayuda recíproca de los asociados o cualquier otro objeto lícito, no podrán adquirir, tener y administrar capitales impuestos sobre bienes raíces, siempre que los plazos de imposición no excedan de diez años.

En ningún caso, las instituciones de esta índole, podrán estar bajo el patronato, dirección, administración, cargo o vigilancia de corporaciones o instituciones religiosas, ni de ministros de los cultos

o de sus asimilados, aunque éstos o aquellos no estuvieren en ejercicio.

-Se apropian de toda la obra social de la Iglesia, en su ambición no les importa el daño que le harán a tanto necesitado, a tanto indigente, ¿con qué van a reemplazar toda esta obra? No tienen dinero, ni gente, pero lo más grave, ni vocación de servicio. Están cegados por su ambición de poder y maldicen el sol por no poder controlarlo.

Pero aún no has visto lo peor. Este mamotreto le da a esta bola de zánganos el poder total sobre la Iglesia y les pone vigilantes como si fueran criminales y se toman el poder de decir cuántos sacerdotes debe tener cada pueblo y cómo debe ser su formación. Ve ahora este artículo

Art. 130.- *Corresponde a los Poderes Federales ejercer en materia de culto religioso y disciplina externa, la intervención que designen las leyes. Las demás autoridades obrarán como auxiliares de la Federación.*

La ley no reconoce personalidad alguna a las agrupaciones religiosas denominadas iglesias.

Los ministros de los cultos serán considerados como personas que ejercen una profesión y estarán directamente sujetos a las leyes que sobre la materia se dicten.

Las Legislaturas de los Estados únicamente tendrán facultad de determinar, según las necesidades locales, el número máximo de ministros de los cultos.

Para ejercer en México el ministerio de cualquier culto, se necesita ser mexicano por nacimiento.

Los ministros de los cultos nunca podrán, en reunión pública o privada constituida en junta, ni en actos del culto o de propaganda religiosa, hacer crítica de las leyes fundamentales del país, de las

autoridades en particular, o en general del Gobierno; no tendrán voto activo ni pasivo, ni derecho para asociarse con fines políticos.

Para dedicar al culto nuevos locales abiertos al público se necesita permiso de la Secretaría de Gobernación oyendo previamente al Gobierno del Estado.

Debe haber en todo templo un encargado de él, responsable ante la autoridad del cumplimiento de las leyes de disciplina religiosa, en dicho templo, y de los objetos pertenecientes al culto.

El encargado de cada templo, en unión de diez vecinos más, avisará desde luego a la autoridad municipal, quién es la persona que esté a cargo del referido templo.

Todo cambio se avisará por el ministro que cese, acompañado del entrante y diez vecinos más.

La autoridad municipal, bajo pena de destitución y multa hasta de mil pesos por cada caso, cuidará del cumplimento de esta disposición; bajo la misma pena llevará un libro de registro de los templos, y otro de los encargados.

De todo permiso para abrir al público un nuevo templo, o del relativo a cambio de un encargado, la autoridad municipal dará noticia a la

Secretaría de Gobernación, por conducto del Gobernador del Estado.

En el interior de los templos podrán recaudarse donativos en objetos muebles.

Por ningún motivo se revalidará, otorgará dispensa o se determinará cualquier otro trámite que tenga por fin dar validez en los cursos oficiales, a estudios hechos en los establecimientos destinados a la enseñanza profesional de los ministros de los cultos.

La autoridad que infrinja esta disposición será penalmente responsable, y la dispensa o trámite referidos, será nulo y traerá consigo la nulidad del título profesional para cuya obtención haya sido parte la infracción de este precepto.

Las publicaciones periódicas de carácter confesional, ya sea por su propaganda, por su título o simplemente por sus tendencias ordinarias, no podrán comentar asuntos políticos nacionales ni informar sobre actos de las autoridades del país, o de particulares, que se relacionen directamente con el funcionamiento de las instituciones públicas.

Queda estrictamente prohibida la formación de toda clase de agrupaciones políticas cuyo título tenga alguna palabra o indicación cualquiera que la relacione con alguna confesión religiosa. O podrán celebrarse en los templos reuniones de carácter político.

No podrá heredar por sí ni por interpósita persona ni recibir por ningún título un ministro de cualquiera culto, un "inmueble", ocupado por cualquiera asociación de propaganda religiosa o de fines religiosos o de beneficencia.

Los ministros de los cultos tienen incapacidad legal para ser herederos, por testamento, de los ministros del mismo culto o de un particular con quien no tengan parentesco dentro del cuarto grado.

Los bienes muebles o inmuebles del clero o de asociaciones religiosas, se regirán, para su adquisición, para particulares, conforme al artículo 27 de esta Constitución.

Los procesos por infracción a las anteriores bases, nunca serán vistos en jurado.

-Sobre la base de este artículo han sido detenidos y ejecutados decenas de sacerdotes sin juicio previo, lo mismo que a fieles y simpatizantes del clero, estamos regresando al Medioevo con este gobierno usurpador, tenemos que hacer algo.- Cesar jadeaba y hacía manifiesto su dificultad para respirar.

-César, el viaje ha sido largo y pesado. Si usted me lo permite me gustaría retirarme a la habitación que tenga a bien prestarme por esta noche.- Respondió, sin ningún emoción José, al tiempo que se levantaba, conocía a la perfección los artículos pero sentía ocioso discutir algo en que estaban en total acuerdo.

-Claro hombre. Disculpa mis exabruptos pero este tema me pone así. !Hey! Consuelo, acompaña al padre a la habitación de mi hijo y a su acompañante a la de huéspedes.- Ordenó Cesar ya más calmado.

José entró a la habitación y abrió la ventana permitiendo que el aire frío de la montaña invadiera su cuarto, no había luna y el cielo estaba despejado, estaba unos grados más de latitud sur, pero era casi el mismo cielo que de niño contemplara a esa hora en ese día, localizó a Sirio y al paso de los minutos se volvió a orientar con las estrellas, ahí estaban puntuales las constelaciones indicándole la fecha y hora del día.

Se hincó al borde de la cama para realizar sus oraciones y luego se metió a la cama y tratando de no pensar se quedó dormido de inmediato.

A las cuatro de la mañana como era su costumbre, despertó y después de sus oraciones bajó al patio.

De pie y con una sonrisa saludó Abud.

-Buenos días señor. Como verá, no conozco sus hábitos, sabía que se levantaría a esta hora y de seguro querrá escalar el nevado.- dijo Abud con una sonrisa disimulada.

-Vas a conocer un paisaje bellísimo desde lo alto, sabes, en el cráter de este volcán hay dos lagos. El del Sol y el de la luna, ahí se celebraban ceremonias indígenas, es un lugar mágico- Exclamó José respondiendo sonriente al pequeño Abud.

La vereda se formaba entre pinos, cedros, ocotes y abetos, la luz de la luna entre las ramas daba cierta visibilidad al camino, José avanzaba con grandes zancadas mientras que Abud casi iba trotando detrás de el, el sol los encontró cuando la vegetación cambiaba, los árboles se enrarecían y aparecían los zacatonales y los cardos, Abud respiraba fatigado.

Ya estaban a más de 4,000 metros sobre el nivel del mar y el oxígeno se enrarecía forzando a los pulmones a trabajar más.

A unos metros de la cumbre se detuvo José a esperar a Abud el cual se había quedado rezagado, el paisaje era maravilloso un enorme bosque rodeaba al valle de Toluca, pequeñas rancherías se veían como lunares en aquellos enormes bosques, a corta distancia un par de venados parecían observar a José.

Finalmente Abud, jadeante, alcanzó a José y los dos continuaron el ascenso, la fatiga tenía su recompensa aquellos cuerpos de agua tenían un azul turquesa increíble y el horizonte era de 360 grados, una enorme alfombra verde, el viento azotaba la cara de los improvisados alpinistas y las águilas volaban en círculos mostrando su majestad.

José veía en ello la grandeza de la creación y agradecía a Dios el que le permitiera disfrutar de su obra, extendió los brazos e inició una oración, coincidentemente se intensificó el viento y la figura de José parecía integrarse al paisaje mientras Abud se sentía invadido por un extraño misticismo.

El descenso fue veloz ya que en partes se dejaban llevar por la pendiente y corrían sorteando los arbustos y árboles, llegaron al mediodía justo a la hora de la comida

El ama de llaves tenía unas palanganas con agua caliente para el baño y José se las dio a Abud ya que él disfrutaba el agua fría.

Cesar le había pedido a su cocinero que preparara comida francesa y sacó de la cava sus mejores vinos.

-Recordemos nuestros tiempos en París.- Apuntó César quien lucía un traje sastre ingles, una camisa de seda y una corbata italiana.

-Por aquellos tiempos- contestó José.

-Platíqueme ¿ha vuelto a ver a Armando Díaz?- preguntó Cesar.

José y el general Italiano Armando Díaz habían hecho gran amistad, Armando era un gran piloto y le enseñó a pilotear a José, además le comentaba sus estrategias de guerra.

-No. Pero sé que después de la guerra fue elegido como senador y le otorgaron el título de *Duca della Vittoria*- Contestó José.

-Estuvo en Kansas el año pasado, quise ir a saludarlo pero se me complicó el viaje, bueno la verdad es que los viajes largos ya me cansan.- Contestó Cesar sobándose el enorme abdomen.

-Oye y ¿cómo ha quedado ahora la geografía europea?- Continuó Cesar.

-Bueno como bien sabes se disolvieron los Imperios Alemán, Austrohúngaro, Otomano y Ruso.

-Espera,- interrumpió Cesar, -¿Dónde anda Kerensky?-

-Vive en París y creo que ahí hay una gran lección para México, el paralelismo entre la revolución Mexicana y Rusa no me parece coincidencia, mira Alexander Kérensky, líder social demócrata, vence al régimen Zarista para llevar al pueblo Ruso a la democracia y unos meses después la contrarrevolución bolchevique de Lenin toma el poder e implanta un sistema totalitario y sanguinario.

Aquí puedes ver como Madero llega, logra la revolución en México y Venustiano Carranza hace la contrarrevolución arrebatando el poder a la fuerza y con ideólogos semejante a los de Lenin.- de nuevo interrumpe César.

-Oye, no me había reparado en esa semejanza, pero es cierto, ahora entiendo la cantidad de ideólogos rusos que han llegado a México, patrocinados por las logias norteamericanas y ¿cómo esta la economía Rusa.?- Preguntó Cesar.

-Aunque la guerra civil está por terminar, no se saben exactamente las cifras de muertos, pero sólo unos meses después de la revolución de octubre se contabilizaban nueve millones de muertos, la mayor parte del ejercito blanco y de población civil que masacran los rojos, más de un millón han muerto como consecuencias indirectas de la guerra y más de un millón han salido del país, este millón incluye a la gente educada, casi toda ha salido del país evitando las purgas de Lenin contra la clase media.

Lo de la dictadura del proletariado va en serio, han acabado con la clase media, el año pasado fue terrible la hambruna, tampoco se contabilizaron estos muertos sobre todo los niños y ancianos que murieron de hambre o por enfermedades que el hambre agudizó.

La victoria de los rojos es inminente. Me temo que si Obregón insiste en acosar a los católicos y seguir invadiendo las tierras, México vivirá su guerra civil, parece que llevamos el mismo camino que Rusia. - aclaró José.

-Ya hay brotes en el Bajío e inconformidad en todo el país, el campo esta deshecho, nadie invierte, también aquí la gente educada y de recursos se está yendo a Europa y a Estados Unidos, los agraristas llegan y toman las tierras, saquean las haciendas, matan a sus dueños o los hacen huir y después no saben que hacer con la tierras, malgastan el dinero en parrandas y no guardan para los gastos de la siembra, cientos de miles de hectáreas se han perdido para la agricultura, lo más grave es el apoyo del gobierno federal y de los estados a estas gavillas de asaltantes, con el ganado pasa algo semejante.

Literalmente se lo comen, se les mueren de enfermedades por no cuidarlo, no saben venderlo, hay casos donde cambian una cabeza por una botella de tequila o de aguardiente, pronto México dejará de ser una potencia agrícola y ganadera.- Terminó diciendo Cesar.

-Cesar, podríamos pasarnos platicando toda la tarde, pero necesito llegar a El Oro antes de que anochezca.- Concluyó José.

Capítulo VII
El Círculo de La mariposa Monarca

El Targa Florio levantaba una nube de polvo por el camino rodeado de milpas de maíz. Los campesinos veían asombrados aquel auto por demás extraño.

Por momentos, su preparación de deportista y de hombre de acción, le llevaba a acelerar a fondo para sentir la potencia de aquel carro, Abud se hundía en el asiento con la cara de pánico, como si el dejar de ver el camino lo pusiera a salvo. Después de unas horas José le comenta a Abud.

-Abud, fíjate bien, la seña es un roble con una cruz negra ya debemos estar cerca – Dijo José a Abud.

La marca era más que vistosa, dieron vuelta a la derecha para tomar un camino todavía más delgado, en algunos tramos borrados por la hierba. Al fin se detuvieron junto a unos campesinos que construían una casa con troncos. Del grupo destacaba un hombre corpulento de casi 2 metros de estatura que al ver a José tiró el tronco y corrió a encontrarlo.

-Ave Biblioteco- dijo con una gran sonrisa.

-Ave Hércules- contestó José.

Se dieron un apretón de manos tratando uno de doblegar al otro, hasta que el brazo de José empezó a ceder.

-Hubiera sido insoportable que además de ser él más inteligente hubieras sido él más fuerte.- Exclamó Rubén con una sonora carcajada.

-Te mantienes en forma, pero descuidado.-mientras le decía esto le había tomado con la mano derecha la muñeca y con la izquierda el codo doblándolo, Rubén respiró hondo y poniendo en tensión todo su cuerpo giró violentamente derribando a José, los campesinos y Abud los rodearon asombrados al tiempo que los dos en el suelo no dejaban de reír.

-Como en los viejos tiempos, no hay forma de ganarte- decía José mientras se incorporaba.

-Tú eres el único que ha estado a punto de vencerme, pero te veo muy citadino.- Contestó Rubén al tiempo que se incorporaba.

-Pasa a comer tenemos una barbacoa de hoyo que cualquier gourmet envidiaría.-invitaba Rubén.

Entre bromas y recuerdos caminaron hacia un jacal, envuelto en hojas de maguey pedazos de borrego despedían un aroma único por las especies con las que había sido cocinado, mezclados al olor natural de esa tierna carne.

En un gran comal de barro la dueña del jacal ponía la mása de maíz estirada para hacer unas deliciosas tortillas. Ya sentados ante una mesa, modesta pero limpia, José inició la conversación en latín.

-Para ser un fugitivo, estas muy a la mano- Comentó José.

-El pueblo me protege.- Sonrió Rubén mientras levantaba los hombros.

-Hay un precio por tu cabeza- Insistió suavemente José con un gesto de preocupación.

-Sólo que ese precio no alcanza a mis ideas y convicciones.- Desapareció la sonrisa del rostro de Rubén.

-Platícame que fue lo que pasó realmente- Preguntó José.

-Me estaba colocando la estola para oficiar misa cuando escuché unos gritos en el templo, los agraristas entraron con palos a golpear a los fieles que se preparaban para escuchar la celebración, salí corriendo y vi como un pillo golpeaba la piernas de una anciana, le quité el palo y le di con él, al verme se lanzaron otros a defenderlo y arrié con ellos, uno de los fieles se subió al campanario y empezó a tocar las campanas, otros fieles al verme defender hicieron lo propio y los agraristas se batieron en retirada, sólo para dar paso a la policía, quienes llegaron disparando a los fieles, atrancamos las puertas y permanecimos encerrados mientras el pueblo cercaba a la policía y les gritaba insultos y consignas, al caer la noche la policía se intimidó y apuntando a la gente se retiró del lugar, me dicen que los soldados no se enteraron pero al día siguiente saquearon casas, tiendas y comercios para dar una lección a la población.- Relataba Rubén.

-Nuestra condición nos pide el sacrificio y el martirio no la violencia.- Interrumpió José

-No puedes pedir el sacrificio y martirio a la gente, no pueden los unos erguirse como los dueños de los otros, no puedes retirarte y dejar a esta gente en manos de asesinos depravados y sanguinarios.- La cara de Rubén se tornaba dura.

-¿Qué pasó después?- Preguntó José.

-Al otro día con lujo de violencia entraron a la casa y me tomaron preso, la gente del pueblo se reunió pidiendo mi liberación, los soldados exigieron un rescate de 50,000 pesos de otra forma me fusilarían al amanecer, la gente se apresuró a conseguir el dinero pero sólo pudieron conseguir unas monedas de oro y algunas joyas que se habían salvado de los saqueos. Tomaron el dinero y les advirtieron que les quedaban unas horas para conseguir el resto.

Martín y Manuel, aquellos dos que ves allá cortando ese tronco, estaban de guardia y me liberaron huyendo conmigo al monte, allá me encontré a Mons. Orozco, el Chamula- Continuaba con su relato.

-¿Por qué le dicen el chamula?.- interrumpió José

-Después de terminada la revolución los militares y políticos se quedaron con las mejores haciendas de Chiapas, sólo respetaron las de los extranjeros, pero pronto se fastidiaron del trabajo en el campo y las vendieron a los americanos y alemanes, sobre todo las fincas cafetaleras, sacaron a los indios de las tierras comunales que les pertenecían y también las vendieron. Mons. Orozco protestó en forma enérgica contra esos abusos y otros más que los militares hacían contra los indígenas y al no poder disponer de su vida por el temor de que el pueblo se levantara exigieron al clero que lo enviaran fuera del estado y lo mandaron a Jalisco. Ahí el gobernador Diéguez lo declaró conspirador y sedicioso y se libró una orden de aprehensión, pero la gente del pueblo lo protegía.

Mons. Andaba como ministro itinerante de un pueblo a otro, algunos soldados asistían a misa y lo respetaban, al enterarse de esto el gobernador encabezó una persecución por todo el estado para aprehenderlo, fue en vano- Rubén se tornaba pensativo y su gesto se endurecía.

-Cuando Bouquet tomó el gobierno decretó que ningún sacerdote podría estar al frente de un templo, que sólo podría haber un sacerdote por cada 5,000 fieles, que deberían solicitar permiso ante la secretaria de gobernación.

Dos días después atrapan a Mons. Orozco en Lagos y el pueblo se levanta para liberarlos por la fuerza pero el párroco los calmó, sin embargo, no nos movimos de la puerta de la comisaría. Al otro día llegó Diéguez, ahora sólo general, con un destacamento, la gente lo abucheó y temimos que sus soldados empezaran a disparar pero tanta gente los intimidó.

Anunciaron que llevarían al Mons. Orozco a Tampico para exiliarlo en Estados Unidos y exigimos que nos dejaran acompañarlo.

Cuando regresamos organizamos una manifestación y Diéguez se puso furioso porque de nuevo lo abuchearon, sólo que esta vez sí dispersó la manifestación con la gendarmería montada. Todos los municipios mandaron cartas para que se aboliera el decreto pero no hicieron caso y lo publicaron.

Se suspendió el culto, los sacerdotes se retiraron de sus iglesias y la gente se puso de luto, boicotearon los periódicos "El occidental" y "El diario de Jalisco" los cuales tuvieron que cerrar ya que nadie se anunciaba en ellos, ni los compraban, la gente dejó de usar automóviles, autobuses y tranvías y puso en sus puertas un crespón negro en señal de luto, así llegamos a diciembre y se suspendieron las posadas y la misa de medianoche, los comerciantes se arruinaban por la crisis y Diéguez manifestaba su odio contra la gente, finalmente tuvo que derogar el decreto.- Rubén se puso de pie y caminó alrededor de José con los puños cerrados y continuó.

-La pasividad no deja nada, tenemos que luchar por lo que creemos con toda la pasión que sea necesaria, esta crisis nos demostró que podemos hacer algo mejor que dejarnos aplastar por los bolcheviques.-Rubén ahora golpeaba la palma de su mano izquierda con su puño derecho.

-Qué hermosa mariposa esta labrada en la mesa.- José trataba de cambiar de tema.

-Aquí adelante esta el santuario de la mariposa monarca, las mariposas vienen a refugiarse del invierno y llenan el cielo con sus colores. Cuando veas este símbolo sabrás que nosotros estamos presente.- Aclaró Rubén.

-¿Tienen un símbolo? ¿Quiénes?- Exclamó José con preocupación.

-Los que aquí ves y muchos más, estamos en 4 estados y pronto estaremos en todo el país, somos el círculo de la mariposa monarca.-

Respondió orgulloso Rubén al tiempo que giraba una medalla de la virgen de Guadalupe que colgaba de su cuello y en la parte anterior se veía grabada en la plata una mariposa.

-¿Y cual es el objetivo del círculo?- Preguntó serio José.

-Defender la libertad.- Afirmó categórico Rubén.

-Es muy abstracto.- Frunció el seño José.

-De ninguna manera, tenemos una Constitución que limita fuertemente nuestras libertades, pero no sólo eso, hay grupos secretos internacionales que se están apoderando del país para someterlo, los masones se siguen consolidando, ya entregaron la mitad del país, ahora quieren someter totalmente a la gente y el camino es, eliminar a la iglesia y luego a la clase media para quedarse con esclavos de facto.- Insistía Rubén.

-¿Te refieres a los bolcheviques?- Preguntó José.

-Hay una relación extraña entre los Bolcheviques y los masones, aparentemente son irreconciliables pero están trabajando juntos en México, a través de la lucha de clases debilitan a los países y luego toman el control absoluto.- Rubén se apretaba la barbilla.

-¿Y como piensas enfrentarlo?- Preguntó de nuevo José.

-El Círculo de la Mariposa Monarca protegerá a los sacerdotes y a los líderes sociales, le proporcionará escondites e información.- Contestó Rubén.

-El nombre suena muy femenino.- Sonrió José.

-El corazón del círculo es femenino, déjame explicarte, las mujeres forman la parte más importante de nuestro círculo, ellas se relacionan con los militares y políticos para obtener la información que necesitamos.- Decía Rubén cuando lo interrumpe José.

-¿Se prostituyen por información?- Frunció el ceño José.

-Los militares y políticos no respetan, de cualquier forma las toman y ellas obtienen la información que nos permite avanzar, muchas perdieron a sus maridos y novios en la revolución, están solas y el ser útiles les mantiene su dignidad.- Contestó lacónico Rubén.

-¿Muy digno lo que hacen?- Dijo José con ironía.

-Salvar las vidas es digno, han sido capacitadas para ello, te voy a presentar a la líder del movimiento, ¡Matías! por favor llámale a Farah.- Gritó Rubén al tiempo que Matías corría a una cabaña cercana.

Farah era hija de un Hindú y un comerciante libanés que vendía telas en el centro del país, sus ojos profundos, su piel ligeramente morena, unas tenues ojeras que le daban un aire de misterio, su cabello negro y brillante le cubría la espalda, sus amplias caderas y fina cintura le daban un toque de sensualidad, caminaba como princesa, avanzó majestuosa hasta el lugar donde se encontraban Rubén y José.

-Encantado de conocerle padre Cereceres.- Farah sonrió discretamente iluminando su hermoso rostro y extendiendo voluptuosamente su mano hacia la de José.

-El gusto es mío Farah- respondió José en avadhi, un dialecto hindú.

-¿Cómo sabe Ud. que conozco el Avandhi? Respondió sorprendida Farah.

-Una persona culta de Haryana no lo puede ignorar. Ahora reía José como niño travieso.

-¿Cómo sabe que viví en Haryana?- Aumentaba la sorpresa de Farah.

-De la misma forma que sé que sirvió en el templo de Jama másjid.- Seguía riendo José al tiempo que Rubén lo veía sorprendido.

-Eso no lo saben ni mis padres. ¿Quién es UD? ¿Cómo sabe de mí?- Ahora se sentía atemorizada.

-No se asuste, es muy sencillo, su vestimenta es clásica de los maestros de Haryana, el dije que luce en su cuello sólo se lo dan a los que sirven en el templo de Jama Másjid, su forma de caminar y saludar corresponde a gente educada e instruida y hay mucho escrito en avadhi como para renunciar al privilegio de aprenderlo.-

-Vaya, por algo le dicen el Cerebro.- Contestó Farah y sonrió aliviada.

-¿Quién me dice el Cerebro?- Ahora el intrigado era José.

-Todos, Rubén, el alemán y digamos ¿Moramai?

José se puso pálido y Rubén interrumpió.

-Bueno, tenemos poco tiempo y hay mucho que trabajar. Las fuerzas del mal se han desatado y necesitamos proteger a mucha gente, aún en contra de ellos mismos que no ven el peligro.- Rubén hacía un gesto para invitarlos a entrar a una pequeña cabaña. Se sentaron alrededor de una mesa de madera rústica, pisos paredes y techo todo era de madera de la zona, cuidadosamente trabajada y por todos los lados mariposas monarcas labradas en la madera la hacían lucir hermosa.

-Farah, por favor, platícanos la situación Michoacán, José esta recién llegado de Europa y va al seminario de Morelia. Indicó Rubén.-

Con voz suave inició Farah.

-Hay un movimiento mundial para desterrar a Dios de nuestras vidas, de la sociedad, del trabajo de todos los lugares para implantar un control total sobre los hombres, sin Dios no hay límite, ni base para el control de la conducta del hombre, los gobiernos se vuelven absolutos, plenipotenciarios ocupan el lugar de Dios y disponen de la vida, bienes y destinos de las gentes.

El general Mújica hace las funciones de gobernador desde el 20 y es un feroz jacobino, en Enero del 21 la gente de Uruapan ha pedido al gobierno federal que le regrese las escuelas y curatos que ellos mismos construyeron y que Carranza les confiscó, Mújica se niega, los católicos de Panindícuaro se encuentran armados, los motines son cosa de todos los días, en marzo del año pasado cerró el Colegio Teresiano de Morelia, los estudiantes lograron un amparo y esto encolerizó más a Mújica, los muchachos de la ACJM están también indignados porque Mújica les ha prohibido exhibir su símbolo.

Mújica ha contratado mercenarios extranjeros para sus jefes de policía ya que la gente local se niega a trabajar con el, ya ha vertido sangre inocente y el odio popular crece día a día, los jóvenes asesinados en la manifestación del 12 de mayo son solamente una muestra de lo que Mújica esta haciendo.-

Con modales suaves y elegantes de sus manos Farah hacía una relación de los abusos y crímenes de Mújica en el estado. Su voz pausada, aunque emotiva, tenía cierto tono musical que hacia que las tragedias se oyeran menos trágicas.

-Como ve, padre Cereceres no le esperan alfombras rojas a su llegada a Morelia. –Terminó Farah levantándose con una reverencia.

-Le agradezco mucho su información Farah.- Contestó formalmente José, que ahora lucía ausente.

-Bien Rubén, debo seguir mi viaje, quiero llegar de día a Morelia.- Dijo José al tiempo que se levantaba.

Rubén sacó dentro de sus ropas una medalla de oro con la virgen de Guadalupe en una cara y una mariposa monarca en el otro lado al tiempo que le decía.

-Que la virgen te proteja, José, y recuerda que una mariposa estará volando cerca de ti para informarte de algún peligro.-

Capítulo VIII
La ACJM

La cita era en la catedral de Morelia, ese coloso de cantera rosa, que parecía insuficiente para recibir a tanto joven, con sus enormes torres estilo barroco tableteado, rematadas con cruces, la de hierro simbolizando la naturaleza divina de Cristo y la de piedra simbolizando la naturaleza humana de Cristo.

Los muchachos cuchicheaban mientras se acomodaban en los espacios que a fuerza de empujar iban construyendo sobre la nave principal, ya que en las naves laterales era imposible una persona más.

En la sacristía Aurelio ayudaba a vestirse al padre Cereceres, en ese momento llegó Fausto asustado y muy preocupado.

-Padre, Padilla está muy enfermo ¿Cómo nos pudo pasar esto?. Hoy que viene el arzobispo, ¡Dios Mío!.- decía muy preocupado Fausto quien era el director del coro de Morelia, venían de una gira por Estados Unidos y Europa donde el público culto los había aplaudido entusiastas, el solista había enfermado y Fausto se jalaba los pelos blancos y largos con desesperación.

El Padre Cereceres sonrió y le dijo:

-Vaya, la providencia ha venido en tu auxilio y te mandó a Aurelio.

-Bueno, tengo al suplente.- Contestó Fausto, al tiempo que pensaba que jamás pondría a un desconocido o novato como solista de su coro.

-Pruébalo.- le dijo en forma imperativa el padre Cereceres.

-Le comentaba lo de Padilla, sólo porque el coro no lucirá como lo ha estado haciendo los últimos meses.- Fausto se retiraba lentamente para salir del aprieto.

-Prueba a Aurelio- te llevarás una sorpresa. Insistió el padre Cereceres.

¡Jamás! Pensaba Fausto, sin embargo, repentinamente se le ocurrió que le estaban dando una excusa por si algo salía mal, Cereceres sería el responsable y por otro lado Chavingas, el sustituto, le gustaba lucirse alargando notas.

-Bueno, lo probaré, pero Usted será el responsable si algo sale mal.- Sentenció Fausto.

Un tiempo atrás el antiguo órgano español había sido sustituido por un órgano alemán electromecánico de 4,600 flautas, aunque se había dejado la fachada de maderas labradas del antiguo órgano, el coro compuesto de 80 jóvenes entre 15 y 20 años que habían ingresado desde la edad de 4 años era considerado uno de los mejores del mundo.

Al ingresar los sacerdotes que iban a celebrar, un silencio reverencial se esparció por la catedral, el cual fue roto por las notas del órgano que le daba solemnidad al ambiente, la belleza de las notas del órgano fue superada por un sonido más hermoso, la de 80 voces jóvenes que entonaban un canto gregoriano que invitaba a la reflexión.

Cinco jóvenes sacerdotes oficiaban mientras el arzobispo y otros 12 sacerdotes se agrupaban a los lados del altar, Aurelio revisaba la pauta al tiempo que Fausto nerviosamente acomodaba su atril y daba instrucciones con sus manos al coro para que se prepararan a cantar el Ave María.

Fausto recorría con la mirada a todos los del coro y le daba la señal a Aurelio para que entrara, Un Ave María se empezó a escuchar con una voz potente y modulada ejecutando perfectamente cada nota, Fausto se relajó y apareció una leve sonrisa en el rostro tenso de hacía unos minutos, el GRATIA PLENA mostró una voz clara y limpia que jugaba con las notas en forma magistral, los jóvenes del coro se sentían tranquilos y contentos con su solista pero el clímax llegó en el BENEDICTUS VENTRIS TUIS donde Fausto le pidió más volumen a su nuevo solista y este respondía con una voz fuerte y un *vibrato* profundo que cimbraba la catedral, la gente volteaba al coro emocionada.

Aurelio cantaba cada vez más fuerte como queriendo sacar todos los sentimientos contenidos y Fausto se contagiaba de la euforia y le pedía más, el coro lo acompañaba con un tenue mmm y la gente se estremecía.

Callaba el solista y entraba el coro, que daban lo mejor de sí mismos y aquellas 80 gargantas se oían como una sola, Fausto no cabía en sí, su viejo rostro lucía una expresión juvenil, era su coro, su esfuerzo, su vida.

Se apagaba el coro para que entrara de nuevo el solista, el Ave María era la canción que conectaba a Aurelio con su gran devoción por la Virgen de Guadalupe, pero también por su madre a quien había idolatrado y ahora creía ver en la cara de la virgen a Martha, su amor platónico, que por una extraña coincidencia se encontraba en Morelia buscando su traje de novia y asistía a esa misa de jóvenes. Martha identificó aquella voz de inmediato, era inconfundible para ella, la había escuchado perfeccionarse cada año cuando Aurelio regresaba al pueblo y cantaba en la parroquia del pueblo.

-Ése es Aurelio, el que va a cantar en mi boda,- le decía a la amiga que la acompañaba.

-¿De veras? Qué hermosa voz nunca lo había escuchado.- Le contesta la amiga.

-¡Sí!, es mi amigo de la infancia- Respondió orgullosa Martha.

Al terminar la imagen de la virgen y de su madre se habían borrado y todo lo ocupaba la imagen de Martha, su semblante se tornaba gris y sus ojos se humedecían.

Al terminar la misa la gente rodeaba a los muchachos y Fausto recibía las felicitaciones por su coro.

-Fausto, el arzobispo quiere hablar contigo.- le dijo un cura llevándoselo del brazo para abrirse paso en la multitud hasta una pequeña oficina junto a la sacristía.

-¡Fausto! ¡Bravo! no hay que ir a Viena para escuchar los ángeles, usted los ha formado en Morelia.- La cara rechoncha del arzobispo se iluminaba al vitorear al director del coro.

Bajando la cabeza contestaba Fausto:

-Gracias, su excelencia, los muchachos tienen trabajando muchos años.-

-Fausto- Continuó el arzobispo -Estamos pasando por tiempos difíciles para la Iglesia y necesitamos mantener firme la Fe y la música ayuda, quiero tenerlo en la ciudad de México en el mes de María, a Usted y su coro, quiero que se presenten en Catedral, en La basílica de Guadalupe y en Coyoacán.-

-Ahí estaremos Señor.- Contestó Fausto, sintiéndose invadido por un orgullo muy grande.

Aurelio se encontraba rodeado por unos muchachos que le interrogaban.

-¿De donde eres? -Decían unos.

-¿Dónde aprendiste a cantar?- Le preguntaban otros cuando se abría paso entre el grupo un joven alto de piel muy blanca y cabello negro y lacio, era Juan Granada.

-¡Hey! ¿Te gustaría entrar a la ACJM?- Le preguntó sin preámbulos.

-¿Por qué no?- Contestó Aurelio desenfadado.

-Ven, te invito un chocolate en los portales- Le dijo Juan al tiempo que lo jalaba.

Cruzaron la plaza y buscaron una mesa desocupada, como no había mesa, Juan se hizo lugar en la de unos amigos.

-Miren, él es. ¿Cómo te llamas?- Le preguntaron.

-Aurelio Beltrán, para servirles- Contestó sonriendo.

En otro lugar Martha en compañía de su amiga buscaba a Aurelio entre la gente del coro en el atrio de la iglesia, la gente se formaba en grupos, unos viendo los puestos de artesanía, otros rodeaban a un adivino cuyo canario sacaba un papelito con el destino de la persona, si a su amo le daban 20 centavos, los vendedores de dulces de leche pregonaban sus productos, las damas de sociedad lucían sus vestidos "traídos" de Europa, otras los chemisses que se estaban usando en Nueva York en la fiebre del charlestón con sombreros tipo campana o turbantes de plumas acompañados de sus galanes con trajes sport y sombrero de palma. Martha se paraba de puntas tratando de localizar a Aurelio al tiempo que se cruzaba con unos muchachos del coro.

-¿No saben a dónde se fue Aurelio?- Preguntaba con impaciencia.

-¿Quién es Aurelio?- Le contestaron.

-El solista.- Contestó de inmediato.

-Lo vi pasar con Juan, de seguro están en los portales, ahí se la pasa Juan.- Respondió uno de ellos.

-Gracias.- Dijo Martha al tiempo que jalaba a su amiga rumbo a los portales.

-Le tengo que recordar que tiene que cantar en mi boda.- Le decía al tiempo que la jalaba más fuerte dirigiéndose a la plaza.

Martha buscaba, entre las mesas que ocupaban familias, grupos de muchachos, muchachas hablando sin descanso y al mismo tiempo, parejas de enamorados, a Aurelio.

Avanzaba entre las mesas topándose con los vendedores de ates de guayaba, dulces de tamarindo o señoras vendiendo envoltorios de chocolate hecho en casa.

Juan le platicaba animadamente a Aurelio los detalles de la gira por Europa, la travesía por el barco, las conquistas a bordo, cuando vio palidecer a Aurelio que se levantó lentamente de la silla y alzó tembloroso la mano, a unas mesas Martha le gritaba entusiasta.

El corazón le latía deprisa, sentía que la sangre le ahogaba, no podía hablar al tiempo que Martha se acercaba y le daba un fraternal abrazo.

-Ho..oo..la- Dijo tartamudeando Aurelio.

-Qué bárbaro Aurelio, cantaste como los Ángeles, en mi boda lo harás como nunca.-Le dijo Martha orgullosa al tiempo que llegaba Alicia su amiga.

-Qué tal Licha.- Le extendió la mano Aurelio.

-Qué emoción que alguien de Maravatio haya sido el solista en esta misa.- le dijo en forma coqueta.

-¡Ejem! ¡ejem!- interrumpió Juan.

-Soy Juan Granada, para servir a Ustedes- Hizo un gesto reverencial con una sonrisa de conquistador.

Alicia era una morena de ojos azules y cabello castaño oscuro, Martha y Aurelio parecían hipnotizados, se veían como si se descubrieran de momento. Juan aprovechaba par sacarle plática a Alicia.

-Martha, nos tenemos que ir- Dijo Alicia interrumpiendo a Martha que le reclamaba a Aurelio la ausencia de cartas. Martha le hizo una seña para que la esperara y continuó la plática con Aurelio.

-¡Aurelio! Va a ser muy importante para mí que tú cantes el AVE MARIA- Le decía Martha en forma suplicante a Aurelio y le veía a los ojos esquivos que trataban de ocultar el dolor que le producía el saber que su Martha se le casaba con otro.

-No puedo faltar, tú lo sabes- Contestó en forma automática pero dejando sentir un poco el dolor de lo que decía, Martha lo tomo de las manos y le obligó a que la viera directo a los ojos, el rostro de Aurelio se iluminó al ver la belleza de aquella cara y sobre todo de aquellos ojos luminosos, alegres e ingenuos que le miraban con entusiasmo.

-Me tengo que ir- Le dijo Martha al tiempo que lo abrazaba y le daba un beso en la mejilla. El corazón de Aurelio parecía salirse de su lugar, vio cómo se retiraba su amada, se quedó inmóvil hasta que desapareció entre la muchedumbre. Juan lo jaló de nuevo al tiempo que le decía.

-Vaya, ni se nota que estas perdido por esa muchacha-

Aurelio se sentó de nuevo como autómata quedando su mirada perdida. En eso llegó el mesero y pidieron unos chocolates con churros, queriendo cambiar de tema Aurelio preguntó

-¿Cuándo y dónde se reúnen?-

-Nos juntamos en el atrio de la catedral todos los sábados a las 9 de la mañana, pero este sábado nos juntaremos las 7 ya que iremos a un día de campo.- Contestó Juan.

-Somos la agrupación más grande, tenemos 200 muchachos en Catedral, y en cada parroquia hay un promedio de 100, este día de campo lo organizamos solamente los de Catedral pero a fin de mes queremos juntarnos todos los de Morelia.- Explicaba Juan.

El resto de la velada fue del mismo tema, de los juegos que se iban realizar y de quienes habían ganado las competencias anteriores y Juan no ocultaba relatar de cuales juegos era el campeón, a las 9 de la noche Aurelio se disculpó y se retiró a la casa de su tía.

El sábado llegó Aurelio al atrio de la Catedral unos minutos antes de las 7 de la mañana y ya se encontraban un nutrido grupo de jóvenes platicando y rodeando a Juan Granada, las muchachas con sus faldas de tablas colgando sus bolsas de tela con provisiones para el día de campo, los muchachos con sus mochilas y cantimploras, Juan al ver llegar a Aurelio se adelantó a saludarlo y presentarles a los muchachos y muchachas del grupo, al sonar las campanadas de la misa de 7 los muchachos emprendieron el camino al campo tomando el camino hacia el sur.

El silencio de las calles desapareció ante el fuerte canto de los acejotemeros.

Adelante Acejotaemeros
los ojos fijos en nuestro ideal
cantando nuestros Amores
nuestra vida es lucha leal.

Verde, blanco y colorado
visión de Patria
visión de amor
tremolando en lo alto la Bandera
siempre adelante y sin temor.

En pie... valor... la Iglesia a defender.
En pie... valor... la Iglesia a defender... Valor.

Una Virgen en nuestro escudo
la Virgencita del Tepeyac
Es la Reina que nos ha dado
Nuestra patria y nuestro hogar.

Adelante acejotaemeros
en nuestro pecho su santo amor
Tremolando en lo alto la bandera
Por nuestra Patria y nuestro Dios.

A Juan le gustaba la disciplina militar y les pedía que fueran formados y marchando cuando cantaban su himno y todos orgullosos caminaban llevando el paso y cantando fuertemente, al frente iba Juan con la bandera nacional y junto Miguel Duarte con el estandarte de la virgen de Guadalupe y una escolta de 5 muchachos.

Media hora después llagaban a una hermosa hacienda donde se formaron todos y la escolta avanzó hasta una asta bandera y dio media vuelta quedando frente a los demás. Juan inclinó la bandera y dijo:

-Esa bandera en toda su gallarda hermosura refleja el espíritu de la Patria.-

¡Es una visión de amor!

Juan. - ¿Juráis defenderla?-

Todos.- ¡Sí juramos!.-

Juan.- ¿Juráis morir antes que traicionar?-

Todos.- ¡Sí juramos!.-

De nuevo entonaron el himno acejotemero y al terminar Juan Grita:

¡México!
Todos.- ¡Católico!

Juan.- ¡México!

Todos.- ¡Unido!

Juan.- ¡México!

Todos.- ¡Libre

Juan.- !Viva México!

Todos.- !Viva!

Con todo respeto cambiaron la bandera a una enorme asta bandera mientras cantaban el himno nacional, al terminar el himno, ya la bandera estaba en lo alto ondeando con el fondo azul de aquel cielo hermoso.

Con un rompan fila todos los muchachos abandonaron la formación y se pusieron a platicar, Herminio Sosa, el encargado de la hacienda se acercó a Juan y le dijo.

-Joven, tenemos dos árboles secos que pueden tirar para su fogata, los he marcado con cal, son aquellos.-

Dijo el encargado al tiempo que los señalaba y le proporcionaba dos hachas. Se formaron dos grupos unos serían los azules y otros los rojos los cuales competirían, Rubén quedó como capitán de los rojos y Antonio como capitán de los azules.

-¡Compañeros!- gritó Juan. -Empezamos con el concurso de leñadores, le daremos preferencia a nuestro nuevo integrante de retar a Rubén por el título del mejor leñador que ha ganado en los últimos 5 concursos, si Aurelio no lo acepta quedan en libertad de presentarse los que quieran para hacer el sorteo.-

Aurelio avanzó y tomó el hacha al tiempo que todos aplaudían y Juan gritaba las reglas.

-El árbol de la izquierda es ligeramente más delgado, ese será el de Rubén por ser el campeón, cuando grite ahora iniciaran el corte, el que derribe primero el árbol será el campeón.-

Rubén era un moreno alto y fornido de fácil sonrisa y un poco bobo, contrastaba con el cuerpo delgado de Aurelio, al grito de Juan iniciaron ambos a derribar su árbol, se oían los golpes duro contra los árboles a los 15 minutos Rubén se detuvo a descansar, mientras Aurelio con el gesto duro seguía el golpeteo rítmico del hacha sobre el enorme árbol, Rubén reanudó de nuevo para volver a descansar de nuevo, mientras Aurelio seguía con el mismo ritmo que había iniciado.

Cuando llevaba la mitad, Rubén escuchó caer el árbol de Aurelio y el grito de todos coreando ¡Aurelio!, ¡Aurelio!, ganaban los rojos y se lanzaron a cortar el árbol en leña para su fogata con pequeñas hachas y machetes.

Al terminar de hacer cada equipo el montón de leña

donde se encendería la fogata se iniciaron los juegos, solamente hubo un ganador en todos los juegos, Aurelio, todos estaban impresionados por la fuerza y destreza de Aurelio.

Al mediodía encendieron las fogatas y sacaron los alimentos para la comida, las risas y bromas inundaban aquella hacienda donde, desde lejos, el hacendado se sentía feliz de aquella visita que solía no interrumpir pero que disfrutaba verla desde lejos.

Terminada la comida salieron las guitarras y se formaron grupitos alrededor de cada guitarra donde todos cantaban, Aurelio se entretenía con su cuchillo haciendo dibujos en la tierra, Juan se acercó y le dijo a Aurelio.

-¿Estas pensando en ella?-

-¡Si!, ¿En qué otra cosa puedo pensar al oír estas canciones?- Contestó Aurelio.

-¿Y porque no cantas? Le replicó Juan.

-Prefiero escuchar- contestó con cierta nostalgia Aurelio.

-Cántale fuerte, los árboles le llevarán tu lamento a donde ella esté- le dijo con una sonrisa Juan, luego dirigiéndose al grupo les dijo:

-Tenemos entre nosotros al mejor soprano de Morelia y quizás de México, pidámosle a Aurelio que nos cante algo.-

Todos en el grupo lo animaron y una de las muchachas preguntó:

-¿Te sabes Júrame?- Le dijo.

Aurelio se levantó tomo la guitarra, afinó algunas cuerdas e inició:

-Todos dicen que es mentira que te quiero, porque nunca me habían visto enamorado.- Inició Aurelio al tiempo que elevaba la voz como queriendo destrozar las cuerdas vocales o llegar hasta donde estuviera Martha y escuchara su lamento, al escuchar a Aurelio poco a poco los demás grupos fueron callando como hipnotizados por aquella voz que sonaba a lamento pero con una perfección que intimidaba, pronto sólo era un grupo que lo escuchaba y le hacía coro, Juan observaba con cierto

celo el nacimiento de un nuevo líder.

Todos lo veían con gran admiración, al atardecer recogieron todas las cosas, limpiaron el lugar e iniciaron el regreso, Juan se acercó a Aurelio y lo alejó del grupo para decirle.

-Aurelio, se vienen tiempos difíciles, nuestra Fe y nuestra religión está en peligro, el estado la quiere destruir, nosotros no podemos quedarnos cruzados de brazos, tenemos que hacer algo- Decía con vehemencia Juan.

-Lo sé ¿pero que podemos hacer con estos muchachitos?- Contestó Aurelio.

-¿Muchachitos? La gran mayoría son mayores que tú- Contestó Juan molesto.

-¿Qué pretendes que hagamos?- Dijo Aurelio.

-Que estemos listos para la defensa de nuestra Fe, de nuestras costumbres, de nuestra libertad, que no sea el gobierno el que nos diga en quién creer, que es la verdad, que debemos de estudiar, queremos que sobre nuestro país gobierne Cristo, no esta bola de ladrones y asesinos.-

Juan se veía ahora con una vehemencia desconocida para Aurelio y agregaba.

-Se que tú nos puedes guiar, nuestro líder me ha pedido que te dé el mando de mi grupo para que nos prepares para la lucha.- Confió Juan.

-¿Y quién es tu líder? -Interrumpió Aurelio.

-Alguien que te conoce y cuyo nombre no me esta permitido decir- Respondió Juan.

Aurelio supo de quien se trataba, sólo una persona lo conocía perfectamente y se detuvo para ver de frente a Juan.

-Sólo voy a entrenar a 4, consigue entre todos a los 3 mejores y cada uno tendrá que entrenar a otros 4 y así sucesivamente y para seguir con el 4 nos reuniremos todos los días a las 4 de la mañana enfrente de catedral, mañana iniciamos.

Capítulo IX
París

José, ahora con el pasaporte alemán usando su verdadero nombre o al menos el que sus abuelos le habían registrado en Alemania, de Franz Gramer llegaba a París junto con el año 1914, 1913 había sido un año de intensa actividad política en Europa, así como en la Literatura, el teatro, la filosofía, la pintura, la música y la ciencia.

El imperio Otomano había renunciado a sus territorios en Europa, El Tíbet se independizaba, Francia con Poincarè y Estados Unidos con Wilson estrenaban presidente, Asesinaban al Rey Jorge de Grecia, se iniciaba la guerra de los Balcanes, arrestaban a Gandhi, en México habían asesinado a Madero.

París era la caja de resonancia de Europa y sus cafés al aire libre lo mismo atendían a vagos y poetas que a personalidades protagonistas del acontecer mundial.

Franz había trazado dos ejes de acción en París trabajar como vendedor de metales especiales y conseguir trabajo en teatro experimental, su abuelo le había dado cartas de recomendación para que visitara a Gustav Heuss distribuidor de maquinaria y metales especiales y le pidiera trabajo, así como a Felipe Lacroix director de teatro experimental.

El tren lo dejó en la estación Gare du Nord, de ahí tomó un taxi que lo dejaría en una casona habilitada como pensión, ahí lo recibieron un matrimonio ya entrado en años muy parlanchín y amable que lo llevaron a un cuarto independiente al fondo de la casa, el cuarto era muy pequeño pero tenía baño y eso era lo importante.

Franz se tomó un baño y salió a caminar para reconocer el terreno, vestía como el típico hombre de negocios alemán un traje oscuro impecable, con un abrigo largo, bufanda y un sombrero negro, caía la noche y en todas las casas se veía la animación propia del último día del año.

Los cafés y restaurantes invadían las aceras y mostraban sus elegantes mesas adornadas con motivo del año nuevo, a pesar de la nieve endurecida era posible caminar por las aceras y escuchar las *chasons* emotivas que cantaban alegres los trovadores en los bares y cafés seguidos por los parroquianos que, desde el medio día, habían empezado a tomar y ya estaban eufóricos esperando el año nuevo.

La voz aguda de una joven interpretando una antigua *chason* le hizo entrar en un bar.

El lugar estaba lleno de humo y parroquianos que parecían hablar al mismo tiempo.

Parejas de jóvenes, grupos de ancianos discutiendo, grupos familiares vestidos de fiesta, no parecía haber uniformidad en el grupo que esperaba el año nuevo.

Al no encontrar mesa se dirigió a la barra y pidió un vino de la casa, se sentía ajeno e incómodo en el bullicio de la gente, pero tenía que aprender a manejarse en ese medio, aunque solía tomar muy poco.

El tema de los vinos era recurrente entre los seminaristas franceses, italianos, alemanes y españoles todos afirmaban tener el mejor vino, Franz prefería los vinos tintos de Francia y el que tomaba en ese momento, aunque tierno, era excelente. Observaba detenidamente la gente tratando de adivinar sus nacionalidades, profesiones, incluso sus hábitos, en estas observaciones llegó el estruendo por el nuevo año y aprovechó para retirarse del lugar.

Soplaba un poco el aire gélido y cortaba el rostro pero Franz parecía no sentirlo y caminaba meditando, le preocupaba México, presentía que el asesinato de Madero fuera el fin del sueño demócrata para su país, las logias bajo el manto liberal ocultaban un feroz jacobinismo en contra de la Iglesia católica, los grupos secretos hambrientos de poderes absolutos extendían sus tentáculos a todo el mundo y México era un botín muy especial.

El camino de regreso le pareció más corto y después de sus oraciones se quedó profundamente dormido.

Dormía poco, así que a las 5 de la mañana ya estaba con su rutina de oraciones, ejercicio y baño.

Revisó cuidadosamente un plano de la ciudad y localizó un punto. –"Queda cerca"- dijo para sus adentros y emprendió su camino a grandes zancadas, iniciaba la aventura más importante de su vida y quizás la última, pero tenía una gran Fe en que lograría lo que no habían logrado otros, conocer los escritos sobre la infancia de Cristo.

A pesar de ser ya las siete de la mañana aún estaba muy oscuro y las aceras llenas de nieve dura y resbaladiza por lo cual decidió caminar por el centro de la calle.

Pronto estuvo al frente de una gran mansión de sobrio diseño, pintada de blanco y con ventanas cuadradas y pequeñas, se acerco a la enorme reja rematada con símbolos tibetanos, y jaló una fina cadena que tocaba una campana, pronto apareció un pequeño hombrecillo vestido de blanco y con una cola de caballo en su cabellera.

-Pase Ud. Señor, lo están esperando- Dijo tímidamente el hombrecillo.

Lo condujo a una habitación, con techos muy altos, piso de madera y sin ningún mueble, en medio de la sala un monje alto y corpulento con manto rojo y cuello amarillo lo esperaba.

Se hicieron una reverencia mutua y se sentaron sobre el piso en posición de flor de loto.

Franz saludó en Brahmi y siguió en Tibetano.

-Le agradezco mucho que me reciba e igualmente su aceptación para platicar conmigo.- Dijo respetuosamente Franz.

-Lo que usted emprende es muy peligroso. Franz- Respondió el monje sin expresar ninguna emoción en su rostro.

-Son más peligrosos los documentos que ustedes están entregando- Respondió mirando a los ojos de Lobsang.

Los dos se quedaron sin hablar por varios minutos, se sentían descubiertos y parecían tener un duelo de fuerza mental.

-Nosotros no entregamos ningún documento- Respondió el monje apretando la mandíbula.

-¿Cómo me explica los "descubrimientos" sin ciencia intermedia, ni tecnología que se están dando en las universidades de Europa?- Replicó con voz enérgica Franz.

-¿Qué te hace pensar que esos descubrimientos tienen algo que ver con los documentos?- Insistió el monje.

-Las copias que tienen fueron traducidas al arameo hace más de 3 mil años y al griego hace poco más de dos mil por Demócrito.- Afirmó Franz.

-Vaya, estas haciendo delincuente a Demócrito- sonrió Lombsang.

-No digo tal cosa sólo, que su conocimiento enciclopédico me parece sospechoso y ahora resulta que de nuevo aparecen los temas que lanzó Demócrito específicamente sobre el átomo.

Bohr acaba de publicar su teoría de la estructura atómica, hace dos años me preguntaban sobre una palabra en arameo que no le encontraban traducción, me puse a buscar y encontré un texto de Demócrito en arameo, el original usaba la palabra átomo, pedí que me mandaran el texto completo y sólo me mandaron una frase que ya traducida significa "se libera cantidades inconmensurables de energía del átomo" por otro lado Geiger hizo un aparato para medir los rayos alfa, Russel formula la teoría de la evolución estelar y René Lorin establece las ideas básicas de la propulsión a chorro, esto entre los muchos pequeños descubrimiento en ciencias básicas y tecnología, en unos meses estamos avanzando lo que no se avanzó en siglos, me pregunto si son descubrimientos fortuitos o revelaciones- Preguntó Franz.

-No somos los únicos protectores de esos documentos, hay copias en Egipto y la India, pensamos que de ahí fueron robados.- Se suavizaba el semblante del monje.

-Pensaba que había sido la moneda de cambio por la independencia del Tíbet- La voz de Franz sonaba dura.

-Necesito encontrar y recuperar los que no han sido descifrados aún, la humanidad peligra y lo sabe Ud.- Contestó ya más tranquilo el monje.

-Necesito encontrar esos evangelios.- Contestó Franz imitando al monje.

El monje metió la mano dentro de sus ropas y sacó un sobre, al tiempo que Franz hacía lo mismo de su saco, ahí estaban frente a frente presionándose con la mirada y ambos con un sobre en senda mano.

Casi como si fuera una ceremonia Franz extendió sus manos, una para entregar el sobre y la otra para recoger el que le entregaban.

Ambos abrieron rápidamente sus respectivos sobres y Franz no pudo ocultar una sonrisa.

-¿Sospechaba de ese lugar? Franz- le preguntó el monje.

-Era mi segunda opción y ¿Ud. Pensaba en esa Universidad?- contestó Franz.

-La ubicábamos aquí, en Francia, pero el hecho de que esté en Alemania complica todo- Explicó el monje.

-La están compartiendo, al parecer, hay varios países involucrados en este proyecto, están reuniendo las mejores mentes de Europa. Es preocupante, se pueden desencadenar grandes fuerzas que usadas para el mal serían terribles, como Ud. verá es probable una guerra generalizada, esto retrasará los trabajos y ojalá tenga éxito en recuperar esos documentos.- Dijo Franz ahora con un semblante gris.

-Las fuerzas del mal se están liberando en todo el mundo es preciso unir fuerzas, por cierto ¿Se declarará Roma como estado independiente?- Preguntó Lobsang.

-No, sólo el Vaticano se transformará en estado y ¿cuánto tiempo resistirá el Tíbet a la ambición China?- Preguntó Franz.

-No lo sé, confiamos más en la oración que en las armas- Aclaró Lobsang.

-Por cierto ¿Cómo se enteró de mi verdadero Nombre?- Preguntó Franz.

-Tenemos ojos y odios donde necesitamos ver y oír.- Aclaró el monje con una sonrisa.

-Ustedes también tienen traidores, los documentos llegaron de Lasha.- Afirmó Franz con una sonrisa y se puso de pie con interés de retirarse.

-José, perdón, Franz, se vienen momentos muy duros para tu país, Ibis tiene en la mira a México, cuenta conmigo para todo lo que necesites. Puedes usar la biblioteca tiene una entrada por fuera, usa siempre el dije en un lugar visible mientras estés aquí, en una mesa encontrarás las rutas de las caravanas, los nombres de los comerciantes, sus mercancías y los lugares donde acampan.- Lobsang hizo un ritual para despedir a Franz al tiempo que le entregaba un dije de oro y una llave.

Era el primero de Enero de 1914 y no habiendo nada abierto decidió ir a la biblioteca.

Tal como le había dicho el monje, sobre una mesa de lectura se encontraban varias listas de personas y lugares, además de un mapa de la ciudad, Franz empezó a leer la lista de los mercaderes y a ubicar los bares y restaurantes que frecuentaban así como las ciudades donde mercadeaban tanto como mercancías que vendían, adicionalmente traía una pequeña biografía de cada uno de ellos.

Al otro día muy temprano se presentó en las oficinas Special Metals, el gerente lo saludó muy entusiasta.

-Pasa Franz, estoy feliz de que vengas a trabajar con nosotros, tu abuelo es una institución en la empresa y los dueños me han pedido que te dé todas las facilidades para tu trabajo.-

-Gracias, estaré sólo 3 meses, pero espero poder ayudarles, he estado estudiando los productos y los clientes y espero ser útil.- Afirmó Franz con una sonrisa.

-Pásale, empezaremos de una vez-

Dijo Françoise abriendo la puerta de su privado y adelantándose a Franz para mostrarle el camino, la oficina de Françoise derrochaba lujo, sofás de piel, escritorio de madera fina labrada, atrás un librero, un retrato familiar y en las paredes cuadros de la fábrica y de los dueños.

-Necesito que visites a nuestros clientes y a algunos prospectos que no hemos logrado que nos compren, hay algunas acerías que han entrado al mercado de metales especiales con precios inferiores a los nuestros pero de muy baja calidad, mira aquí hay un comparativo de nuestros productos con los de ellos, con esto podrás demostrar nuestra superioridad, no basta con tener 400 años en el mercado, debemos de demostrar que seguimos siendo los mejores, algunos están en los suburbios de París y algunos aún más lejos por lo que te proporcionaremos un vehículo para que puedas moverte con libertad, Mercedes Benz acaba de sacar el Mercedes 28/95 tiene un motor de 7.3 litros y una potencia de 90 caballos te va a gustar. Aquí tienes dinero para gastos y necesito un reporte detallado de tus visitas cada viernes.-

Françoise siguió su explicación del Mercado, los clientes, los productos y la situación en Europa, Franz hacia pequeños comentarios que servían de acicate a Françoise para que siguiera hablando, en esta perorata les llegó el mediodía y salieron a comer a un elegante Restaurante donde los vinos y el queso eran la especialidad, al salir ya caía el sol, aunque no era muy tarde, anochecía temprano.

Llegaron a la oficina y Franz tomó el vehículo para dirigirse a donde tendría su segundo trabajo, el teatro Petit.

Felipe Lacroix era un argentino de padres franceses que escribía teatro desde muy chico y el dinero que le dejara su padre lo había empleado para poner una productora de teatro, sin embargo, no había tenido mucha suerte y estaba a punto de quebrar. El abuelo de Franz le había patrocinado esta obra con la petición de que le diera un papel a su nieto, Felipe aceptó un poco de mala gana pero necesitaba el dinero.

El ambiente artístico era intenso en toda Europa, el año anterior Thomas Mann había presentado su libro *"Muerte en Venecia"*, Marcel Proust, por su parte, publicaba *"En busca del tiempo perdido"*, Miguel de Unamuno en ese estilo tan propio sacaba *"Del sentimiento trágico de la vida"*.

El premio Nobel de literatura se le había otorgado a Tagore, Robert Frost publicaba sus poemas *"A boy's Will"* y Jacinto Benavente con "*La Malquerida*".

Freud, por su parte publicaba *"Tótem and Taboo"* y Russell se lucía con su *"Principia Matemática"*.

Los cines habían estrenado en ese años *"El Vampiro"*, *"The Squaw Man"*, *"Der Student Von Prag"* y la Paramount presentaba a su nueva estrella, Charles Chaplin, De falla estrenaba la ópera *"Vida Breve"*. En ballet Stravinsky con *"Le Sacre du Printemps"* y Debussy con *"Jeux"* hacían época en París.

-Me dicen que sólo has actuado en teatro experimental.- Dijo Felipe con una mano en la barbilla y la otra en el codo.

-Así es, no he tenido una oportunidad aún- Contestó tímidamente Franz.

El día anterior le había renunciado el primer actor por falta de pago y ya se había gastado parte del patrocinio así que se le ocurrió repentinamente nombrar a Franz primer actor y sacarle más dinero al abuelo.

-Creo que das el tipo de primer actor, olvídate del parlamento que te había mandado y apréndete el nuevo, pero rápido que estrenamos la semana que entra, y tú parado sin hacer nada.- Como era su costumbre Felipe vociferaba sin motivo, Franz sólo sonreía a las gesticulaciones de Felipe y le agradaba la oportunidad que se le daba.

-Tendrás que maquillarte, eres demasiado joven para el personaje- Terminó Felipe dirigiéndose a otros actores.

Las cosas estaban saliendo mejor de lo que se esperaba, la verdadera intención de participar en teatro era poder aprender a maquillarse para interpretar diferentes personajes en su aventura, se unió al grupo y se dispuso a escuchar al director detalles a los actores y presentarles al nuevo actor.

Al día siguiente, inició las visitas a clientes y a pesar de su temperamento introvertido tomaba el papel de vendedor y se desdoblaba en otra persona, era amable, simpático y platicador, su amplia cultura y dominio de los idiomas subyugaban a sus clientes quienes se abrían con él e iniciaban una relación cordial.

Aprovechaba la hora de la comida y la cena para ir a los bares y restaurantes con el objeto de poder ubicar y relacionarse con los mercaderes del norte de África, cada día que pasaba se sentía más cómodo con su nueva vida, su trabajo de vendedor lo conectaba con los grandes magnates de Europa y el trabajo en el teatro con el movimiento cultural, por la noche escribía un resumen del día y medía sus avances cuidadosamente.

Había entablado una gran amistad con el maquillista y buscaban nuevas formas de hacer más realista los disfraces, ya que quedar bien caracterizado era para él de vida o muerte y ahora salía a los bares disfrazado de árabe con el nombre Mohamed.

Con apenas tres meses ya era un personaje en la alta sociedad y el señor inspector que caracterizaba en la obra gustaba al público que llenaba el pequeño teatro de jueves a domingo.

Todos los lunes por la tarde visitaba a Lobsamg, grababa cada detalle, cada gesto, el tono y timbre de su voz, ese sería el más importante personaje que haría: el de monje budista. El último lunes de abril se sentaba de nuevo frente a Lobsamg y después del saludo:

-Me ha llegado una carta de México y he subrayado algunos párrafos ¿quiere que se los lea?- Preguntó el monje.

-Si ¡adelante!- Contestó Franz.

-Las tropas Carrancistas avanzan victoriosas sobre México, en cuanto entran a una ciudad se apoderan de las llaves de la iglesia, toman los copones y vacían las

Hostias consagradas en los pesebres de los caballos, ponen las vestiduras sacerdotales sobre el lomo de los caballos, queman los confesionarios, beben en los cálices, ¿sigo leyendo?-Preguntó el monje.

-No, es suficiente, Zapata domina el estado de Morelos, si logra unir fuerzas con Villa podrán derrotar a Carranza.- Contestó Franz.

-Zapata ¿el que guerrea con un estandarte de la Virgen de Guadalupe?- Preguntó Lobsang.

-Es el estandarte que nos dio la libertad hace 100 años.- Contestó seco Franz.

-Las fuerzas del mal se extienden por todo el mundo, mi estimado Franz, quieren desterrar a Dios de nuestras vidas, es tiempo de unirnos todos los que profesamos una fe.- Lobsang hablaba ahora con emotividad.

-Si,- contestó Franz, -Es necesario un ecumenismo.-

-La gente olvida la reflexión y se queda en las formas, quieren vivir el momento.- Sentenciaba Lobsang.

-Parece que la humanidad entrará en un período oscuro muy largo, dicen los profetas- Ahora sentenciaba Franz.

-Los documentos que buscas ayudarán a perfeccionar las resoluciones del Concilio de Trento.- Dijo Lobsang.

-Vaya y yo creía que mi misión era secreta.- contestó Franz.

-No para mí, tu disfraz es perfecto, como tu actuación, el otro día que nos encontramos en la reunión de la comunidad árabe, hubiera jurado que eras árabe, no tienes acento y tus gestos son puramente árabes, hasta que nuestras miradas se cruzaron, es demasiado intensa para disfrazarla, cuando llegaste pensé que no tenías la más remota posibilidad de éxito en tu misión, ya te estaban esperando en el Cairo, aunque debo decirte que no esperan a un árabe y eso te da una ventaja.- Sonrió Lobsang

-Tampoco llegará un árabe.- Sonrió Franz conteniendo la risa.

-Cuidado con lo que estas pensando- Gritó Lobsang.

-¿Seré yo el que me tenga que cuidar en el futuro?- Retó Franz.

-Si eres inteligente y prudente tomarás lo que necesitas sin tener que robarlo y mi fama crecerá. Sé que lo vas a hacer- Ahora sonreía Lobsang.

-Algún día me enseñará esos truquitos de lectura mental.- Dijo sonriendo Franz.

-Algún día.- Contestó Lobsang al tiempo que se ponía de pie y hacía un gesto en señal de despedida.

Franz salió y caminó hasta una pequeña capilla donde pasó el resto de la tarde y parte de la noche orando por su patria. Antes del amanecer ya estaba de nuevo preparando cuidadosamente cada cita, ese día era muy importante porque tenía una cita con Darío el Sayed, el cual ya estaba cansado de andar en caravanas y Mohamed Atta, como se hacía llamar Franz, lo estaba convenciendo de que lo dejara ir en su lugar. Darío estaba sentado en unos almohadones tomando vino cuando recibió a Franz y se levantó para recibirlo.

-Mi querido Mohamed, prueba estas parras y este vino, ni en el mismo Bahrain lo encontrarás mejor.- Darío hablaba con mucho entusiasmo.

-No creo que esté como el de Tamim- contestó Mohamed.

-¡Bah!, qué van a saber ustedes de comida- replicó Darío.

Ambos gozaban el debate amistoso, Darío veía en Mohamed aquel hijo que perdiera en el desierto, lo había conquistado en poco tiempo y sentía conocerlo desde siempre a pesar de su fortaleza; ya la edad, los achaques y la insistencia de Mohamed (Franz) le hicieron tomar la decisión.

-Quiero que me pagues por adelantado y me dejes revisar la mercancía que llevas, además me dejarás una cantidad como garantía de que darás los mismos precios que yo y visitarás a todos mis clientes, deberás de tratar con rudeza a mi gente pero no te excedas.- Continuó Darío dando una serie de instrucciones precisas a Mohamed, a quien le era difícil ocultar la felicidad que sentía. Ya todo estaba listo para la gran aventura, ahora sólo faltaría despedirse de todos.

Llegó al mediodía al teatro y aún no llegaba Felipe, el director, por lo cual aprovechó para despedirse de todos los actores y del maquillista a los cuales invitó a comer a uno de los mejores restaurantes de París, Franz se había ganado la amistad de todos, su vocación de sacerdote le había llevado a ayudar espiritual y materialmente a los que estaban en problemas imponiendo un liderazgo invisible al grupo, los brindis se sucedieron y entre risas y lágrimas salieron ya avanzada la tarde de regreso al teatro, ahí desesperado los aguardaba Felipe.

-No es posible tanta irresponsabilidad, iniciamos en media hora y miren como vienen- Gritaba Felipe al tiempo que manoteaba y avanzaba en círculos gesticulando.

-Estábamos despidiendo a Franz-. Dijo tímidamente Annie, una actriz de reparto. El rostro de Felipe se descompuso y exclamó.

-Lárguense todos a vestirse y tú Franz, ven inmediatamente.- ordenó Felipe.

Todos corrieron a los camerinos y Franz se acercó a Felipe

-No puedes hacerme esto, no puedes hacerme esto, justo ahora que estamos en la cúspide; ve las críticas te consideran el mejor inspector que ha tenido la obra, ya nos vamos a ir a un teatro más grande y mejor y tu sales con que te vas, ¿cuánto más quieres ganar?- Gritó Felipe.

-No es asunto de dinero, desde el primer día te dije que sólo tenía 3 meses y ya he pasado más del doble, en verdad no puedo quedarme y te repito no es asunto de dinero.- contestó tranquilo.

-Esto es mi ruina, no puede ser.- Gritaba actuando Felipe.

-Nada de eso, he arreglado que te patrocinen tu siguiente obra y además has hecho buen dinero con esta- Seguía tranquilo Franz.

-¿Cuál dinero? Todo se ha ido, estoy en la ruina, no podemos parar.- Alardeaba Felipe.

-Bueno, si no te interesa una nueva obra, se lo diré a los patrocinadores creo que hay otros interesados. Hasta la vista Felipe.- Exclamó Franz al tiempo que daba media vuelta. Como resorte lo siguió Felipe.

-Claro que me interesa, pero eso de irte nomás así no es posible- Replicaba Felipe en un intento de sacar ventaja.

-Mañana vendrán los contadores de mi abuelo.- Franz no se detuvo y entró a su camerino a cambiarse.

Felipe siguió parloteando pero en su rostro se veía la felicidad de iniciar otra obra con un buen presupuesto y con todas sus cuentas pagadas, la temporada había sido magnífica y además no tendría que invertir en la siguiente.

Al otro día, muy de mañana, se despedía de Lobsang

-Le agradezco mucho su apoyo en estos meses, ya estoy listo para iniciar mi misión- inició el diálogo Franz.

-Debo decirte que mi percepción del cristianismo ha cambiado radicalmente desde que te conozco y creo que son más las coincidencias entre el budismo y el cristianismo que las divergencias.- contestó Lobsang.

-Iniciamos el ecumenismo entre budistas y cristianos. Ojalá un día nuestros dirigentes lo hagan una realidad, le agradezco mucho su apoyo y con su permiso me retiro. Franz hizo una reverencia y al momento de retirarse le llamó Lobsang.

-Espera, tengo unos regalos para ti.- Dijo al tiempo que le entregaba una serie de papeles.

-¿Qué es esto? preguntó intrigado Franz

-No va a ser necesario que adoptes el personaje de monje budista, ahí tienes todos los documentos que te acreditan como tal, cartas de recomendación a monasterios para que puedas alojarte ahí y te den todo el apoyo que necesites, hablé con el Dalahi Lama y me autorizó tu ingreso sin que renuncies a todo lo que eres– Había en aquel rostro redondo y de cráneo afeitado un halo de paz, alegría y amistad.

Franz no dijo más, mirándolo fijamente a los ojos le regresó la sonrisa, le hizo de nuevo la reverencia y se retiró, le empezaba a ser difícil las despedidas que empañaban un poco la alegría de iniciar la gran aventura. Ahora se dirigía a Special Metals para entregar toda la papelería y un informe de sus últimas visitas así como los pedidos pendientes, encontró a Françoise con una cara de preocupación.

-¡Hola Françoise! ¿Parece que dormiste mal?- Le dijo bromeando Franz.

-Estoy muy preocupado- Le dijo Françoise lacónicamente.

-Pensé que el incremento en las ventas te haría feliz.- Agregó Franz

-Me preocupa mi país, de un momento a otro entraremos en guerra y creo que el Imperio Alemán y Francia estarán en frentes diferentes, esta guerra será la más cruel de las que se tenga memoria e incluirá a muchos países, podremos decir que será una guerra mundial.- Sentenció Françoise.

-El cuadro pudiera formarse hasta por 18 países aliados contra los Imperios Austrohúngaro, el alemán, el otomano y quizás Bulgaria, según escribe un analista hoy- Contestó Franz.

-El imperio Alemán nos ordenará parar cualquier envío de acero a Francia, de hecho ya tengo un alerta.- Fruncía el ceño Françoise.

Unos golpes en la puerta los sacó de su conversación al tiempo que la puerta se abría.

-Disculpa Françoise, no sabía que estabas ocupado.- Entraba por la puerta un inglés alto delgado y con el cabello blanco.

-Pasa Herbert, quiero presentarte a Franz Gramer.- Dijo Françoise al tiempo que se ponía de pie e invitaba a Herbert Haig a sentarse.

-Vaya, tenemos a un alemán en la mira-. Dijo Herbert simulando con los brazos un rifle y apuntaba a Franz, mientras soltaba una carcajada.

-No Herbert, no soy alemán, soy mexicano, mi padre era el alemán y mi madre mexicana.- Contestó Franz sonriendo.

-Vaya, tu padre cometió el mismo error que yo, casarse con una mexicana.- Afirmó Hebert.

-¡Bah!, es lo mejor que has hecho en tu vida, Herbert, casarte con una princesa oaxaqueña, te devolvió a la vida viejo gruñón- Interrumpió Françoise.

Entre bromas y comentarios sobre la inminente guerra que se avecinaba pasaron las horas hasta que Herbert ofreció.

-Qué les parece si continuamos la plática en mi casa, hay comida mexicana y a mi mujer le dará gusto conocer a un paisano.-

-Gracias Hebert, pero tengo que preparar un largo viaje y tengo los días contados.- Se excusó Franz.

-Nada de eso, tu te vienes a comer con nosotros. De cualquier forma tienes que comer, además ¿cuánto tiempo tienes de no comer comida mexicana auténtica?- Insistió Hebert.

-Gracias, pero será en otra ocasión- respondió Franz.

-A ver; Françoise ordénale a este muchacho que nos acompañe a comer a mi casa.- Sentenció Hebert.

-No hay alternativa Franz, cuando a Hebert se le mete una idea en la cabeza ni quien se la saque.-Dijo Françoise.

-Bien pero solamente cuento con una hora- Aclaró Franz.

Hebert poseía un palacete a las afueras de París que le había heredado su madre francesa y que él se había encargado de restaurar. El salón principal lo había mandado decorar, estilo oaxaqueño, con obras de Miguel Cabrera, Andrés de Concha, Simón Pereyns, también una serie de retablos del siglo XVI, lienzos de seda, había enmarcado algunas joyas de oro y jarrones de barro negro.

El mayordomo abrió la puerta conduciendo a los invitados al salón principal donde había una mesa elegantemente decorada con manteles y vajilla de cerámica oaxaqueños.

Hebert había mandado preparar esta comida para agasajar a Françoise y ahora les daría la sorpresa a su familia al traer a un mexicano a la mesa y nada menos que al heredero de los Gramer, los magos de los aceros especiales, como se les conocía en el ambiente de los metales.

Al lado de la mesa un hermoso piano de cola con teclas de marfil y filos de oro, el mayordomo los invitó a tomar asiento al tiempo que se dirigía a una puerta del fondo donde le diría a la señora y a su hija que ya estaban los invitados en la mesa.

Por la puerta entraron madre e hija, la madre una mujer morena de frondosos pechos y caminar altivo como correspondía a una princesa indígena, ataviada con un vestido crema muy a la moda francesa y en su cuello una cadena con una gran medalla de oro. Su rostro adornado de una sonrisa suave que hacían lucir sus pendientes de oro del istmo, de estatura mediana conservaba a pesar de sus 35 años conservaba un cuerpo hermoso con esa sensualidad de las mujeres de la costa oaxaqueña.

La hija muy alta, de piel morena clara, muy delgada con un vestido muy semejante al de la madre con una hermosa y abundante cabellera de un profundo color negro que contrastaba con su piel morena claro y el blanco infinito de sus ojos cuyo iris lucía el mismo color del cabello.

Los 3 se levantaron a recibir a madre e hija, Franz estaba distraído contemplando un cuadro, se levantó de forma automática sin observar.

-Mira Rosa, Franz es mexicano.- Dijo Hebert.

-Mucho gusto, señora.- Le dijo Franz en español.

-El gusto es mío Franz- Contestó Rosa bajando ligeramente la cabeza en forma de saludo y luego agregó:

-Mi hija Moramai.

Franz voltea hacia Moramai extendiendo la mano, pero al mirar sus ojos siente como si un rayo lo hubiera atravesado, su corazón empieza a latir sin control, saltan las venas de su cuello de toro, su rostro se enciende, no puede dejar de ver aquellos ojos fascinantes se queda como hipnotizado.

Rosa intercambia saludos con Françoise mientras Moramai y Franz siguen atrapados en sus miradas, las hermosas mejillas de Moramai se encienden con un intenso rubor, su respiración se altera, queda atrapada en un magnetismo mágico que le lleva a sensaciones desconocidas.

-Siéntense por favor.- Indica Rosa.

Françoise toma del brazo a Franz para sentarlo, mientras Rosa hace lo mismo con Moramai.

El de 28 años y ella de 16, ambos sin conocer el amor, los tomaba por sorpresa y con una intensidad arrolladora.

Rosa advirtió, extrañada, la situación de su hija por lo que dijo:

-¿Que te parece, Moramai, si tocas una pieza para nuestros invitados?,- Luego dirigiéndose a los invitados continuó.

-Mi hija toca piano desde los 4 años y practica al menos 4 horas diarias, también practica danza, ballet para ser más precisa-

Rosa se llevaba a Mormai hasta el piano sin romper aquel lazo donde la mirada unía dos corazones.

-Hija.- Dijo Hebert.- La polonesa por favor.-

No era tanto que le gustase la polonesa a Hebert sino que le gustaba que los invitados advirtieran el virtuosismo de su hija y estaba justificado porque pronto la sala fue invadida por decenas de notas ejecutadas con precisión impecable pero con un sentimiento especial que le daba un timbre único a ese fino piano.

Sin esperar a que su padre le dijera que tocar Moramai empezó a tocar Claro de Luna, que estaba de moda, Claude Debussy arrastraba París en ese momento con su música y Moramai lo interpretaba de maravilla.

Hebert un poco incómodo dijo:

-Hoy ha sido un día pesado y traigo mucha hambre-

El mayordomo llamó a los meseros que empezaron a servir la comida, Morami se sentó a la mesa.

-¿Usted también es ingeniero metalúrgico?.- Dijo Rosa interesada en el joven.

-No, yo no estudié Ingeniería.- Dijo Franz saliendo de su trance.

-Franz estudió astronomía y lenguas, además es actor.- Se apuró a decir Françoise quien conocía su secreto y estaba bastante desconcertado.

-¿Astrónomo y actor?, rara la combinación y actualmente ¿esta en alguna obra de teatro o en alguna filmación?- Dijo Moramai.

-Estoy en el Petit con la obra "Llame a un Inspector".-

Dijo sonriendo Franz.

-¿Y que papel interpretas?- Interrumpió Herber.

-El de inspector- Contestó Franz

-No puede ser, ¿Cuándo sacaron de la obra a Román Rau? Se suponía que estaba triunfando no entiendo porqué lo sacaron.-

-Roman Rau es mi nombre artístico Hebert.- Contestó Franz sonriendo.

-Pero Roman Rau tiene más de 50 años y Tu no llegas ni a los 40- increpó Hebert.

-Este año cumplo 28, pero son las maravillas del maquillaje. —Seguía sonriendo Franz.

-Pero la voz es de un viejo.- Argumentó Hebert.

-Franz habla perfectamente 10 idiomas y 15 lenguas muertas sin acento, te puede reproducir casi cualquier voz.- Aclaró Françoise

-Vaya ahora resulta además genio. Por cierto Señor Franz ¿le sirvo más itzi?- Dijo Rosa en tono retador.

-¿Habla Usted Misteco, señora?- Preguntó Franz

-Es mi lengua materna, mi madre nunca aprendió el español, sentía traicionar sus raíces; mi padre me llevó a una escuela de dominicos y ellos me dieron una beca para estudiar en París y de aquí no me dejó regresar este señor.- Decía Rosa al tiempo de darle una fuerte palmada a Hebert en el hombro, salpicando el mantel con el agua de la copa.

-Ella fue la que no se quiso regresar, a mí me gusta Oaxaca, ahí pienso pasar mi vejez- Aclaró Herbert.

-Si por edad fuera ya deberías de estar en Oaxaca- Dijo riéndose Rosa.

-Bah soy un mozalbete de 55 años, sólo que la piel blanca se arruga más pronto que la morena- Se defendía Hebert.

-Me gustaría mucho que me acompañaran esta noche al teatro, les aseguro que la van a pasar bien y saliendo les invito a cenar, será una gran noche.- Decía con entusiasmo Franz interrumpiendo la discusión.

-Gracias, pero ya vimos la obra y mañana hay que trabajar- Dijo en forma terminante Hebert.

-Además tu tienes mucho trabajo mañana Franz- Se apresuró a decir Françoise quien no le gustaba la situación.

-Yo no la he visto papá, ¡déjame ir! – Pidió Moramai

-Déjala ir.- insistió Rosa, le parecía interesante el muchacho para su niña.

-¡NO! ya será otro día.- Insistía Hebert que veía con ojos de furia a Rosa, ¿dejar él a su niña salir con un hombre que le llevaba 12 años? ¡Jamás! aunque se le olvidaba que él era casi 20 años mayor que su esposa.

-Papá por favor, te lo suplico, quiero ir al teatro.- Decía vehemente Moramai.

-¡Hebert! insisto en mi invitación, como Usted insistió en la suya- Replicaba Franz.

-Vamos viejo, déjala ir.- Insistía Rosa.

-Esta bien, Rosa y Moramai, vayan a cambiarse y arreglarse nos vamos al teatro esta noche- Aceptó finalmente Hebert

-Dejar a mi hija sola con este pelafustán, ¡Bah¡ ni loco- Se dijo Hebert para sus adentros.

Franz y Moramai intercambiaron sonrisas y de un salto la jovencita se levantó de la silla saliendo a su recámara.

-Yo me retiro, señora le agradezco mucho la comida hacia muchos años que no probaba un rico mole, me gustaría mucho venir a platicar con Usted en Tu'un Sávi, Don Hebert muchas gracias por la invitación- Dijo al levantarse Franz.

Esta es su *ve'e*, (casa) Franz-. Sonrió Rosa, sintiendo una corriente de confianza, como si el sólo hecho de poderse hablar en mixteco los uniera.

-Nos vemos en el teatro, Franz.-

Respondió Hebert, mientras pensaba para sí, ahora soy Don Hebert, grandísimo cretino, fijarse en una niña, pero si mi bebe apenas tiene 16 años.

Françoise se levantó también y se retiró junto con Franz.

Françoise se subió al auto y Franz le cerró la puerta.

-Mañana paso por mi auto a la oficina, me voy caminando al teatro.- Dijo Franz

-Te llevo al teatro.- Insistió Françoise.

-Gracias, necesito caminar.- Contestó Franz al tiempo que le daba la espalda.

-¡Hey¡ Franz, sólo una cosa, me has decepcionado.- Le gritó Françoise al tiempo que arrancaba el auto.

Franz caminaba feliz por las calles, no recordaba ningún momento semejante, el rostro de Moramai estaba presente como fondo en su mirada alternándose en ocasiones con los recuerdos de la infancia, cuando siendo niño corría cazando mariposa en los campos de yerbaniz de la mano de su madre.

Qué parecida era a su madre, llegó hasta el Rio Sena y se detuvo un rato viendo sus aguas, aunque la imagen de Moramai no se separaba un instante de su mente, le parecían más hermosos los puentes y encontraba hermoso el río y aunque corría todos los días en la madrugada por la ribera, por primera vez le parecía especial. Vió una joyería y entró.

-¿Quisiera ver si me podrían hacer una joya especial?- Dijo Franz.

-Es nuestra especialidad; ¿de que se trata?.- Contestó el joyero.

-Quiero que me hagan un cisne con diamantes en las alas, préstame por favor un papel y se lo dibujaré.- Franz tomó el papel y lápiz y trazó con precisión un cisne.

-Lo quiero en oro de 20 quilates,- terminó diciendo.

-Se lo tendremos en 15 días- Le dijo el joyero.

-¡No!, lo necesito este domingo y por la mañana.- Insistió Franz.

-Eso es imposible, tenemos mucho trabajo.- Contestó el joyero.

-Bueno, buscaré otro lugar donde me lo hagan.- Aclaró Franz.

-Le costaría un poco más- Agregó el joyero temeroso de perder el cliente.

-Esta bien, pero recuerde; el domingo en la mediodía estaré por él- Sentenció Franz.

Al llegar al teatro, lo esperaba Felipe con los brazos en jarra.

-Vaya con el primer actor, llega a la hora que quiere, aquí tiene a su..- No terminó la frase cuando:

-Felipe, tengo invitados para el palco principal, da instrucciones para que lo preparen de lujo- Dijo Franz en forma autoritaria.

-Lo siento, pero ese palco ya esta comprometido.- Respondió Felipe.

-Ese palco es de mi abuelo, así que descompromételo si no quieres que le dé referencias de ti- Replicó Franz.

-¿Me estas amenazando?.- Insistió Felipe.

-Te lo pido por favor, Felipe.- Dijo Franz con gesto rudo.

-Ah bueno así cambian las cosas pero... - Dijo Felipe.

-Ya – gritó Franz, -Quiero ese palco para la familia Haig-

Asustado corrió a dar órdenes para que prepararan el palco principal, con flores y champaña.

Franz llamó a todos los actores y les dijo.-

-Quiero pedirles un gran favor,- Inició Franz al tiempo que todos le respondían en forma afirmativa.

-Quiero que en esta noche hagan el mayor de sus esfuerzo para que sea inolvidable, hoy todo debe ser magistral, yo sé que estoy con grandes actores y les pido que esta noche den su mejor actuación.-

Todos los actores se sintieron un poco sorprendidos, pero les gustó la motivación que veían en Franz, dicho lo cual se fue a su camerino a cambiarse y luego tras bambalinas no le quitaba la vista al palco principal, los actores lo veían sorprendidos y volteaban a ver el palco vacío. Ya anunciada la segunda llamada, los Haig acompañados de Françoise ocuparon sus lugares y le pareció a Franz que todo se iluminaba, los actores también voltearon al palco y entendieron a Franz con una sonrisa.

Llegó la tercera llamada y Franz, como costumbre, decía el parlamento en voz baja como calentando la voz, pero esta vez no recordaba nada, tenía la mente en blanco, asustado corrió al camerino y sacó un guión y empezó a leer el parlamento.

La alegría de Franz contagió a los actores y éstos contagiaron al público que al terminar les dieron la más larga ovación de sus carreras; tuvieron que salir 3 veces a recibir los aplausos del auditorio. Terminada la función se abrazaron los actores y se invitaron mutuamente a cenar para celebrar, sólo Franz se disculpó, aunque todos conocían el motivo y no había necesidad de disculpas.

Los Haig felicitaron a Franz y se fueron al mejor restaurante de París. La cena fue deliciosa y Franz estuvo feliz y parlanchín, Rosa hizo muy buenos chistes de su marido, todo era risa y alegría.

A la una de la mañana se despedían de los Haig en su casa.

-Señora,- dijo Franz dirigiéndose a Rosa -¿Cree usted, que le haya sobrado un poco de mole para mañana?-

-Claro Franz, esta es tu casa, puedes venir a comer cuando quieras.- Exclamó Rosa.

-¿Mañana?- Preguntó tímidamente Franz.

-Con mucho gusto.- Sonrió Rosa, mientras se le iluminaba la cara a Moramai y Hebert hacía un gesto.

Françoise ofreció de nuevo llevar a Franz, pero este le respondió que necesitaba caminar.

-Vaya que si necesitas caminar y muchas otras cosas más, estoy muy decepcionado de ti.- Insistió Françoise.

Franz ni siquiera lo escuchó su felicidad no tenía límites. Caminó una hora hasta su casa y se tiró en la cama con la vista hacia el techo, viendo el rostro de Moramai.- Le sorprendió la luz de la mañana pensando en ella, no había dormido, como si se resistiera a dejar de pensar en ella.

Se levantó de inmediato dándose un baño para después caracterizarse como Mohamed, por primera vez en muchos años olvidaba sus oraciones y ejercicios matinales. Fue de inmediato a ver a Darío.

-Sabes, necesito posponer el viaje unos días.- Le dijo Franz a Darío.

-¿Qué estas diciendo?, ¿estás loco?, la guerra esta por comenzar. Si no sales el lunes nos habremos arruinado, perderé a mis clientes y tu dinero no te regresaré un céntimo, maldita sea ¿cómo fui a confiar en ti?.- Darío estaba fuera de sí.

-¿Ni siquiera dos días? -Dijo tímidamente Franz

-Olvídalo, yo guiaré la caravana, salte de mi casa.- Gritó Darío.

-Calma, calma, era sólo una posibilidad para asegurarme de que todo va bien, eso era todo, pero si es tan importante salir el lunes, el lunes salimos, no hay problema.- Afirmó Franz.

-Ve a asegurar que el cargamento esté completo.- Gritó Darío.

Franz trabajó intensa y rápidamente para estar libre al mediodía y presentarse a la casa de los Haig con un gran arreglo de frutas y uno de flores.

Moramai tenía una hora en la ventana y al verlo llegar corrió a la puerta, comieron Rosa, Moramai y Franz juntos, Hebert tenía un compromiso y no estuvo presente, la comida estuvo deliciosa y la plática muy animada, al término de esta, Rosa muy ceremoniosa anunció:

-Vamos a la sala, te tengo una sorpresa-

Pasaron a una salita que Hebert había decorado tipo Versalles, se sentaron en unos sillones de madera labrada y Rosa anunció:

-Vas a probar el chocolate más delicioso que hayas tomado en tu vida, el cacao llegó hace una semana y ayer lo tostamos, hoy lo molimos y condimentamos con la receta de mis abuelos; no hay nada en Paris como esto.-

Todavía no terminaba de decirlo cuando una sirvienta trajo la bandeja de plata con tasas de porcelana china y una gran jarra de chocolate, el mayordomo les puso unas mesitas, con gran ceremonia Rosa sirvió el chocolate, este cumplía todas las expectativas, pero Franz y Moramai sólo existían para si mismos. Rosa se retiró a cierta distancia y tomó un libro mientras los muchachos platicaban. Al llegar la noche Hebert encontró a "los muchachos" en animada plática.

-Buenas Noches, Don Hebert- Dijo ceremoniosamente Franz.

-Hola Franz.-contestó secamente Hebert.

-Papito.- le abrazó cariñosamente Moramai.

Hebert se fue al rincón a saludar a Rosa y le increpó:

-¿Qué hace este tipo aquí?

-Ayer lo invitamos a comer ¿no recuerdas?.- Contestó tímidamente Rosa.

-Pero son las nueve de la noche.- Recalcó Hebert.

-Si, esta bien ya se va.- Balbució Rosa acercándose a la pareja.

-Señora, le agradezco mucho la comida y la compañía me tengo que retirar.- Dijo Franz imaginando la plática de Hebert y Rosa y luego le gritó:

- ¡Hasta mañana Don Hebert!.-

-Adiós Franz.- Contestó Hebert y pensando ¿cómo que hasta mañana? ¿Pensará venir de nuevo a comer este gandul?.

Rosa y Moramai acompañaron a Franz hasta la puerta.

-Que pases buenas noches.- Dijo Rosa a Franz.

-Sabe señora, me llegó una pierna de cerdo de Las Dehesas, usted sabe que la bellota le da un sabor único a estas piernas ¿que le parece si la degustamos mañana aquí en su casa?-

Dijo Franz tímidamente. Rosa sonrió para sus adentros, - "vaya el muchacho está perdidamente enamorado". La historia se repitió toda la semana, la casa se llenó de ramos de flores y regalos. Llegó el domingo y al atardecer le pidió a Moramai que fueran al jardín y en una banca inició su plática.

-Moramai, este amor que siento por ti es más fuerte que mi vida, es lo más puro y sagrado que he tenido, me atrapó y no tengo voluntad propia, sólo deseo estar contigo, es un infierno cada minuto que no te contemplo. – El dolor y la desesperación se veía en el rostro de Franz.

-Yo tampoco puedo vivir sin ti, todo mi mundo eres tú ahora.- El rostro de Moramai se tornaba dulce y su voz cambiaba de tono.

-Pero soy un hombre ruin y perverso, he traicionado mi gente, a mis principios, a todos, pero te juro que lo que siento por ti es inmaculado y profundo como el firmamento.- Los ojos de Franz se llenaban de lágrimas.

-No me importa nada en el mundo más que tú, ni me importan tus pecados o errores, nuestro amor todo lo purificará.- Los ojos de Moramai se inundaban con las lágrimas.

-Regresaré por ti, nada me lo impedirá, cumpliré la misión que me han encomendado, lograré mi libertad para venir a ti, limpio de toda sombra.- Sentenció Franz.

-¿Eres casado?- Preguntó tímidamente Moramai.

-Peor aún, tengo votos de castidad, soy sacerdote.- Contestó Franz.

Moramai lo abrazó fuertemente al tiempo que soltaba el llanto, el jardín parecía languidecer ante los enamorados y la luna se escondía en una nube como queriendo dar intimidad a la pareja.

Capítulo X
Egipto

Atardecía y la arena parecía arder, la marcha era lenta y rítmica, con cierto pasmo y aturdimiento por el calor, Franz sudaba copiosamente bajo el thawb de algodón blanco y con el rostro cubierto, había preferido viajar en caballo por lo que Darío le había conseguido un legítimo caballo árabe que eran los que mejor soportaban los viajes por el desierto.

Franz aprovechaba el viaje para meditar, iba totalmente relajado y con los ojos entrecerrados, avanzaban por la parte baja de unas dunas en dirección sur, repentinamente sintió una ola de terror entre su gente ¡Salah¡ ¡Salah¡ murmuraban aterrados, Franz salió de su ensimismamiento, giró la cabeza hacia el oeste pudiendo ver en lo alto de las dunas, la figura de una caballo negro con un jinete vestido del mismo color que su caballo y con una gran capa de seda que ondeaba en su avance.

Salah, el beduino, ¿que hacía a más de mil kilómetros de su región?, Conocía su historia y al parecer sus acompañantes también, ya que se veía el miedo en sus caras, el padre de Salah había sido derrocado y asesinado.

Salah organizó a las tropas fieles a su padre e intentó recuperar el emirato, traicionado por su gente, fue tirado al mar del que se salvó milagrosamente huyendo a la India en busca de un amigo de su padre para que le ayudara a recuperar su trono, Salah había hablado con Gandhi en esa visita a la India, no estaba de acuerdo con el protectorado que el Reino Unido ejercía sobre los Emiratos, consideraba que podrían derrotarlos, organizando a todos los enemigos, Gandhi estaba por la no violencia y chocó con las ideas de Salah que era un guerrero nato.

Ante la negativa del amigo de su padre y de Gandhi se embarcó a Egipto donde vivían parientes de su madre, en el trayecto su caravana fue asaltada por una banda de beduinos, Salah tenía dotes extraordinarias en la esgrima y dio la batalla, de tal forma, que impresionó al jefe de la banda, quien al capturarlo lo invitó a unirse a la banda.

Se instaló en el Cairo e inició una vida doble o más bien triple, por un lado como un rico y carismático comerciante árabe, en la clandestinidad trabajaba con el movimiento nacionalista que intentaba liberar a Egipto del protectorado del Reino Unido y por otro lado el temido asaltante Salah, el beduino.

Creó una red de inteligencia con los criados de las grandes fincas y vendía protección a las caravanas con gente de su banda, Darío era un de sus clientes.

La caravana de Franz había partido del puerto de Marsella cruzando el mediterráneo hasta llegar al puerto de Tobruk en Libia, a Franz le interesaba hablar con un anciano ministro Copto, Tobruk había sido una colonia de la antigua Grecia y luego una fortaleza Romana, ahora era una colonia italiana y había la intención de revivir el catolicismo que había quedado en una pequeña minoría, lo mismo pasaba con los cristianos ortodoxos y egipcios coptos.

Al llegar al puerto, Franz dividió la caravana, la principal la envió al Cairo, se quedó solamente con 10 hombres a los cuales mandó al mercado del puerto mientras el se dirigía a una pequeña capilla donde lo recibió un anciano sacerdote copto.

La puerta de la sacristía era de madera y estaba muy erosionada por la arena, como la gran parte de las edificaciones en Tobruk era de adobe con vigas de madera en el techo, madera y tierra apisonada.

Franz tocó varias veces hasta que la puerta rechinó y apareció un anciano encorvado, con un cabellos largos y blancos a los lados de la nuca y una sonrisa en medio de mil arrugas en un rostro tostado por el sol.

-¿Es usted el padre Emmanuel?- Preguntó, en forma respetuosa, Franz.

-Tu debes ser el padre Cereceres,- contestó con voz cascada.

-Así es, que gusto conocerlo en persona.- Contestó Franz, dándole un abrazo.

-Pásele por favor- Dijo el padre Emmanuel indicándole el camino a un pequeño cuarto con una mesa rustica y dos sillas de madera. Fue hacia un nicho y tomó una jarra y un vaso.

-Solamente tengo agua para ofrecerle- Le dijo extendiéndole el vaso.

-Una delicia con este calor- Contestó Franz agradecido, luego, sacó de una bolsa, que colgaba de su hombro, un gran libro con pastas de cuero y filo de oro, escrito con tinta china e iluminado en forma manual.

Lo puso en la mesa. Al padre Emmanuel se le salían los ojos.

-¡Dios mío! un incunable, no lo puedo creer- Decía, el padre Emmanuel, al acariciar el lomo del libro.

-Es una copia fiel de las Santas Escrituras, escritas en Arameo, griego y latín, ningún libro esta traducido, todos están escritos en su lengua original y ahora es suyo.- Le dijo en forma amable Franz.

-¿Mío? No lo puedo creer- La cara del padre Emmanuel se iluminaba y sus pequeños ojos parecían crecer.

-Y como la ocasión lo merece ¿que tal un Château Léoville-Las Cases cosecha 1900 para celebrar?- Franz no esperó la respuesta y descorchó el vino, sabía que era el vino preferido por Emmanuel, en su estancia de un año en Paris, Franz, se había dado a la tarea de buscar a quienes conocieron al padre, para conocer hasta el más mínimo detalle de sus gustos e historia.

-Hace 40 años que dejé Francia y no la puedo olvidar, Paris es una ciudad inolvidable- Dijo con aire de nostalgia el padre Emmanuel levantando la copa.

Franz le sacó plática sobre su estancia en Paris y el padre Emmanuel no dejó de hablar del tema, Franz estaba admirado de la vitalidad de un anciano de 96 años, oscureció y el padre Emmanuel interrumpió la plática.

-Ya esta por caer la noche, te preparé una habitación en mi casa, es muy humilde, pero tendrás una cama limpia y una comida sana.- Dijo al tiempo que se levantaba y tomaba del brazo a Franz.

Caminaron por las calles de tierra, hasta un humilde casa en las afueras del puerto, les esperaba una jovencita humilde que había preparado un pescado fresco con salsa picante la cual acompañaron con la media botella de vino que les quedaba.

Al término de la cena rezaron de acuerdo al ritual copto y le mostró su habitación, un cuarto con las paredes encaladas y sin ningún cuadro o adorno, el camastro de madera forrada con piel de camello.

Franz tardo un poco en quedarse dormido y despertó antes de la salida del sol, iba a salir cuando escuchó la voz del padre Emmanuel.

-No es recomendable salir a estas horas, aún hay rebeldes merodeando por estos rumbos, tengo un café árabe que te va a gustar.-

En una rústica mesa se sirvieron las dos tazas de café, acompañados con unos pedazos de hogaza de trigo untados con manteca de cacahuate, reanudaron la conversación trivial en forma animada.

Al terminar, se levantó Franz dirigiéndose a la puerta, le urgía empezar de inmediato, sabía que en aquella capilla había un libro importantísimo de donde debía tomar algunas notas que le llevara a los documentos que buscaba.

-Me gustaría empezar a tomar mis notas para reanudar mi viaje- Dijo en la forma más amable que pudo, pero notaba inseguro al padre Emmanuel que no contestaba.

Se hizo un pesado silencio, Franz se sintió un poco contrariado, era el único dato seguro, todo lo demás que traía eran suposiciones, elucubraciones, leyendas, sin embargo, por ningún motivo presionaría al anciano, al cual, le había tomado un gran afecto.

-No se preocupe, entiendo, ha sido un gran honor y alegría conocerlo.- Dicho esto fue a su habitación y tomó su bolsa que usaba para llevar sus escasas pertenencias, ya que su equipaje se había quedado en los camellos.

En el quicio de la puerta dijo en forma respetuosa.

-¿Me podría dar su bendición?-

El padre Emmanuel no respondía, por lo que Franz giró para retirarse cuando escuchó.

-¿Es cierto que el Vaticano se convertirá en estado?-

-¡Si! Ya casi esta todo listo- Contestó Franz.

-¿Es cierto que el ejercito suizo entrena a un ejercito de Vaticano?- Preguntó Emmanuel.

-No, simplemente se tendrá una guardia suiza para resguardar la seguridad y el orden dentro de las instalaciones del Vaticano.- Contestó en forma pausada y firme Franz.

-Se habla que formará el ejercito más grande del mundo.- Agregó Emmanuel.

-Nada más lejano de la realidad, la labor humanitaria en defensa de los desvalidos, requiere que la Iglesia tenga una personalidad política, para poder gestionar con las demás naciones, nuestras obras sociales y humanitarias requieren de manejos de relaciones diplomáticas y financieras.- Respondió Franz.

-Italia ha invadido Libia, ¿nos invadirá Vaticano? - Insistió Emmanuel.

-De alguna forma Vaticano se libera de Italia y tendrá un territorio independiente dentro de Roma y será independiente tanto en terreno como en el gobierno y no tendrá ninguna acción bélica o de invasión de algún tipo.- Aclaró Franz.

-¿Incluirán nuevos libros a la Biblia en el concilio que están preparando?, ¿Te harán Cardenal?- Emmanuel lanzaba preguntas a boca de jarro.

-No se si toquen la Biblia, pero lo poco que se es que buscarán acercarse a la gente y probablemente cambien algo en el culto, por ejemplo se dice que la misa se dirá en el lenguaje del país donde se oficie y que el sacerdote oficie de cara a la gente, respecto a mi carrera en Vaticano, no tiene futuro, en cuanto termine un trabajo que me pidieron regresaré a mi país.-Contestó con voz firme Franz.

-¿Crees salir vivo de esta aventura?¿sabes que te esperan en el Cairo?- Preguntó Emmanuel con gesto duro.

-Confío en Dios que la terminaré si es su voluntad, se que me esperan y que están desesperados, los espías que me seguían van en unos barriles rumbo al Cairo, llegarán antes que nosotros- Respondió con una sonrisa Franz.

-¿Los mataste?- Preguntó asustado Emmanuel.

-Van dormidos y vigilados, llegarán sanos y salvos- Agregó Franz con una sonrisa.

Emmanuel regresó a su silencio y a su actitud dubitativa, Franz levantó su bolsa y se despidió, cuando se había alejado unos diez metros escuchó la voz de Emmanuel.

-¡José!, Ven un momento.-

Emmanuel entró a la cocina encendió un ocote y luego se dirigió al patio donde había un gran horno para pan, se introdujo por la parte inferior del horno donde se ponía la leña.

-¿Que esperas para entrar?.- Gritó desde dentro Emmanuel.

Los hombros de Franz no cabían en aquel agujero, por lo que levantó los brazos y trató de sacar todo el aire de los pulmones, con la esperanza de poder entrar.

A Emmanuel le resultó gracioso ver como se esforzaba por entrar y no dejaba de reír, parecía un niño, ya dentro empezaron a descender por el tronco de un árbol en el que habían hecho escalones.

El calor se intensificaba a medida que bajaban, finalmente llegaron ante una gran pared de piedra, Emmanuel se agachó para retirar un ladrillo, luego extrajo de su bolsa un manojo de llaves y finalmente tiró de un gancho para que se abriera una puerta simulada en la piedra.

Solamente se veía la tenue luz de una lámpara de aceite, Emmanuel cerró de nuevo la puerta, luego encendió una antorcha y ante los ojos asombrados de Franz apareció un gran salón con pisos, paredes y techo de madera.

Franz tomó una moneda y trató de raspar el piso.

-¿Que material es este tan duro?-. Preguntó Franz, su último trabajo con los metales le hacía observar los materiales.

-Es madera de uth, un árbol gigante centenario que crecía en esta región- Contestó Emmanuel serenamente.

-¿Un árbol gigante y centenario en el desierto?- Preguntó extrañado Franz.

-Recuerda que Libia no fue siempre desierto, en la era del hielo los vientos húmedos de Europa generaban unos bosques frondosos en esta zona.- Decía Emmanuel al tiempo que Franz interrumpía.

-Pero de eso hace 10,000 años y esto luce nuevo.-

-Cada 5 años le damos mantenimiento, preparamos un lubricante especial con una cucharada de aceite sagrado, 100 kilos de cera de abeja y 500 kilos de aceite de ballena- Contestó Emmanuel.

-¿Y como se mantiene fresca y seca?- Contestó aún más extrañado Franz.

-La nave es casi hermética solamente circula aire cuando hay gente dentro, es un gran bloque flotando en una cavidad de tierra y piedra húmeda, aquí estamos abajo del nivel friático por lo cual las paredes escurren agua, el aire entra por el horno y luego por medio de tuberías llega al campanario, la diferencia de altitudes forma un efecto chimenea formando una corriente de aire, el agua al evaporarse enfría el cajón de madera, la gente ha sobre explotado los mantos acuíferos y el agua de mar ha penetrado, hoy tenemos un incremento importante de salitre e ignoramos que pueda pasar.- Comentó preocupado Emmanuel.

-Regresando a Europa le envío unos aditivos que neutralizarán al salitre, ¿Madera que fue árbol hace 10,000 años?, Inconcebible.- Exclamó Franz.

-A veces, el exceso de instrucción formal, nos cierra los ojos ante nuevas posibilidades, véalo por simple lógica, si el Homo Sapiens ha estado 100,000 años sobre la tierra ¿que te hace pensar que se esperó 90,000 para iniciar a generar ciencia, tecnología y cultura?.- Dijo Emmanuel con firmeza.

Franz permaneció en silencio, no sabía que responder y a la vez veía maravillado las filas de estantería con libros y rollos de papiros.

-Veo que algunos tienen partes quemadas.- Dijo Franz, por decir algo.

-Las bibliotecas fueron el blanco de las tropas invasores, recordarás que la Biblioteca de Alejandría fue atacada varias veces, los rollos que viste son los que rescatamos del incendio de las tropas de julio Cesar en el 48 A. C. Pero los daños más grandes los había hecho el Califa Umar en la dominación Árabe, luego el emperador Aureliano y Diocesano acabaron con ella, pero los textos más antiguos e importantes fueron puestos a salvo aquí y en Siwa.- Contestó Emmanuel.

-¿Que me dice de El Cairo?- Preguntó Franz

-Son las que más han sido saqueadas, la ambición por los tesoros ha corrompido a algunos guardianes, el caso más grave fue el de Bahnasa a 190 km de El Cairo en lo que fue la antigua ciudad de Oxirrinco de donde se han sacado miles de papiros y no se sabe su destino. Se los venden a traficantes sin escrúpulos que los rematan en Londres, Múnich y Paris principalmente. Me han dicho que se dan casos, en que los usan como tapiz para salas u oficinas, otros los enmarcan y los venden a los turistas, es terrible lo que estamos perdiendo de información.- Había cierta tristeza en el rostro de Emmanuel al decir esto.

-Me sigue impresionando la temperatura, fresca y seca ideal para conservar los libros y papiros, pero más aún el tiempo que me dices que tiene esta biblioteca.- Insistía Franz, mientras recorría con la vista los estantes llenos de libros y rollos de papiro.

-Algunas copias que tenemos y que considero únicas son las obras de Ctesibio un inventor griego nacido en Alejandría, en ellas trata sobre bombas neumáticas, aire comprimido, ensayos sobre elasticidad, debes de recordarlo por sus relojes de agua y un órgano acuático del siglo III Antes de Cristo, también tenemos obras de Herón de Alejandría, el cual describió una gran cantidad de máquinas sencillas y aportó muchas innovaciones en el campo de los autómatas, describió la ley de acción y reacción, de él tenemos casi toda su obra, podrás ver dibujos de su maquina hidráulica o de la eolípla, su máquina de vapor. Alejandría llegó a ser la depositaria de todos los libros del mundo antiguo, casi dos millones de volúmenes, aquí apenas llegamos a los cien mil, podrás darte cuenta de lo mucho que se perdió.- Comentaba Emmanuel.

-Mi interés principal era buscar versiones del pentateuco, relatos sobre la iglesia primitiva y la infancia de Jesús, pero creo que hay un universo más, tengo algunas dudas sobre los catálogos de estrellas de Hiparco, los navíos griegos que visitaron América, las batallas de los Atlantes y las reglas de los esenios.- Terminó diciendo Franz vivamente emocionado.

-¿Que buscas en el pentateuco?-Preguntó intrigado Emmanuel.

-Como Usted sabe, en 1592, en el Concilio de Trento se publicó la versión definitiva de la Biblia, estuve leyendo algunas acta sobre la argumentación de los libros que debían integrar la Biblia, uno que habla sobre el Génesis, describe la creación del universo en forma muy parecida a la de una astrónomo Belga al cual escuche en una conferencia en París, justo antes de salir, es la teoría más convincente que he escuchado, otro de los libros desechados, hace una cuenta de los años de inicio de la humanidad al diluvio, casi igual al que hacen los científicos actuales y la diferencia es de casi diez veces el número de años, creo que alteraron el catálogo de Hiparco, estoy seguro de que dos estrellas que aparecen en el catálogo de Tycho son novas que aparecieron un siglo después de Hiparco.- Iba a seguir hablando Franz cuando lo interrumpió Emmanuel.

-Vaya pues seguramente encontrarás aquí lo que buscas, pero eso llevara tiempo.- Dijo Emmanuel con una sonrisa.

-No corre prisa, los tiempos en el Vaticano son muy largos, cuando de reformas se trata.- Contestó Franz.

-Bien, pues no podemos tener mucho tiempo encendida la antorcha es momento de salir, por cierto, ya que veo que te gusta la astronomía, quizás sepas algo de óptica y me ayudes a reparar un sistema de espejos que trae la luz solar a través de esos cristales.- Emmanuel, tomó del brazo a Franz y se dirigieron a la salida.

Los días pasaban con rapidez, Franz adquirió la casa de junto e hizo un túnel, para tener acceso al patio de la casa de Emmanuel, sin ser visto, agrandó la entrada para no sufrir y pasaba días enteros tomando apuntes, sin embargo, se daba su tiempo para ejercitarse y para ello se disfrazaba de estibador y se iba al puerto a descargar mercancía, algunas veces acudía a bares y restaurantes donde se enteraba de las noticias y le permitía conocer personajes de la zona, por las mañana barría el templo y con escoba en mano, escuchaba la misa de las 7 en un templo casi vacío.

Convenció al padre Emmanuel de que reabrieran la escuela y el dispensario, pronto acudieron los niños a la escuela más por el desayuno y comida que recibía que por un afán de capacitarse.

Cada semana, llegaba una remesa de dinero de las fábricas del abuelo para apoyar las obras del padre Emmanuel, quien a sus 96 años se mantenía con un entusiasmo de adolescente, Franz por su parte se pasaba las noches completas en la biblioteca y dormía por las tardes, seguía manteniendo una intensa comunicación epistolar, triangulando todo a través de la oficina de París, un empleado le reenviaba la correspondencia a nombre de Emmanuel, con el fin de que nadie conociera su paradero .

Habían pasado diez meses cuando a la hora de comer le anunció a Emmanuel.

-Ha llegado el momento de retirarme Padre.- Dijo en forma lacónica Franz.

-¿Encontraste lo que buscabas?- Preguntó Emmanuel.

-Lo que buscaba y muchísimo más, mi visión del mundo y de la humanidad se ha ampliado en forma exponencial- Había una gran emoción en el tono de Franz.

-¿Te regresas a Roma?- Preguntó Emmanuel.

-¡No¡ hay dos documentos que me llamaron poderosamente la atención, un listado de Faraones que nos lleva hasta hace 40,000 años, ya Homero hablaba de este listado en sus relatos, pero se tomó una parte como ficción, solamente se reconoce a aquellos que dejaron huella o algún monumento, a media lista aparecen menciones al dios Amón, una religión con más de 20,000 años de tradición, es algo que debe analizarse con cuidado, el otro documento es la copia de un mapa hecha en tiempos de Tolomeo I de una copia turca fechada hace 11,000 años, no se sabe la fecha del original, esto abunda en el tema de una civilización anterior a la nuestra, pero eso no es lo más importante, el sistema de proyección de un cuerpo esférico en un plano de dos dimensiones es muy parecido al actual y diferente al de los tiempos de Tolomeo, en este plano aparece América del sur y la Antártida, no aparece el mar de Cortés, aparecen también varias islas en la desembocadura del Misisipi en dirección a Cuba y esta aparece girada 90 grados, este plano corresponde a la descripción que hace Critias sobre la Atlántida en los diálogos de Platón.

La inclusión de América del Sur y la Antártida nos habla de que circunnavegaron el mundo hace más de 11,000 años .- Franz se quedó pensativo por lo que Emmanuel continuó la conversación.

-Aún así quedan pocos vestigios para darnos una idea correcta de lo que fue esa civilización, por ejemplo , cuando dice muy desarrollada debemos de preguntarnos ¿Con respecto a que o a quienes?. Tienes también todo el desarrollo de Oriente, ahí hay mucho que investigar las bibliotecas secretas del Tíbet guardan información milenaria.- Abundaba en el tema Emmanuel.

-Tengo un amigo Tibetano que esta preocupado porque se han perdido pergaminos muy antiguos que hablan del uso de energías muy poderosas, el teme que se usen para la guerra con resultados catastróficos, temen una invasión China y buscan recursos vendiendo información a universidades de Europa.- Aclaró Franz.

-Te preguntaba si te regresas a Roma o a Paris.- insistió Emmanuel.

-Quiero ir a Siwa, ahí se encuentra el oráculo de Amón, su historia nos puede ayudar a encontrar la raíz de la religión cristiana que ubica el Génesis en el año de 3761 A. C. en el inicio del calendario Hebreo, muy reciente en relación a todo lo que se está descubriendo, en Trento se rechazó un Génesis que indica el inicio de los tiempos en el año 43,652 A. C. y la descripción de la creación es muy similar a la que hace un astrónomo Belga de la formación del universo, creo que las raíces del cristianismo van más allá del judaísmo.- Franz tomó un respiro, se quedó pensando, cosa que aprovechó Emmanuel para preguntar.

-Pero concretamente ¿Que harás en Siwa? Prácticamente no hay un cristiano en esa ciudad y ya está en Egipto, sabes bien que te han estado buscando en todo ese país- Replicó Emmanuel, con un tono de preocupación.

-Hay un monje tibetano en Siwa trabajando en el las ruinas del templo de Amón, el conoce a fondo la antigua religión BÖN fundada 16,000 años A. C., a diferencia de la mayoría budista, le tiene gran respeto a esta religión, ya casi desaparecida en el Tíbet, es una religión indígena, el BÖN actual es muy similar al budismo, pero en su origen es animista, creen que la naturaleza esta llena de espíritus buenos y malos, además es chamanista.

Shenrav es además arqueólogo y egiptólogo apasionado por conocer el origen de su pueblo, llevo una carta de recomendación y una acreditación como monje budista.- No alcanzó a terminar cuando Emmanuel interrumpió.

-Católico, Copto, Budista ¿qué más eres?- Había en el rostro de Emmanuel cierto coraje reprimido, Franz puso su mano sobre el hombro y le dijo:

-Solo hay un Dios, no importa el nombre que le demos o la forma que lo adoremos- Contestó con una sonrisa Franz, Emmanuel le había tomado tal aprecio que le era imposible enojarse con él, pero respondió en forma burlona:

-Valiente sacerdote tengo enfrente-

-Sabe, en realidad nunca me he sentido sacerdote, más bien siervo del señor- Dijo Franz y se le escuchaba honesto.

-Tienes fama de ser sabio entre los sabios.- Replicó Emmanuel.

-No creo serlo, solamente soy un curioso del saber que a veces lo siento como un vicio, quisiera cambiar todo por el don de gentes que usted posee, porque finalmente toda la enseñanza religiosa se concentra en una sola frase "Amaos los unos a los otros" y si todas los religiosos nos concentráramos en enseñar ese mensaje no necesitaríamos más.- Dijo Franz con la mirada en el horizonte.

-Esa mirada tuya me hace suponer que tienes por ahí un secreto que no me has platicado.- Dijo en forma pícara Emmanuel.

Franz se quedó mirando al horizonte y dejó escapar un suspiro, Emmanuel soltó una pequeña risita y le palmeó la espalda.

-No necesitas decirme lo que te pasa, lo adivine hace meses, bueno, quizás si puedas decirme el nombre.- Terminó su frase con su risita entre inocente y burlona.

-Moramai- Contestó en forma seca, llevándose la mano a la mandíbula y exhalando el aire retenido.

-¿Árabe?- Preguntó Emmanuel.

-¡No¡ Parisina- Contestó Franz de nuevo resoplando, aquel rostro tan seguro de si mismo lucía perdido, desaparecía el tono muscular y el vigor que radiaba normalmente.

-Tengo un amigo que prepara un licor de dátil delicioso, ¿que te parece si tomamos una copita?- Emmanuel tomó del brazo a Franz y se dirigieron a la casa de Emmanuel, al llegar sacó una vieja botella y dos pequeñas copas y las sirvió.

-Me gustaría brindar con un vino Italiano, mmm no mejor francés, pero esto es todo lo que tengo- Dijo Emmanuel levantando la copa, Franz casi como autómata hizo lo mismo.

-¿Qué piensa hacer?- Preguntó Emmanuel frunciendo el seño.

-¡No sé¡- Contestó llanamente Franz.

-Estas en un lío serio y tus maestros también, hace mucho tiempo no aparecía alguien de tu perfil, con decirte que a veces me preguntaba si eras humano.- Ahora sonreía Emmanuel.

-Ya conseguí la información que ellos necesitaban y quizás les de un postre yendo a la India, información que les pondrá los pelos de punta.- Franz se reanimaba.

-Ten cuidado con la soberbia siempre termina derrotándonos.- Advirtió Emmanuel.

-¡Disculpe¡ pero el sólo hecho de recordarla me manda a otro mundo, me olvido de todo, quisiera que mi mundo fuera diferente, me invade un deseo inmenso de ir con ella, tanto que me nubla la mente.- Contestó Franz.

-¡Uff¡ el caso es más grave de lo que suponía, ¿has pensado en pedir licencia?.- Preguntó Emmanuel.

-Parece que el derecho canónigo no lo permite, de hecho es uno de los cambios que se pretende hacer en el nuevo concilio. Por otro lado nada me hace más feliz que ejercer el ministerio y aún tengo un pendiente, en mi país los anticlericales amenazan destruir el catolicismo y quiero luchar contra ellos.- Contestó Franz.

-No te puedo dar ningún consejo, porque no importa que camino tomes siempre añoraras el que dejaste, estas ante la prueba más difícil con la que se encuentra un sacerdote católico y sabiendo de tu honestidad e integridad, en un momento habrás de renunciar a alguna, tomes la decisión que tomes siempre tendrás en mi a un amigo en el que pueda confiar, donde si te puedo dar consejos y te ruego que los tomes en serio, es en tu viaje a Siwa, se que te están buscando en todo Egipto y esta semana llegaron dos tipos a buscarte.- Decía Emmanuel cuando fue interrumpido por Franz.

-Ya lo sabía incluso tomé una cerveza con ellos- Sonrió finalmente Franz.

-Eres muy hábil para disfrazarte, pero tu corpulencia te delata, te recomiendo que contrates al menos 20 guardianes para tu viaje, la gente de aquí es hábil para el combate y muy noble.- Recomendó Emmanuel.

-Ahora recuerdo que los mercenarios de Aníbal, eran de esta región.- Comentó Franz.

-La historia es dura con ellos, no eran mercenarios, ellos también querían a Roma fuera de África y peleaban por ideales, claro recibían sueldo, pero no les quita ningún mérito, los contrató Almicar, cuando llegaron, Aníbal era un niño inquieto y latoso.- En ese momento interrumpe Franz.

-Habla como si los hubiese conocido.-

-No este.. claro que no, eso fue por allá del año doscientos antes de Cristo, es por lo que he leído.- Contestó titubeando Emmanuel.

Como un flashazo pasó por la mente el comentario de Emmanuel de que no visitaba París desde hacía 40 años y Louis no conocía Libia pero había descrito a Emmanuel como un anciano encorvado, arrugado y de tez quemada por el sol, ¿Otro Matusalén?, ¡NO¡ por favor se decía, ya basta de sorpresas, alguien debió haberle descrito a Emmanuel y el solamente comentó lo que le dijeron.

-¿Quieres que te los contrate?- Preguntó como quien quiere cambiar de conversación.

-Me parece bien, entraré al barco como un estibador y saldré como un moje budista- Aclaraba Franz.

Ahora en medio de la nada y con la amenaza de Salah su única esperanza eran esos 20 guerreros que lo acompañaban.

Salah avanzaba majestuoso en su caballo negro que parecía, en ocasiones, bailar y en otras volar, su gente avanzaba detrás de él, el guerrero de adelante, bajaba por la parte oculta de las dunas, mientras otros ascendían a la loma dando la impresión de ser demasiados.

Franz llamó al jefe de los guardias.

-¿Ves aquel cerro? Ahí, justo en esa pared de piedra, nos atrincheraremos en formación de media luna, abandonen la carga y salgan a todo galope.- dijo firmemente Franz.

-Será como Usted dice señor.- Contestó de inmediato.

-Señor, permítame guiar a los camellos de la carga, los vamos a necesitar en cuanto se acerquen, me escapo a todo galope, soy ligero y mi caballo veloz, confíe en mí.- Le dijo un pequeño hindú del que se había hecho amigo en el puerto y que había insistido mucho en acompañarlo.

Presa del pánico la caravana avanzó a toda velocidad en la dirección que el jefe de los guardianes les indicaba, habían oído muchas leyendas de las atrocidades de Salah y su fama de invencible, decían que sus guerreros eran demonios inmortales, estaban perdidos.

Salah y su gente también incrementaron la velocidad, pero seguían por lo alto de las dunas corriendo en dirección paralela de la caravana que huía a toda prisa.

Abud se rezagaba pero se veía tranquilo, finalmente llegaron a la pared de aquel cerro y de inmediato se formaron en media luna con los guardianes al frente, Franz veía que Abud no emprendía el galope, pero la gente de Salah no iba tras de el, el sol se ponía justo en lo alto de las dunas donde permanecían Salah y su gente, dando una impresión más fuerte de poderío.

Franz veía con angustia el paso de Abud, había dado la instrucción de que 5 guardianes salieran en su rescate en el mismo momento que la gente de Salah se lanzara sobre de el.

Justo cuando llegaba Abud al campamento improvisado se ponía el sol, Franz reprendía a Abud su lentitud, al terminar dijo.

-¿No me vas a dar una explicación?-

-En cuanto se tranquilice lo haré, ¡Señor¡-. Dijo respetuosamente Abud inclinando la cabeza.

-¡Ah vaya, ahora resulta que estoy desesperado.- Contestó Franz.

-¡No señor¡ solamente mal informado-. Contestó de nuevo Abud inclinando de nuevo la cabeza.

Franz respiró profundo, vio a lo lejos la parte alta de la luna con lo poco que quedaba de luz y advirtió que ya no estaban, luego vio que los guardianes trabajaban intensamente cavando una zanja de protección y se tranquilizó , había que dar la batalla.

-¡Bien¡ Abud, ¡habla¡ ¿que tienes que decir?- Preguntó ya más sereno Franz.

-Salah es un hombre muy rico y poderoso no viajaría 500 km para robar los cacharros que traemos, tampoco arriesga a su gente, nunca ataca el primer día, esperará que el sueño y hambre nos debilite y sobre todo el terror, es un maestro en ello, nos obligará a salirnos de la ruta y esperará hasta el momento que nos vea vencidos, entonces le estaremos rogando que se lleve nuestras pertenencias y que nos perdone la vida, quizás Usted sepa que esta buscando Salah.- Terminó de hablar inclinando de nuevo la cabeza.

Franz se quedó viendo a Abud, su forma de hablar y de razonar no iba con un simple cargador o era alguien muy preparado o con un sentido común impresionante y vaya que tenía razón, de inmediato comprendió que era lo que quería Salah y eso complicaba la situación, su primer impulso fue entregarse para evitar la perdida de vidas, pero por otro lado estaban los documentos que traía, difícilmente alguien volvería a venir conociendo su fin y además estaba Moramai, estaba en esas cavilaciones cuando repentinamente como salidos de la nada aparecían 50 jinetes con una antorcha cabalgando en dirección al campamento, la gente se asustó y los guardianes se tiraron a la trinchera con su rifle tratando de apuntar a los jinetes, pero al minuto se apagaron las antorchas y los jinetes parecieron desaparecer.

Franz sonrió una idea le cruzó por la mente y llamó a Abud.

-¡Abud¡ necesito cuatro palos largos y ocho chicos, mi equipaje, luces de bengala, pintura y mantas negras, ¡rápido¡- Por primera vez se sintió entusiasmado, tenía 20 hombres menos pero tenía posición, en contra tenía un grupo aterrorizado contra un grupo muy seguro de si mismo, pero vamos a cambiar papeles se dijo a si mismo.

Abud llegó corriendo con tres ayudantes trayendo lo que había pedido Franz.

-No tenemos pintura, todo lo demás esta aquí- Dijo apuradamente Abud.

-Bien no pierdan el tiempo, vamos a hacer una carpa con los cuatro palos grandes y la tenemos que forrar con tela negra, ¡pásenme mi equipaje¡-Ordenaba Franz, rápidamente abrió la maleta de disfraces y con papel y pegamento hizo una gran máscara semejando a Buda, luego unas manos y en eso aparecieron de nuevo los jinetes con antorchas y los gritos de su gente.

-Una hora tardaron, eso significa que tenemos una hora para terminar, traigan todas las cacerolas y ollas que tengan y háblale al jefe de guardias- Ordenaba Franz.

Un minuto después llegaba el jefe de guardias apretando un fusil.

-Estamos listos para entrar en batalla, cuando usted ordene Sr.- Dijo con una formalidad militar.

-¡Calma¡ ¡calma¡ no va a haber ninguna batalla, que todos tus hombres tomen una cacerola o algo que haga ruido y cuando aparezcan las antorchas griten con furia simulando el rugir de un león, hoy no habrá batalla quieren cansarnos y atemorizarnos, necesito que hables con tu gente y levantes la moral del grupo, no va a haber batalla, sólo amagues pero hay que amagar con fuerza.- Dijo con firmeza Franz al tiempo que apretaba el hombro del guardia con fuerza.

El guardia se sintió motivado y sonriendo regresó con su gente.

-¡Abud¡ Ayúdame a moler estas pastillas y a mezclarla con estos polvos, ¡Hey¡ tu, ¡David¡ diles a todos que apaguen fogatas y velas no debe haber ninguna luz- Dijo Franz.

Unos minutos después aparecían de nuevo las antorchas y aún no terminaban.

-No fue en esta, pero estaremos listos para la siguiente, estarás dentro y en cuanto veas las antorchas encenderás la mezcla hay tres tiras, en cuanto se apague una enciendes las otras, ¡todos a sus puestos¡- Dicho esto tomo dos palos a los que les había pegado sendas manos y se subió al andamio improvisado, tuvieron que esperar veinte minutos.

Salah, marchaba sonriente con su gente perfectamente organizada esperando la señal de encender las antorchas, era una noche sin luna y el efecto era aún mayor, le habían dado muchas recomendaciones sobre el tipo que iba a atrapar, es astuto y sagaz, completamente escurridizo y muy inteligente ten mucho cuidado, ¡Bah¡ se decía así mismo, es sólo un ratón asustado con el que nos vamos a divertir, no veía luces, pero algunas tiendas blancas se alcanzaban a dibujar el lugar donde estaban, sacó lentamente una bandera roja y de un rictus la levantó, en forma sincronizada los jinetes encendieron las antorchas un instante después aparecía un gigante buda en las faldas del cerro con el rostro indignado y agitando las manos, la montaña parecía rugir y resquebrajarse, instintivamente los jinetes frenaron y rompieron la formación.

Salah se dio cuenta del truco pero no así su gente que se asustó, hábil en el combate sabía que ahora estaba en desventaja, atacar una grupo organizado con gente temerosa no era buena idea, no había nada que hacer por lo pronto marcó retirada.

Franz observó desde lo alto y dio la señal para que lanzaran las bengalas que iluminaron la retirada de los jinetes.

La gente del campamento al ver la retirada de los jinetes gritaron de felicidad, Franz convocó al grupo y les habló en su idioma.

-Amigos Libios, hoy han honrado a los valientes guerreros que derrotaron a Roma en su momento más glorioso, donde esté Aníbal y sus guerreros estarán muy orgullosos de ustedes- Franz siguió la perorata por varios minutos, si entraban en combate los necesitaba con la moral en alto.

-Hoy no regresarán, tenemos que descansar, todos a dormir- Finalizó Franz y luego llamó al jefe de los guardianes.

-De todos modos pon 3 guardias, uno en cada extremo de la media luna y uno en el frente, los demás que descansen.

Antes de que saliera el sol justo cuando el cielo se empieza a poner claro, Franz caminaba por entre las carpas cuando se le acercó Abud.

-Señor, permítame regresar al puerto por refuerzos-

-No puedo arriesgarte, te atraparían de inmediato- Contestó Franz.

-Están del otro lado de las dunas y el vigía esta dormido, la frontera está a una hora en esa dirección y hay un oasis con dos familias, si me persiguen solamente serán dos o tres y no se atreverán a nada cuando llegue al Oasis, soy ligero y me llevo el mejor caballo- Dijo Abud al tiempo que veía suplicante a Franz, quien recorrió con la mirada aquel pequeño y delgado hombrecillo pór lo que exclamó con una sonrisa.

-Eres grande Abud- No necesitó decir más, salió corriendo, de un salto subió al caballo y a todo galope se dirigió a la frontera, sin embargo, el vigía no estaba dormido y dio la alarma de inmediato, tal como lo dijera Abud, dos jinetes salieron tras de el.

El jefe de guardias se acercó de inmediato y preguntó

-¿Mando gente a protegerlo?-

-No llegarías a tiempo y sacrificarías inútilmente gente, mejor pon a cavar una fosa al frente del campamento y tendrán que atacar por los flancos donde tendremos ventaja- Respondió Franz al tiempo que empezaba a escalar la pared de piedra, ya en lo alto veía a lo lejos la persecución, las ondulaciones de las dunas hacía que apareciera una cabeza y luego el par que la seguía, era como un tiovivo trágico donde un error le podría costar la vida.

Ya cuando se perdían de vista, pudo ver solamente a uno en la persecución, al rato vio al otro caminando de regreso, seguramente se habría caído y el caballo se había lastimado, al perderlos de vista, bajó para encontrarse al campamento eufórico.

Salah, estaba realmente preocupado, si el fugitivo llegaba al puerto, los refuerzos estarían al día siguiente en dos días sus métodos no funcionarían, se subió a lo alto de la duna para ver el campamento, al verlo empezaron a sonar las cacerolas y a rugir como la noche anterior en son de burla.

Salah era cada vez más hombre de negocios que asaltante, había seguido a su gente por lo alto de las dunas y vio como caía uno y el otro perdía terreno, al avanzar estaba seguro que no lo alcanzaría, pero además no podría moverlos sin grandes pérdidas y estaban en la ruta, cualquier caravana que pasara se les uniría o pediría refuerzos, sólo tenía una alternativa y se dirigió con su gente.

Formando una línea paralela al campamento contrario los 50 hombres de Salah marchaban lentamente hacia el campamento, los guardias ocuparon de inmediato las trinchera improvisadas en la arena.

A una distancia prudente la línea se paró y Salah avanzó hasta quedar en medio de la línea y el campamento invitando de esta forma a Franz a entrevistarse con el, Franz subió al caballo con el propósito de ir a su encuentro pero el jefe de guardias lo alcanzó a tomar de la muñeca.

-Usted no puede ir- Le dijo en forma autoritaria el jefe de los guardias.

-Debo evitar el enfrentamiento, quizás pueda negociar- Contestó Franz.

-Ayer se lo dijo Abud, no buscan mercancía y ahora se lo digo yo, no buscan enfrentarnos, lo buscan a Usted- Afirmó categórico el jefe.

-Con mayor razón debo ir- Contestó.

-Lo matarán y regresaran de inmediato con la misión cumplida, saben que no los podemos seguir y que enfrentarnos sería muy costoso para ellos, déjeme ir para invitarlo a que venga al campamento.-Mas que pedir parecía exigir el jefe de guardias.

-Tienes razón ve-Franz se daba cuenta que cometía errores elementales tendría que aprender mucho del arte de la guerra si quería regresar a su país donde sabía que la guerra civil era inminente.

El jefe de guardias subió a su caballo y se dirigió al centro, el encuentro con Salah le intimidó, Salah era un hombre que desbordaba energía, su mirada taladraba y su voz era majestuosa se paró frente a el para dejarlo hablar.

-No es contigo con quien quiero hablar- Dijo con autoridad Salah.

-el hablará con usted en el campamento, sabe que ninguno de mis hombres se atrevería a traicionarlo y yo me quedo aquí como garantía de que Usted regresará.

Salah no respondió, con el índice apuntó a la fila de sus hombre y el jefe de guardias se dirigió de inmediato allá.

Salah avanzaba sin prisa, los libios empezaron a ponerse tensos la figura de Salah les volvía a intimidar y apretaban contra si los rifles en las trincheras, dos hombres había estado armando una tienda abierta al frente de las trinchera y colocando una mesa con dos sillas.

Al llegar al campamento recorrió con la mirada a todos los vio intimidados a todos menos a Franz que se colocó frente a su caballo.

Apoyándose en una mano saltó del caballo luciendo su agilidad física, quedaron frente a frente con la mirada clavada uno en el otro sin que nadie la bajara, finalmente Salah sonrió y extendió la mano diciéndole en francés.

-Bienvenido a Egipto Franz- Dijo Salah.

-Me conmueve la hospitalidad de estas tierras- Dijo con sorna Franz.

-Algo debió haber hecho que no le gustó a varios grupos, pues el precio por su cabeza es el más alto que yo haya sabido- Contestó con una sonrisa burlona.

-¿Qué grupos?- Preguntó enfático Franz a lo que Salah contestó con una sonrisa.

-Pues esta vez se va a ir con las manos vacías- Contestó Franz con una sonrisa.

-No esté tan seguro, si no soy yo será otro, hay recompensa por su cabeza en todas las ciudades de Egipto, aunque me extraña que en casi un año no se supiera de Usted es como si se lo hubiera tragado la tierra.- Comentaba en un tono casi cordial Salah, no tenía nada personal contra Franz y le empezaba agradar la plática.

-Habla Ud. más literal de lo que piensa, Usted tiene familia en Europa, yo también, lo sabe bien, no sería bueno iniciar un pleito aquí que terminara allá, no lo tome como amenaza sino simplemente como un dato más a evaluar, su lucha y la mía son de naturaleza semejante sólo diferimos en la forma de recaudar fondos.- Franz actuaba para ver como reaccionaba Salah, ya viéndolo en persona lo recordó haber visto en una fiesta de la embajada alemana en Francia con su familia y con el líder de un movimiento que buscaba independizar a Egipto de Inglaterra, también Salah estaba recordando haberlo visto en Europa pero no recordaba donde.

-Creo que ya nos conocíamos, pero no recuerdo el lugar- Dijo en tono cordial Salah.

-Primero Egipto y después Arabia- Contestó con una sonrisa Franz.

-¿Tu eres el nieto?, SI¡, que tontería iba a cometer- Sorpresivamente se levantó Salah y abrazó a Franz que no entendía que pasaba.

-Yo le debo la vida a tu abuelo y te la iba a quitar a ti, como es el destino, cuando derrocaron a mi padre estaba de pesca con mis amigos, era un niño, mi hermano iba en otra lancha adelante, a lo lejos vi como los soldados lo apresaban y me lancé al mar cerca de donde fondeaba el barco de tu abuelo que estaba por zarpar, al verme en el mar lanzaron un salvavidas y me subieron, cuando llegaron los soldados me escondió en su maleta, vaya que era grande la maleta y pequeño yo, revisaron todo y exigían que me entregaran, tu abuelo insistía en invitarlos a comer finalmente el comandante aceptó, no se de que platicaron pero suspendió la búsqueda y muy sonriente se retiró.

Me dejaron en Roma donde tenía una tía, tu abuelo me llevó personalmente con ella, nunca supe el nombre de tu abuelo para agradecerle pero no olvidaba el nombre del barco, se llamaba Poseidón, en una recepción al líder del movimiento árabe que daba la embajada de Alemania en Paris alguien mencionó el nombre del barco y de inmediato pregunté por el dueño y fui a abrazar a su dueño, por cierto ya te habías ido.- Hablaba Salah con un gran entusiasmo y amabilidad, desplegaba ese carisma que lo había llevado tan lejos.

-Si, tenía un compromiso y salí temprano.- Contestó amablemente Franz, Salah no dejaba de hablar del abuelo hasta que finalmente tomó un respiro y dijo:

-Franz en adelante no sólo te considero mi amigo sino mi hermano y huésped distinguido, creo que lo mejor es que te pongas a salvo, Egipto es muy peligroso para ti en este momento, mi barco esta en Tobruk y te puedo llevar a Hostia- Dijo enfático Salah.

Franz recapituló un momento, ya tenía toda la información que necesitaba no tenía objeto arriesgar todo así que aceptó.

-¡Bien¡ vamos a avisar a la gente- Dicho tal se levantó y se dirigió a la gente de Franz.

-Pueblo de Libia debo decirles que Franz es mi hermano, ¡Viva Franz¡- La gente salió de las trincheras y empezó como murmullo hasta terminar como un gran grito ¡Salah¡ ¡Salah¡ ¡Salah¡ al tiempo que levantaban el rifle a manera de saludo.

-Voy por mi gente, tenemos que celebrar esto- Dijo Salah dando una palmada en el hombro de a Franz al tiempo que tomaba el caballo y regresaba con su gente, Franz retuvo el impulso de ir con el.

La reunión de los dos grupos se hizo en un ambiente de fiesta donde el animador principal resultó ser Salah, sacrificaron unos chivos que llevaban y abrieron botellas de vino e iniciaron la fiesta.

-Es hora de irnos, que dos personas tuyas nos acompañen con tu equipaje pero que los demás no se den cuenta- Le dijo en voz Salah a Franz.

Salah le dio instrucciones su lugarteniente y Franz hizo lo propio con el jefe de guardias, a los pocos minutos salía el grupo de 6 jinetes a todo galope.

-Tenemos que llegar hoy a Tobruk y salir hoy mismo a Roma.- dijo Salah.

Eran las 4 de la mañana cuando llegaron a Tobruk, despertaron a la tripulación y arrancaron las máquinas de vapor.

Franz permaneció en cubierta hasta que los primeros rayos del azul dibujaron una línea en las costas de Libia, sentía un gran cariño y agradecimiento por esa tierra.

Capítulo XI
Los Caballeros de Colón

Petronio veía a través de la respiración del tapanco aquella dantesca escena, la turba como enloquecida saqueaba las tiendas, en su desesperación dejaban lo hurtado en la esquina para regresar por más, las calles llenas de rollos de tela, pedazos de jarrones, sillas nuevas rotas y cientos de mercaderías, en la parte central, como el quinto jinete del Apocalipsis, Villa montado en su caballo disparando al aire y enardeciendo a la turba.

Era la semana santa de 1912, Petronio veía a lo lejos a Villa y reflexionaba sobre aquel extraño personaje que se sentía el dueño absoluto de vidas y haciendas, aquél que cuando se le encargó la defensa de Parral, escogió el cerro de la cruz por ser el más alto y seguro, pero que al ver las tropas de Orozco huyera aterrado al rancho el Tarais.

Ahora se mostraba valiente y sanguinario contra la población civil secuestrando a los "ricos" y exigiendo impuestos a los negocios, las tropas ya se habían licenciado y sus integrantes regresado a sus oficios, pero Villa quien antes de la revolución se dedicaba con su gavilla a asaltar y asesinar gente, encontró una posición más cómoda seguir en su "revolución".

Petronio, que había cuestionado la cobardía de Villa, sabía que sus días estaban contados si seguía en Parral, por lo que esperó la noche para salir de su escondite, se puso unos pantalones, una camisa de manta, ensució su cara con tierra, se puso un sombrero barato, saltó por la tapia del patio y empezó a caminar por las calles, repentinamente se tropezaba con una herramienta inglesa y otros objetos que la turba había dejado ahí.

Al aproximarse a su casa vio a dos villistas custodiándola, ya estaban ebrios así que les dijo.

-¿Y los rotos que vivían en esta casa?- Preguntó

-Se pelaron ¿quieres?- Le ofreció la botella de alcohol.

-Ya tomé demasiado, me duele la cabeza, la vieja de aquí tenía unos bonitos sartenes, mi vieja los quiere.- Contestó Petronio.

-Búscalos- Dijo alzando los hombros y tomándose un trago de alcohol que le escurrió por la boca.

Petronio vio como estaban vandalizados sus cuadros, tirados en el piso, otros rasgados con cuchillo igual que sus sillones, destrucción por destrucción.

Buscó la panera con la esperanza de encontrar un recado de su esposa, pero no estaba la panera.

Se preguntaba a dónde se habría ido su familia, trataba de estar en calma, aunque una angustia creciente le ahogaba.

-Ni los sartenes dejaron- Le dijo a los villistas al salir.

La casa de la tía Amelia era el lugar más seguro donde guarecerse en estos casos, por lo cual, se dirigió hacia allá.

Todo el pueblo parecía estar impregnado de pólvora y humo, de cuando en cuando, escuchaba los gritos de alguna mujer que se incorporaba como parte del botín y saciaba los instintos de aquellos hombres que la oportunidad convertía en bestias.

La luna en cuarto creciente no era suficiente para iluminar las calles pero si para apagar el brillo de las estrellas. Caminaba encorvado, a sus 29 años no podía resistir la pérdida de sus bienes, tres generaciones de trabajo a la basura.

¿Qué pensaría su abuelo si viviera? El, que con tanto esfuerzo inició la tienda viajando con su mercancía desde la madre patria una tras otra vez a lo largo de su vida, o su padre muerto en un asalto y ahora el saqueo.

La casa de la tía Amalia había sido construida en la colonia con bardas de piedra, rejas en las ventanas y una gran puerta de madera sólida.

La casa estaba hecha como refugio para los ataques apaches y servía ahora como refugio a varias familias de los ataques de los "colorados" y Villistas.

Los últimos dos años habían sido de continuos ataques y aunque Madero ya estaba en el poder, sus generales seguían haciendo de las suyas sin que nadie les pusiera un alto.

Como suponía había villistas en la puerta por lo cual se fue a la puerta de servicio, ahí estaba el fiel Isidro disfrazado de Villista.

-Señor Petronio estábamos muy preocupados por Usted- Saludaba Isidro.

-Ve y consigue 3 hombres leales y vístelos de villistas, luego te vas a la huerta y te traes la carreta grande, la de 4 caballos, la llenas con la mercancía que esta en la bodega de la huerta y se traen la calesa con el Príncipe. ¡Apúrate!, que tenemos poco tiempo.-

El Príncipe era un caballo árabe fuerte y resistente, era su orgullo, ganaba todas las carreras parejeras y además hacía volar la calesa.

Claudia, su esposa, corrió a abrazarlo.

-Gracias a Dios estás bien, no sabes las horas de angustia que he pasado, nadie sabía de ti.- Claudia lloraba y reía nerviosamente

-Preparen ropa y alimentos- Dijo fríamente Petronio.

Más que miedo sentía rabia y frustración, con qué derecho destruían estas bestias su patrimonio y el de sus hijos, querían la presidencia y ya la tenían ¿ahora qué? sólo alardear el poder que sus armas les daba.

-Dejamos la ropa en casa- Contestó tímidamente Claudia.

-Bueno, pídele a la tía Amelia comida para 10 personas para 3 días.- Dijo Petronio contrariado.

Algunas parejas que estaban junto al pozo se levantaron para acercarse a Petronio.

-¿Cómo estas, Petronio? ¿Cómo esta la ciudad?-. Le preguntaban al unísono

-Yo bien, la ciudad destruida, es el fin, jamás habían saqueado Parral de esta forma.- Contestaba Petronio con rabia contenida.

-¿Qué piensas hacer?-. Le preguntaba una prima afligida.

-Lo que hizo el abuelo, buscar mejores tierras donde dejar la semilla- Contestó Petronio mordiéndose los labios.

-¿Cuándo? ¿A donde? ¿Quiénes?- Preguntaba la prima.

-Nos vamos en unos minutos al norte, mi esposa y mis hijos- Contestó Petronio.

Petronio permanecía observando por la mirilla de la puerta hasta que finalmente apareció Isidro con 3 jinetes y dos caballos ensillados, el Príncipe y el Relámpago, este último era una yegua que había comprado en la feria de Munich. La cual era famosa por su arranque en las carreras, antes del príncipe nadie le había ganado.

-Señor, ya esta la carreta y la calesa lista en la huerta- Dijo orgulloso Isidro.

-¡No hay tiempo que perder!.- Dijo Petronio al tiempo que ayudaba a su esposa a montar a Relámpago y a subir en ancas a su hijo Francisco, luego montó a Príncipe y subió a su pequeña Fabiola.

Salieron despacio volteando a todos lados, los jinetes tenían una mano en la rienda y otra en el rifle. Las instrucciones eran que en caso de un problema les cubrirían el escape a los caballos de la familia.

No hubo ningún incidente y llegaron a la huerta donde Petronio instaló en la Calesa a su familia y amarró sus caballos en la parte trasera de la calesa, Isidro hizo lo propio con la carreta y los rudos se acomodaron en la carga con el rifle en las manos y sus monturas amarradas a la carreta.

-Isidro, no nos vamos a detener pero tampoco debemos forzar los caballos. Recuerda bien que en caso de una emboscada tus hombres deben de montar de inmediato y proteger la calesa. Abandonaremos la carreta para saciar la ambición de los bandoleros.- Dijo firmemente Petronio.

-Si señor, con mi vida protegeré la de su familia.- Dijo reverente Isidro.

-Vámonos y que Dios nos ayude.-

Dijo Petronio al tiempo que tomaba una brecha hacia el norte. Desde hacia mucho tiempo nadie usaba esa brecha, pero se mantenía relativamente en buen estado. Tomar el camino principal sería un suicidio.

Avanzaban lentamente porque la oscuridad, aunque no era total, no les permitía ir más rápidamente, además hacían menos ruido.

De cuando en cuando, Petronio volteaba a ver las luces centellantes del pueblo que cada vez quedaban más lejos, sentía que algo muy grande dejaba atrás, su feliz infancia, sus amigos de escuela, sus familiares, sus clientes, las fiestas populares, las cenas en el club, los juegos de polo, las partidas de dominó, las tertulias en el bar de Mateo, la tumba de sus padres, ¿quién les llevaría flores el día primero de cada mes? Tantas cosas que el corazón se le oprimía, como la ambición de unos cuantos por el poder, habían destruido su mundo.

Evitaba acercarse a las rancherías y seguía a buen paso, los niños se habían quedado dormidos en el regazo de Claudia que permanecía despierta con los ojos en el vacío, algo le decía que la vida nunca volvería a ser la misma, igual que Petronio recordaba su infancia, los domingos estrenando vestidos con crinolinas, cuando de la mano de su padre iba a la plaza a comprar un helado, los días de campo a orillas del rió, los paseos por la independencia en ese ritual de cortejo donde había conocido a Petronio, su único novio, el amor de su vida, dejaba atrás también a sus padres y le inquietaba pero confiaba que en el futuro Petronio los reuniría con ellos, ya que sabía del gran cariño que el sentía por ellos.

La luna se había puesto y brotaban las estrellas en aquel firmamento claro que parecía ignorar la situación, los caballos parecían adivinar el camino y Petronio los dejaba ir, se sentía cansado y deprimido.

Finalmente Claudia se quedó dormida y su cabeza se movía la ritmo de la Calesa, Petronio se esforzaba por no quedarse dormido, Isidro permanecía incólume, su fortaleza de hombre del campo y de trabajo le permitían seguir como si fuera de día, los acompañantes hacía tiempo que los había vencido el sueño, "mejor", se decía para sí mismo Isidro estarán en mejores condiciones si hay jaloneo.

En la parte Este, el cielo se enrojecía para anunciar la salida del sol, Isidro despertó a uno de los hombres y le dio la rienda de la carreta al tiempo que desamarraba y montaba en su caballo.

-Señor, estamos a unos minutos de Santa Isabel.- Le dijo Isidro a Petronio.

-Adelántate al rancho de mi compadre Ismael y ve si no hay peligro.- Contestó Petronio.

Isidro se adelantó a todo galope, antes de media hora estaba de regreso acompañado de Ismael.

-Compadre, qué gusto recibirte, ¡Comadre! ¿cómo está?- Saludaba efusivo Ismael.

-Ya les están preparando el desayuno.- Continuó Ismael.

Ya en la casa, Todo fue abrazos y fiesta, huevos con chile verde y queso, tortillas de harina, leche y queso fresco, frijoles fritos y frutas en conserva.

Cuando tomaban el café de sobremesa, entró corriendo Isidro.

-Señor- le dijo en voz baja, -venga por favor.- Estaba nervioso Isidro.

Salieron los dos rápidamente.

-Manuel se fue, señor.- Dijo nervioso Isidro.

-¿Que rumbo tomó?.- Preguntó nervioso Petronio.

-Parece que rumbo a Chihuahua.- Contestó preocupado Isidro.

-Llama a los otros dos.- Ordenó Petronio.

-Váyanse y me agarran a Manuel, los espero en la tarde en el 35 de la calle Libertad.- Dijo Petronio al tiempo que les daba unas monedas de oro.

Los dos hombres subieron a sus monturas y salieron a todo galope.

El compadre Ismael había seguido a Petronio y le dijo.

-Tengo diez hombres que te pueden acompañar, compadre, ¿Entrarás a Chihuahua?- Ofreció Ismael

-Gracias, compadre, manda a cinco por delante, tomaremos el camino de la cañada hasta el sueco, claro que no entraremos a Chihuahua.- Dijo Petronio al tiempo que entraba por su familia a la casa y de prisa los subía a la calesa y le pidió a Claudia que tomará las riendas.

Príncipe estaba entero a pesar del trayecto nocturno, al llegar a la cañada se dirigió a su compadre.

-Gracias Ismael, creo que te van a necesitar en tu rancho más que aquí, te agradezco el desayuno, tus caballos los dejaré en la estación del ferrocarril de Sueco.- Dijo Petronio.

-No te preocupes, el jefe de la guarnición me debe muchos favores- Contestó ufano Ismael.

-Ten cuidado, esa gente no honra favores.- Sentenció Petronio.

-Que Dios te cuide y acompañe compadre.- Se despidió Ismael.

Los caballos de refresco eran forzados al máximo, Petronio sabía que tenía que llegar antes de las 6 para abordar el tren, conocía muy bien al jefe de la estación y confiaba que le permitiría viajar con su carga hasta Paso del Norte sin ningún problema.

Llegó a las 4 de la tarde y no se encontraba el jefe de la estación, Petronio se sintió inquieto y le dio señas a Isidro sobre la casa del jefe de la estación para que fuera a llamarlo.

El jefe de la estación había alargado su siesta y se encontró con Isidro a medio camino, éste lo puso al tanto de la situación y sólo exclamó sonriendo.

-Vaya, tenemos jaleo, este punto es muy aburrido-

Petronio caminaba de un lado a otro nervioso cuando vio llegar al jefe con quien intercambio saludos afectuosos.

-Ahí tengo un carro donde podemos subir tu carga, pero habrá que dar un dinero para que lo enganchen.- Dijo el jefe en tono ceremonioso.

La revolución lo había vuelto codicioso y veía siempre la forma de cobrar algunos pesos extra, Petronio sin dudar un instante le alargó las monedas.

-Viene el carro presidencial vacío, en el que viajaba Don Porfirio, es el que usa Villa ahora.- Dijo ufano el jefe de la estación.

Petronio le dio más monedas al jefe quien mantenía extendida la mano.

-Es todo lo que traigo.- Dijo Petronio.

-Bueno, el carro es más caro pero te lo dejaré en esto por nuestra amistad.- Dijo cínicamente el jefe.

-¿Qué hace el carro de Villa rumbo a Paso del Norte? - Preguntó intrigado Petronio.

-No se, Villa lo mueve de un lado a otro, nadie sabe cuándo lo va a utilizar- Aclaró el jefe.

A las 6 en punto sonaba el silbato del tren, anunciando su salida.

Petronio y su familia se instalaban cómodamente en el carro presidencial, quien lo dijera huyendo de Villa en su carro, paradojas de la vida.

Petronio finalmente se quedó dormido hasta el amanecer cuando el silbato anunciaba la llegada a Cd. Juárez, aunque la gente le seguía diciendo Paso del Norte.

Inmediatamente tomó a su familia y se fueron a los carros de pasajeros, justo cuando el tren paraba, unos militares subieron de inmediato a revisar el carro presidencial.

Petronio descendió lentamente ayudando a bajar a su mujer e hijos, se dirigió de inmediato a ver al jefe de estación y mediante unas monedas el primer vagón que desembarcaron fue el de Petronio, ahora todo se arreglaba con unas monedas qué diferencia del Porfiriato.

Minutos después descendía la calesa, la carreta y los caballos junto con Isidro que traía paja en los cabellos, el cruce hacia el Paso Texas fue también "Piece of cake".

La tía Genoveva vivía en una colina desde donde se veía casi todo el valle, sentada en una vieja mecedora le gustaba pasar las horas en el porche de la casa el cual tenía vista al sur, desde ahí vio acercarse la calesa seguida de la carreta, más con el corazón que con sus cansados ojos presintió que era su sobrino Petronio y se levantó con la ayuda de Martina su fiel sirvienta, aunque tenían casi la misma edad, Martina se veía fuerte y ágil.

Los niños saltaron de la carreta y subieron las escaleras hasta el porche.

-¡Tía Veva! ¡tía Veva!- gritaban los niños.

El corazón le saltaba de alegría de ver a sus sobrinos nietos.

-Le tengo tarta de nuez al primero que llegue a la cocina.- Gritó, con su voz cascada, la tía Genoveva.

-Hijito, qué alegría verte.- decía Genoveva al abrazar a Petronio.

-Mija linda, cada día más bonita, mi niña.- Ahora abrazaba a Claudia.

-Pero qué gusto que estén por aquí, pasen, pasen, hay comida caliente y tepache. -Decía la tía al tiempo que daba penosos pasos hacia la cocina.

Entre risas y anécdotas transcurrió la comida sin que nadie mencionara lo ocurrido para no preocupar a la tía Veva.

-Tendremos que ir de compras porque no traemos ropa.- Dijo Claudia.

-¿Tu crees tía Veva? andamos con la misma ropa desde que salimos.- dijo la pequeña Fabiola.

-Acompáñame Martina- Dijo Claudia al tiempo que tomaba de la mano a los niños.

-Me traes dos pantalones, dos camisas y ropa interior, ya después me compraré más- Dijo Petronio.

Subieron a la Calesa con rumbo al centro, Petronio salió al porche seguido por la tía Genoveva.

-Siéntate hijo y platícame- le dijo la tía

Petronio le relató los detalles del viaje y su origen.

-La revolución no redime a nadie, sólo hace aparecer el lado más oscuro de la gente, Villa era un ladrón y asesino sanguinario y lo seguirá siendo hasta el último día de su vida, hasta que alguien se atreva a enfrentarlo y tenga suerte- Sentenció Veva.

-Y aquí ¿cómo están las cosas tía?.- Preguntó Petronio.

-Mal, muy mal, todos los días siguen llegando cientos de paisanos, con lo poco que pueden traer, no encuentran trabajo, los refugios están saturados y la gente cansada de ayudarlos, estamos tratando de colocarlos en el ciudades más al norte, pero no es fácil, el Klan los acosa y paga porque escriban calumnias en su contra.- Decía Veva.

-¿El Ku Klux Klan?. Pero si fue eliminado desde 1870 por el presidente Grant- Preguntó asustado Petronio.

-Los nativistas lo están resucitando y nuestros paisanos, no son blancos, son inmigrantes y católicos. Tres motivos para ser acosados.- Contestó enfáticamente la tía Veva.

-Son tiempos difíciles tía, tiempos que nos exigen más trabajo y dedicación, tiempos que no cambiaran solos, tiempos que necesitan tu trabajo y el mío.- Le contestó enfático Petronio.

-Luego ¿porqué te viniste?, ¿No debía ser tu lugar en tu pueblo con tu gente?- Le contestó la tía viéndolo a los ojos.

-Los muertos a nadie ayudan tía, y yo ya era hombre muerto en Parral, pero si no me quieres aquí, me regreso.- Contestó en forma retadora Petronio.

-No, mi'jito, perdóneme la tontería que dije-. Dicho esto lo abrazó y soltó el llanto.

Al atardecer regresó Claudia con los niños con las compras, los niños venían felices y les enseñaban a todos la ropa nueva, Petronio se sentía más tranquilo y sonreía con ellos.

La tía fiel a su promesa les servía una tarta de nuez y un espumoso chocolate a los niños y quesadillas a los adultos, la tía eufórica todo preguntaba, Petronio fue el primero en despedirse y se fue al cuarto verdaderamente rendido, tanta adrenalina le hacia sentirse agotado.

Petronio se levantó con el sol y montó a Príncipe para recorrer la ribera del río Bravo, llegó hasta Isleta y luego se regresó a casa donde ya estaban todos en la mesa.

-No vi a mucho refugiado tía.- Dijo Petronio.

-¿Hasta donde llegaste? .- Preguntó la tía.

-Hasta Isleta.- Contestó Petronio

-¿Entraste al convento de las monjas del Buen Pastor?- Preguntó Genoveva.

-¿Como crees que voy a entrar a un convento?- Contestó intrigado Petronio.

-Me han dicho que ahí se está concentrando la ayuda a los refugiados.- Insistió Genoveva.

Petronio se hizo cargo de la tienda de la tía y la vida adquiría un ritmo lento y aburrido, no era aceptado en sociedad y de la tienda a la casa y de la casa a la tienda el domingo a misa, después a entregar unos pequeños sacos de manta con harina, otros con frijoles, y barras de manteca que entregaba a las familias de refugiados con más necesidades.

De esa forma los días pasaban y las semanas se agolpaban formando meses en esa rutina.

A fines de otoño descargaba una carreta con sacos de maíz cuando sintió una mano en su hombro.

-Petronio- exclamó un hombre rudo y corpulento de más de 2 metros de estatura.

-Saúl, ¿qué haces por acá?.- Contestó Petronio con una sonrisa.

-Vine a traerte la nuez como todos los años, me dijeron en Parral que te habías venido para El Paso y aquí estoy con mi cosecha.- Contestó la sonrisa Saúl.

-Sólo que en esta ocasión no podré comprártela, no tengo dinero.- Dijo Petronio sacando los bolsos de sus pantalones.

-Bueno, pero cuando la vendas tendrás dinero, voy por la nuez.- terminó diciendo Saúl al tiempo que daba media vuelta y se dirigía a la aduana.

La mercancía fina que había logrado rescatar se vendía poco, la comercial que compraba tenía un margen muy pequeño y el oro que había logrado traer con él ya se había acabado.

Al poco tiempo llegó Saúl con varias carretas y unos cargadores que empezaron a bajar la nuez.

-Bueno Petronio, debo alcanzar el tren ahí te dejo mi nuez y regreso el mes que entra, mucha suerte.- Dicho esto, le dio un abrazo y a grandes zancadas se alejó del lugar.

Petronio sonreía como hacía mucho tiempo no lo hacía, era como si de repente se abriera una luz en la oscuridad, una oportunidad que no desaprovecharía para empujar el decaído negocio, subió a su calesa un saco de harina y dos de nuez, se dirigió a casa. Subió corriendo las escaleras.

-Tía, tía.- Gritaba eufórico.

-¿Qué pasa mijo.- Contestó la tía que aún andaba en bata y pantuflas.

-Saúl me trajo su producción de nuez, podremos hacer los pasteles y dulces de nuez de tu receta y levantar vuelo.- Dijo orgulloso al tiempo que llevaba a la ventana a la tía.

El negocio no dio los resultados inmediatos, pero al paso de los meses se fue consolidando, dando trabajo a más gente, desde la que pelaba la nuez a la que hacía la leche quemada y los pays.

Una tarde le llegó la noticia de la muerte de Madero y lacónico sólo opinó que era algo de esperarse, había traicionado a sus patrocinadores, las empresas petroleras americanas y los grupos masones y ellos no perdonaban, ahora sólo esperar a que pelele habrían de poner en la presidencia.

Petronio viajaba al norte a seguir promoviendo sus productos cuya venta se incrementaba mes a mes, pronto requirió de más proveedores de leche y se fue a visitar los ranchos instalados a la orilla del Bravo.

Había oído de un rancho donde había ganado lechero por el rumbo de Fabens, los pastizales lucían un verde hermoso y relajante, los ranchos, pequeños, con sus corrales y sauces que les daban sombra, guiado por la señas llegó al rancho que le habían comentado.

-¡Perdone!, ¿Quién es el dueño de este rancho?- Preguntó Petronio a un campesino.

-El dueño vive en el norte pero puede hablar con el encargado, mire; es aquel señor que esta bajo el sauce aquel.- Dijo el campesino señalando al frente.

La figura recia del hombre contrastaba con la cara arrugada y la mirada perdida en el horizonte, Petronio se acercó sin que el hombre volteara a verlo.

-Disculpe señor, es Usted el encargado.- preguntó Petronio sin obtener respuesta.

Bajó del caballo y se acercó repitiendo la pregunta.

Como sacado de su ensimismamiento el hombre volteó hacia Petronio.

Petronio se quedó inmóvil por un momento como queriendo reconocer aquel personaje.

-Te conservas bien Petronio- contestó el hombre.

-Raúl ¿eres Tu?- preguntó Petronio con cierta duda, el parecido era grande pero como había envejecido.

-Veo que sigues igual de bruto.-

Contestó Raúl al tiempo que soltaba una carcajada, la cara le brilló a Petronio y su semblante se iluminó con una amplia sonrisa, se abrazaron de la emoción.

-Pensé que seguías emborrachando gente.- Contestó Petronio.

-Pues ahora sólo te voy a emborrachar a ti, porque de aquí no sales sobrio, tengo dos botellas francesas de la cosecha del 98 de Burdeos que las había reservado para un gran momento y ese momento ha llegado.-

Entra bromas pesadas y pullas llegaron a la casa del rancho y de una vieja caja, Raúl sacó un par de botellas, abriendo una de inmediato.

-Las copas de cristal desaparecieron mi estimado amigo, a ver si no se te cae el pelo de tomar en un tarro esta delicia de vino- dijo Raúl al tiempo que le extendía un tarro con vino tinto.

-¿Qué fue de tu bar?- Preguntó Petronio.

-Llegó un mago y lo convirtió en trochil- Contestó indiferente Raúl.

Raúl tenía un bar en Parral que era copia exacta de un bar parisino, donde grandes vitrinas exhibían vinos europeos, con una gran barra de cedro labrado y con elegantes mesas italianas, donde los parroquianos vestidos elegantemente disfrutaban del viejo arte de la charla mientras saboreaban un buen vino con jamón serrano español, quesos franceses o algún ultramarino.

Los revolucionarios habían destrozado todo y después de usarlo de caballerizas, lo había reabierto como cantina, sustituyendo los vinos importados por aguardiente.

-Amalita y Esthercita ¿dónde están? -preguntó Petronio.

El rostro de Raúl se descompuso y trató de decir algo, pero se le cerró la garganta y se le humedecieron los ojos.

Petronio inmediatamente cambió la plática hacia temas triviales pero Raúl se recuperó y dijo:

-A los tres nos dieron por muertos, cuando desperté ya las habían sepultado, lo que no entiendo es para qué desperté- Ahora sí las lágrimas fluían sin control de aquel rostro varonil.

-Dios te debe tener destinado un propósito, Raúl.- Dijo tratando de consolar y animar al amigo.

-¿Dónde estaba Dios en ese momento?.- Preguntó Raúl con más duda que coraje.

-Dios esta siempre con nosotros, pero sólo Él conoce sus designios, ¿recuerdas cuando te prendió aquel toro? Un centímetro más adentro y te revienta el corazón, o cuando te caíste de aquel peñasco, caíste en el único arbusto que había, eso sí es suerte- Dijo en broma Petronio tratando de romper el momento triste.

-No, no me acuerdo- Contestó serio Raúl- Solamente me acuerdo cuando andabas montando un becerro y te caíste en una boñiga de vaca.- Agregó Raúl, con una carcajada.

-Pensé que te acordarías cuando le pisaste el vestido a Cuquita y se levantó a darte una bofetada.- Reviró con una carcajada Petronio.

-Pues no, no me acuerdo, sólo me acuerdo cuando te andabas robando los membrillos y se rompió la rama y caíste en el plato del perro.- Ahora la carcajada era de Raúl.

Los recuerdos chuscos de la infancia y adolescencia se aglutinaban, junto con los recuerdos de las grandes fiestas, los elegantes bailes en el club, los días de campo en familia, las tertulias en la casa de Raúl, las veladas literarias, las presentaciones de las orquestas europeas, las charreadas, las fogatas bohemias, los concursos de poesía, las partidas de domino, los concursos de ajedrez.

Pronto las botellas se acabaron y le siguió una botella de whiskey barato, una de ron terminando con una garrafa de sotol.

Ya entrada la noche, Petronio cayó dormido sobre la mesa y Raúl que se reía de Petronio se cayó de la silla y se quedó dormido en el piso.

El sol y un gran dolor de cabeza despertó a Petronio que fue de inmediato al pozo a tomar agua, sentía que la cabeza le estallaba, tenía años de no haber tomado una gota de alcohol y la euforia de encontrarse con su amigo le había hecho perder el control.

Cuando regresó a la casa unos trabajadores levantaban a Raúl y lo llevaban a su cama.

-El señor no debe de tomar, se lo prohibió el doctor.- Le dijo muy serio uno de los trabajadores.

-Su corazón esta muy delicado, voy a llamar al doctor.- Agregó muy preocupado el trabajador.

Petronio llenó una jarra con agua de pozo y la llevó al cuarto y le acercó un vaso a Raúl que tenía los ojos abiertos.

-¿Que te encuentras mal del corazón?- Preguntó serio Petronio.

-¡Bah! Son inventos de matasanos para sacar unos dolarucos.- Contestó al tiempo que tomaba el agua en forma atropellada.

Como secuela del asalto a su casa se le había formado un absceso en el hígado, las costillas rotas no habían soldado bien, un riñón no funcionaba correctamente y le había aparecido un soplo en el corazón, en medio de costales de papa lo habían sacado del pueblo aún con fiebre, su recuperación había sido lenta en la casa de un primo en la ciudad de Chihuahua, el doctor explicaba que no ayudaba, que no tenía ganas de vivir y la familia del primo cuidaba que no se fuera a suicidar.

En la toma de Chihuahua aseguraron puertas y ventanas y desde una rendija veía la entrada de las tropas, cuando casi frente la ventana un fotógrafo era agredido con el fuete de un soldado y caía juntos con el trípié y la cámara a los pies de los caballos que lo arrollaban, sin pensarlo y sin medir consecuencias, Raúl salió levantando el cuerpo inconsciente de aquel hombre metiéndolo a la casa.

Al despertar tenía la cadera y una pierna rota, además de hematomas en todo el cuerpo, aquel hombre era un fotógrafo del Examiner de San Francisco, un periódico sensacionalista dirigido por William Randolph Hearst, un activista demócrata apasionado.

Raúl hablaba perfectamente el inglés e inició la plática.

-El doctor dice que tiene quebrada la cadera y el fémur.- Dijo Raúl.

-.Lléveme a El Paso, por favor, ahí me atenderán.- Pidió con voz quebrada y en correcto español el fotógrafo.

-Lo veo difícil la ciudad esta tomada por los Villistas y creo que lo atenderán mejor aquí que en El Paso.- Contestó Raúl.

-Dígale a Villa que estoy herido y que me vea mi traslado al Hospital General de El Paso.- La voz del periodista había cambiado, ahora sonaba autoritaria.

-Creo que delira, nadie le da órdenes a Villa y que yo sepa no hay hospital en El Paso- Contestó Raúl.

-Llévele mi tarjeta, él obedecerá y el Hospital General lo acaban de inaugurar, está al Oeste del centro de la ciudad.- Dijo con cierta desesperación.

-A lo mejor le puede dar órdenes a Villa, pero a mí no, ya una vez arriesgué la vida por salvarlo de las patas de los caballos y ahora no la voy arriesgar presentándome ante Villa.- Raúl se dio media vuelta al tiempo que el periodista gritaba.

-Por favor, por favor, no le estoy ordenando, le ruego que me haga ese favor yo le pagaré ampliamente.- Ahora suplicaba el periodista. Raúl se volteo a ver al gringo, como le llamaban al periodista y no pronunció palabra. El gringo insistía.

-Créame que Villa le hará caso, él respeta a mi jefe. –

Decía vehementemente el gringo. Raúl no entendía el significado de aquella petición ¿Qué tenía que ver Villa, un analfabeto, con el director de una cadena de periódicos de Estados Unidos?

-No puedo arriesgar a mi familia, lo siento.- Respondió enfático Raúl.

-No necesitas arriesgar a tu familia, sólo llévame ante Villa.- Suplicó el gringo.

Raúl se sintió, en ese momento, como creía que se sentía el gringo, en fin ya todo lo había perdido, qué más era perder la vida.

-Mmm bien, si confías en Villa te dejaré en sus filas.- Contestó enfadado.

-Gracias no te arrepentirás.- Contestó.

Raúl se cambió, se puso pantalón y camisa de manta. Si lo reconocía Villa era hombre muerto, llamó a unos peones, con un par de palos y una sábana improvisaron una camilla, lo subieron a una carreta, Raúl se colocó un sombrero de paja, condujo la carreta con la cabeza agachada hasta el cuartel.

-Buena suerte, gringo, que te mejores.- Dijo Raúl, bajándose de la carreta.

-No te vayas por favor, acompáñame. Necesito alguien de confianza.- Suplicó el gringo.

-¿De confianza? Ni tu nombre conozco, si Villa me ve soy hombre muerto.- Dijo Raúl al tiempo que se alejaba.

En ese momento salía Villa del cuartel a todo galope y frenó al escuchar el grito del gringo, acercándose a la carreta.

-.John ¿qué te pasó?- dijo Villa preocupado.

-Un accidente, Francisco, necesito caballos de refresco y un médico que me acompañe, me llevan al Paso- Dijo con voz firme John.

-Claro, le voy a dar órdenes a mi médico que te acompañe y a dos hombres de mi escolta personal.- dijo Villa nerviosamente.

Raúl se había quedado inmóvil y de espaldas a ambos pero sólo a unos metros, Villa advirtió su presencia y preguntó.

-¿Y ese quien es?- preguntó Villa apuntando a Raúl.

-Es mi ayudante y salvador.- Contestó John.

Villa empezó a dar órdenes y unos minutos después salían rumbo a El Paso escoltados.

Raúl ahora se sentía más seguro en la carreta, John se había quedado dormido a pesar de los almohadones que habían puesto para suavizar el movimiento, repentinamente se veía el rictus de dolor en el rostro de John.

El viaje duró más de 20 horas y finalmente llegaron a la frontera, ahí la guardia se despidió y Raúl se dirigió al hospital General que estaba al oeste del centro, un edificio modesto de adobe.

Raúl esperó en la sala durante varias horas mientras intervenían a John y se quedó dormido hasta que una enfermera lo despertó.

-Quiere hablar con usted el paciente.- Le dijo despertándolo.

-Quiero que mandes estas cartas.- Le dijo John.

-Ya encontraste tu sirviente, mira si te acompañe fue por lástima, pero ya estas entre tu gente así que ahí nos vemos.- Dijo molesto Raúl.

-Disculpa, te ruego me ayudes te recompensaré ampliamente.-Contestó John.

-Recompensar, recompensar no dejan de ser labriegos sin educación que quieren arreglar todo con dinero.- Lo reprendió serio Raúl.

John se sintió intimidado pero a la vez seguro, ese hombre que lo había salvado le inspiraba una gran confianza.

-A ver ¿que necesitas?- Le dijo Raúl con voz firme.

-Por favor pon estas cartas en el correo.- Dijo amablemente.

Raúl sonrió y le contestó:

-Ya ves, ¿que trabajo te cuesta pedir las cosas civilizadamente?.- Sonrió Raúl.

De regreso le dijo John:

-Toma el camino al Este y encontrarás un pequeño pueblo llamado Fabens, al salir de ese poblado encontrarás este rancho que es de mi propiedad en esta carta doy instrucciones para que todos se pongan a tus órdenes.- Al ver la cara que ponía agregó rápidamente.

-Por favor-

-Vaya, ya te vas civilizando- Contestó sonriendo Raúl

-Pero recuerda que me tengo que regresar a mi tierra lo más pronto posible, en cuanto te puedas levantar, pero además ¿para qué me necesitas si aquí puedes comprar gente?- Contestó con ganas de fastidiar, Raúl.

-¿De veras te vas a regresar? ¿a qué?, ¿a vivir como rata?, ¿a esperar un balazo por la espalda? o ¿a que te fusilen? ¿a trabajar duro para que te vuelvan a quitar el fruto de tu esfuerzo?- Ahora era John el que reía. Raúl apretó la mandíbula y sólo contestó.

-Esta bien patrón, voy a su rancho.-

No fue difícil dar con el rancho y pronto arreglaron la habitación del dueño y una habitación para Raúl que se sentía bien, la casa estaba rodeada de álamos y cerca estaba el Río Bravo, los pájaros llegaban en parvadas en las tardes con los destellos rojizos del sol que se ponía, extrañaba la comida de su pueblo, pero le empezaba a tomar el sabor a ésta, que aunque no era muy diferente le gustaba marcar la diferencia.

-María, este queso es una porquería, deberías probar los quesos y asaderos de Parral- Le decía Raúl a la cocinera, una mujer madura y bastante robusta.

-Todo es mejor en Parral, el queso, la leche, los frijoles ¡Bah! ¿por qué no se va a su Parral?- refunfuñaba María.

-Tuve que venir a educarte, tuve que venir a educarte María.- Contestaba con cierta sorna, Raúl.

Quince días duró John en el hospital y con ayuda de las muletas pudo salir ayudado por Raúl, que todos los días lo visitaba para llevarle alimentos y discutir un poco.

-Bueno, pudiste haber quedado peor- Le dice Raúl a John.

-Muy amable y educado de tu parte al decirme eso.- Contestó con sarcasmo John.

-¿Y que diablos hacía con su cámara de retratar?- Preguntó Raúl.

-No es cámara de retratar, es una cámara de cine, estaba tomando la entrada de Villa a Chihuahua.- Contestó John.

-¿Qué de interesante puede tener una bestia asesina?- Replicó Raúl.

-Que va a ser tu próximo presidente- contestó enfático John.

-Pensé que la operación iba ser en la cadera no en el cerebro, un analfabeta, ladrón y sanguinario de presidente, te dejaron mal de la cabeza, si gustas nos regresamos y les reclamo- replicó Raúl.

John sacó de su camisa un recorte del periódico New York American, escrito por Williams Randolph Hearst, el más poderoso magnate de la prensa estadounidense.

Raúl desdoblo el papel periódico que le estiraba John y empezó a leer.

"Si el gobierno de Washington está dispuesto a dictar quién ha de ser presidente en México; entonces, en bien de la paz y la seguridad, que escoja un presidente fuerte y capaz.. un hombre con suficiente habilidad y fuerza de carácter, apoyo popular para mantenerse en el puesto, reprimir la revolución y proteger vidas y propiedades de nacionales y extranjeros...

El único hombre que en este conflicto mexicano ha surgido muy por encima de todos los demás, por su fuerza personal y su capacidad, por su magnetismo para mandar, su maestría en el mando y su agilidad para ejecutar es Francisco Villa...

Es ocioso que mister Wilson pretenda decirnos que no está tratando de dictar asuntos mexicanos. Es todo un autócrata. Es tan dictador en México como en Estados Unidos .

Tal vez más, pues en México es dictador militar, capaz de imponer sus demandas por la fuerza de las armas... siendo dictador que prescribe un gobierno para México y ordena que hombres y que medidas debe de adoptar ese gobierno, que ordene con juicio.. Que designe a Francisco Villa Presidente de México. Entonces habrá Paz"

Raúl dejó de leer y le aventó el periódico a John.

-El tipo este está borracho o en el manicomio.- Dijo Raúl.

-Ni esta borracho ni esta loco, ¿qué crees? ¿qué los muertos de hambre se levantaron contra Porfirio?, despierta, las revoluciones se hacen con dinero, con mucho dinero, las empresas mineras y petroleras junto con el gobierno de Estados Unidos fueron los que financiaron tu dizque revolución, qué ingenuos son ustedes que piensan que unos revoltosos fueron los que tiraron a Don Porfirio, aquí en El Paso se le advirtió a Porfirio en su encuentro con el presidente Taff, que si no expulsaba a los europeos y le daba las concesiones a las empresas americanas su caída sería inevitable.

El muy soberbio desestimó las advertencias y no supo ni por dónde le llegó.- John hablaba con firmeza y autoridad de quien había estado en primera fila en esa tragicomedia.

-¿Y Hearst qué diablos tiene que ver en todo esto?- Preguntó Raúl molesto.

-Mucho, Hearst posee las mejores tierras del norte de México y Villa le ha entregado otras más a cambio de armas y quiere que lo apoyemos para ser presidente.- Contestó John.

-¿Apoyemos? ¿Tú que pitos tocas en esto? ¿lo va a hacer presidente con tus fotos? Eso si que es una buena broma.- dijo Raúl en tono molesto.

-El cine y los periódicos ponen y quitan políticos y tú tienes un caso muy reciente, antes de las películas que hicimos sobre Díaz el pueblo lo amaba, después de la difusión de estas, su popularidad desapareció, eso creó el clima propicio para la revolución, hoy estamos tomando películas de Villa para difundir su imagen e incrementar la popularidad para que se presione a Wilson y lo haga presidente de México, hay otro grupo que apoya a Venustiano Carranza, les ha prometido las concesiones mineras y petroleras, va a prohibir a todos su explotación y en teoría promulgará una Constitución donde todo será del estado y de ahí en forma discrecional dará las concesiones a las empresas que lo patrocinan- decía John.

-Creo que estás equivocado, la Constitución actual, la promulgada en 1857 dice claramente que después de cualquier conflicto seguirá rigiendo, eso sería tanto como un golpe de estado, una usurpación.- No terminó Raúl cuando John interrumpió.

-¿Y qué fue lo que hizo Huerta? ¿Una elección demócrata? Y los que le sigan ¿crees que será gente del pueblo? Te parezca o no tenemos el control político de tu país y si fallara, nuestras tropas están en Veracruz esperando órdenes de Mr. Wilson, entiende que nuestro país nunca permitirá un vecino fuerte, con tantos recursos y distancias tan cortas, pero viene lo mejor, les mandaremos a los comunistas, las teorías bolcheviques terminarán para siempre la iniciativa privada y dejarán al estado con todo el control y nosotros con el control del estado, seremos el nuevo Imperio mundial, a Rusia ya le mandamos una réplica de la revolución mexicana y Europa se empezará a matar entre sí y nosotros tomaremos el control del mundo.- Decía ufano John.

-Definitivamente te dañaron el cerebro los médicos, mejor hablemos de otros temas porque ya me estás fastidiando y puedo acabar con el imperio tirándote de la carreta-

Raúl soltó la carcajada y dio por terminada la plática pero grandes dudas le invadían. Muchas cosas se le habían aclarado en ese momento, pero no quiso dar su brazo a torcer.

Ahora entendía más cosas, ya lo había dicho él, que nunca existieron condiciones para que el pueblo se levantara, había diferencias en el ingreso, pero eso era el común en las civilizaciones de todo el mundo y todos los tiempos, por otro lado estaban pasando por una época de abundancia, los ricos eran más ricos pero también los pobres eran menos pobres.

Él servía las copas y recibía las confidencias, nadie esperaba una revolución, sus clientes se embriagaban con vino del Rhin o de Burdeos y no había gran diferencia en la euforia que producía aquellos finos vinos a la del sotol, él mismo muy en secreto gustaba del sotol y en sus viajes a la capital a escondidas se iba a las pulquerías a saborear un curado o un aguamiel.

Era cierto que había grandes fiestas donde se llegaron a traer sinfónicas de Alemania, pero no daban más alegría que las bandas del pueblo.

La producción de granos era tan grande que se podían llenar costales del maíz con lo que se caía de las carretas, no conocía o había oído hablar de alguien que padeciera hambre y si bien los quesos franceses o alemanes no estaban al alcance de cualquiera, el queso local era abundante y barato.

Algo que todos compartían era el gusto por las fiestas que en ocasiones empezaban el jueves y terminaban el domingo y en las rancherías las fiestas de bodas duraban en ocasiones hasta una semana, tampoco las fiestas eran exclusivas de los pudientes en los casinos o grandes salones, cualquier calle popular era habilitada en pista de baile.

Y si las sedas lucían en los casinos al compás de un vals en el ensueño de un enamoramiento, las polkas levantaban polvareda en los corrales decorados en un baile de cortejo igual de importante.

Le quedaba claro que la gente no se había levantado, la habían levantado y algo dentro de sí clamaba justicia por el mundo que le habían arrebatado.

John balbuceó algo y al no encontrar eco se quedó profundamente dormido, al llegar al rancho lo llevaron a su cama y Raúl empezó a dar instrucciones para atender al dueño.

Durante dos semanas John no salió de su habitación y se dedicó a leer los periódicos que le traían del pueblo, pero un día mandó llamar a Raúl.

-Raúl me tengo que ir y quiero que te quedes al mando de mi rancho.- Le dijo John

-Lo siento pero en cuanto este usted Bien, yo también me voy.- Contestó Raúl.

-¿A dónde? ¿a que te maten? .- Preguntó John.

-Todos tenemos un destino John.- Dijo fríamente Raúl.

-¿Y cual es tu destino?- Preguntó arrogante John.

-Estar con los míos, luchar por mi país.-respondió altivo Raúl.

-Los tuyos, ya no existen y si quieres luchar por tu país no habrá mejor lugar que este para hacerlo, tu regreso sería estéril, te matarían muy pronto, decenas o centenas de miles de gente productiva y con recursos se vendrá a este país desde México a enriquecerlo, nada se ha dejado al azar, la mayoría perderá pronto sus recursos y tendremos empleados baratos y altamente calificados, mientras que tu país se hundirá en la mediocridad, será un país de dictadores y proletarios. -Soltó la carcajada John.

-Eres una basura,- Le contestó Raúl dándole la espalda.

-Espera Raúl, si no te considerara mi amigo y salvador te escondería la verdad- le dijo John al tiempo que lo alcanzaba y se paraba frente a él.

-¿Amigos?, ¿quién te dijo que yo quería ser tu amigo?- contestó enfadado Raúl.

-No necesitas decirlo, te has portado como mi amigo, me salvaste la vida a riesgo de la tuya, yo te estoy dejando mi patrimonio en custodia y mi absoluta confianza, trabaja duro esta tierra, la mitad de las utilidades son para ti, la otra la reinviertes hasta mi regreso.-

John dio la vuelta y subió a la diligencia que lo esperaba, los trabajadores ya habían subido las cajas de cintas y su equipaje.

Raúl no dijo nada, comprendía que John en su forma brutal de expresarse tenía razón y el encontraba una nueva vida.

Raúl se volvió taciturno e introvertido, nunca iba al pueblo y trabajaba duro para olvidar sus penas, quería caer muerto de cansancio toda las noches para olvidar su realidad, con el paso del tiempo compró con su dinero el rancho contiguo y los unió, desde antes de salir el sol ya estaba revisando la ordeña y preparando el envío de la leche, recorría los sembradíos, compraba becerros y los engordaba, cada año, aprovechando el tren llevaba su ganado al norte donde obtenía mejor precio por él, pero evitaba la gente, no familiarizaba con nadie hasta el encuentro con Petronio.

No había tomado una gota de alcohol desde aquel "accidente", pero Petronio le recordaba aquel mundo que había perdido y a pesar del tremendo dolor de cabeza se sentía feliz como hacía años no lo había sido.

Ya repuestos fueron a la casa de Petronio y fue recibido con gran entusiasmo por la familia que lo integraba de inmediato como uno más, habían estado muy preocupados porque Petronio no había faltado nunca una noche a su casa pero ahora todo era risas y recuerdos no dolorosos.

-Raúl, quiero que me acompañes, tengo una junta con Los Caballeros de Colón y quiero que ingreses con nosotros.- Dijo entusiasmado Petronio.

-Y eso ¿qué diablos es?- contestó Raúl.

-Tenemos dos grandes desventajas en esta tierra, somos inmigrantes y católicos, hay grupos que nos odian, grupos activos que nos pueden dar sorpresas como sucede en otras latitudes de este país, somos rechazados de sindicatos, organizaciones sociales y fraternales, por esa razón el padre McGivney formó esta organización para mantener el orgullo de nuestra herencia Católica y nuestras raíces- dijo Petronio con actitud ceremoniosa.

-También trabajamos para darles un seguro de vida a cada uno de los integrantes para que, en caso de fallecimiento sus hijos puedan continuar sus estudios y sus viudas no pasen apuros.- agregó Petronio.

-No me agrada la idea, prefiero valerme por mí mismo.- contestó Raúl.

-Hazlo por ayudar a nuestros paisanos, están llegando por miles huyendo de la violencia y el despojo, pronto los verán como apestados y vendrán represalias, tenemos que estar unidos- Insistió Petronio.

-Bueno, viéndolo así le entró- Sonrió Raúl.

Unas semanas después, Raúl compraba una casona vieja y habilitaba la parte baja como Bar abriendo sus puertas los viernes y sábados, se llenaba de inmigrantes nostálgicos, el bar estaba muy lejos del glamour que tenía su bar en Parral pero los bolsillos de los inmigrantes estaban vacíos casi siempre, los domingos después de misa recorría junto con Petronio la ciudad repartiendo víveres a las familias más necesitadas, eran Los Caballero de Colón.

Capítulo XII
Moramai

Moramai veía desde el gran ventanal de su estudio el río Sena, la bruma desdibujaba el paisaje, era su rutina desde hacía 12 años, tratando de descubrir entre la gente que caminaba por la ribera del Sena la figura del hombre que no podía olvidar.

Observaba el jardín donde estuviera por última vez con Franz, junto el invernadero, aquel jardín le mostraba las estaciones, lo cambiante de la vida, pero el invernadero le traía a la mente lo perenne, como su amor por Franz que no había menguado con los años.

Cada día 19 llegaba un mensajero árabe con una flor, aún en tiempos de guerra siempre arribaba una flor, una orquídea azul, algunas habían sobrevivido en el invernadero, las otras las había secado y las conservaba en su armario.

La guerra había sido muy cruel para Francia, había muerto más del 10% de la población másculina activa, Special Metals había cerrado pero Hebert, previendo esto, se había asociado con un colombiano y fundían metal en el norte de África para venderlo a los fabricantes de armas, Rosa veía las grandes cantidades de dinero que Hebert hacía y se las ingenió para que le diera una parte importante de esas ganancias con las cuales compraba alimentos en el mercado negro y junto con Moramai las distribuían en los suburbios de París donde se refugiaba la gente del norte que huía de la invasión.

El cuerpo virginal de Moramai, crecido en la pasión por un amor imposible, había adquirido proporciones hermosas, la gente humilde la veía como un ángel o una Juana de Arco, cuando, en forma clandestina, llegaba a los cobertizos usados como moradas para llevarles comida, ya que esta era racionada y rara vez llegaba a esos lugares.

A pesar de su edad, se había convertido en una líder respetada y admirada, varias veces las había detenido la policía y los soldados pero ella en forma vehemente había defendido la legitimidad de su actuación.

Con los hombres en el frente, las mujeres habían adquirido una gran importancia en las fábricas, escuelas, oficinas, en fin en todas las actividades consideradas como másculinas y con estas actividades se desarrollaba una filosofía feminista.

Contrastaba su figura femenina y delicada, con su voz imperativa y firme, así como su audacia, varias veces viajó en compañía de un grupo de amigos al norte para rescatar familias.

Al terminar la guerra ingresó a la Sorbona donde estudió filosofía e historia y en los veranos viaja a Florencia para estudiar pintura. Hebert le había acondicionado esa habitación en el techo de la casa para su estudio donde tenía un piano de cola PLEYEL & WOLF, su caballete y sus libros, la pared que daba hacia el sur era de rombos de cristal, los pisos de maderas tropicales.

La pared norte era de piedra con una esbelta chimenea, en esta pared colgaba un boceto que le hiciera Jean Renoir aquella tarde que acompañó a su madre a visitar a Aline, su esposa.

Mientras las dos señoras platicaban, Moramai que era una niña, se acercó a ver al pintor, cuando Jean Renoir la vio le hizo una seña para que no se moviera, tomó un papel y bosquejó aquella inquieta y bella niña.

Renoir se había cambiado a la casa de sus sueños, Les Collettes y vivía sus mejores años, se cotizaba bien y finalmente el impresionismo era aceptado en el mundo frívolo del arte, sin embargo, Su salud empeoraba, pero seguía pintando.

Moramai lo recordaba sentado en su sillón con su pipa, su barba blanca, sus ojos saltones, sus grandes y huesudas manos deformadas por el reumatismo pero el entusiasmo de un chamaco.

Hebert, al ver el boceto le encargó un cuadro de la niña que adornaba desde entonces la sala familiar.

Moramai seguía en la ventana, esa ventana su amiga y confidente, quería grabarse la imagen porque no sabía cuando volvería a ver ese cuadro, su maleta hecha, esperaba en la base de la cama, iría a buscarlo, necesitaba encontrarlo ya no podía seguir amando sólo una imagen etérea en su mente.

Lo había buscado en Nueva Delhi y en el Cairo, hoy era México, esta vez la tendría que enfrentar y tomar una decisión y mientras se decía esto a sí misma aprisionaba la medalla de la virgen de Guadalupe, recuerdo de Nueva Delhi.

Recordaba aquel atardecer en los jardines del templo de Sikh, en Nueva Delhi, el sol se estaba poniendo dando la impresión de que el templo ardía, Darío le había dicho que un monje budista le informaría el paradero de Franz ese día y a esa hora.

Moramai llegó puntual a la hora y ya la esperaba la enorme figura de aquel monje y le preguntó:

-¿Dónde esta Franz?- El monje no le contestó sólo la miraba a través de unos lentes circulares y oscuros por lo que Moramai insistió:

-¿Dónde esta Franz?- El monje le entregó una pequeña bolsa de tela y se dio la media vuelta al tiempo que le insistía

-¿Dónde esta Franz?-

Moramai lo siguió molesta hasta que estuvo frente a él y trató de repetir su pregunta. Pero al ver lágrimas en el rostro del monje se detuvo confusa y lo dejó ir.

No se daría por vencida buscaría en hoteles y embajadas, alguien debía de saber donde estaba Franz, al llegar a la mansión Donawe, agotada se recostó en la cama y hasta ese momento recordó la bolsita, al abrirla se encontró con una medalla de oro de la virgen de Guadalupe, al voltearla vio algo que parecía una inscripción, saltó de la cama y la acercó a la vela donde leyó: "Algún día la virgen bendecirá nuestro amor".

Moramai se dejó caer en la cama apretando la medalla al tiempo que el rostro se le humedecía, esas lágrimas le conectaron con las del monje y apretando los puños se recriminaba a sí misma, ¡cómo no pude reconocerlo!.

Con las primeras luces de la mañana Moramai regresó al templo para preguntar por el monje, al llegar su primera pregunta fue, si alguien hablaba francés, las mujeres se le quedaron viendo por lo que probó en inglés sin obtener respuesta, así que dijo en español una frase de su madre -¿y ahora qué hago?-

-¿Hablas español?- Le preguntó una de las muchachas.

-Si claro, es el idioma de mi madre- Contestó sonriendo Moramai.

-Hola soy Farah ¿y tu?- contestó la muchacha.

-Soy Moramai, vengo de París, ¿dónde aprendiste español?- Contestó feliz.

-Vivo en México y cada 3 años venimos a visitar el templo ya que mi madre es hindú – contestó Farah.

-Mi madre nació en México, concretamente en Oaxaca y ustedes ¿en qué ciudad viven?- preguntó Moramai entusiasmada.

-En la ciudad de México, mi padre tiene una tienda en el centro de la ciudad.- Contestó Farah contagiada del entusiasmo de Moramai.

Fluyó una corriente de afecto entre ambas jóvenes y en pocos minutos se habían identificado, pronto llegaron a la pregunta crucial.

-¿Qué haces en este templo?- le preguntó Farah

-Estoy buscando a un monje budista- contestó con una sonrisa.

-¿Un monje budista en un templo hinduista?- Preguntó Farah.

-Es una historia muy larga- Suspiró Moramai.

-Bien, pues entremos a buscarlo- Dijo animada Farah.

Ambas jóvenes se quitaron los zapatos y se pusieron una mantilla naranja, contrastaba la magnificencia de aquel edificio con la suciedad del recinto y la pobreza de la gente, los niños esqueléticos se acercaban a pedir limosna mientras Farah se encargaba de describir al monje del que nadie sabía nada, finalmente encontraron un jardinero que les dijo:

-Lo vi ayer, venía de la Connaught Place, en el jardín que está a la izquierda del templo se vio con una mujer a la que le entregó algo y después regresó por el mismo camino y se perdió entre la gente.

-Creo que estamos como al principio, creo que debemos de buscar en los hoteles de los alrededores.- dijo Farah al tiempo que observaba la palidez del rostro de Moramai.

-Bien, vamos.- Respondió

Todo el día recorrieron los sitios donde se podía haber quedado aquel monje, la búsqueda era difícil ya que las veían con desconfianza, atrás de ellas dos primos de Farah las seguían a una distancia prudente para defenderlas de cualquier problema, el movimiento nacionalista indio tomaba fuerza y los delincuentes se confundían con los activistas.

Por la noche regresaron a la mansión Donawe donde se hospedaba Moramai, mansión inglesa de un pariente de su padre, Rosa estaba en la puerta nerviosa y desesperada, pero su rostro se iluminó al ver a su hija.

-Mira mamá, ella es Farah mi amiga hindú, ella vive en México- dijo Moramai a su madre.

Rosa sonrió y extendió su mano para estrechar la de Farah.

-Es una sorpresa encontrar a alguien de México en estas tierras.- dijo sonriendo Rosa.

-Mi madre es hindú, mi padre y yo la acompañamos cada vez que viene.- Respondió Farah correspondiendo con una sonrisa.

-Me dicen que es muy peligroso para las mujeres andar por las calles.- Afirmó Rosa

-Es más peligrosa una mansión inglesa que las calles de Nueva Delhi, señora.- sonrió de nuevo Farah.

- La mansión es cuidada por 4 soldados ingleses, no creo que se atrevan a entrar, bueno eso es lo que me han dicho- dijo Rosa

-Siempre ha habido grupitos clandestinos que hablan de la independencia de India pero nada que preocuparse- Dijo en tono conciliador.

-Bien, voy a pedirles que les sirvan un Lassi deben de venir cansadas, hambrientas y sedientas.- Concluyó Rosa mientras se alejaba del lugar.

Moramai y Farah se sentaron en un sofá en una terraza que daba al jardín, separada por una gran reja de la selva.

-¿Qué sabes del movimiento independista?- Preguntó Moramai

-Mohandas Karamchand Gandhi está jalando mucha gente a este movimiento y mi madre colecta fondos en

México para esta lucha, pero platícame ¿cuál es el motivo de tu búsqueda de este monje budista?- preguntó Farah.

Moramai no había confiado a nadie su secreto pero sentía la necesidad de compartirlo, y qué mejor que compartirlo con alguien que quizá no volvería a ver en su vida, las dos jóvenes platicaron su vida mientras la noche avanzaba.

Rosa le preparó una habitación a Farah, luego envió un mensajero a la casa su tío para comunicarle que su sobrina pasaría la noche en la mansión.

Los ruidos de la selva daban el fondo a ese compartir confidencias, Farah le platicó su activismo político y Moramai su amor platónico.

En ese momento el avión inglés que transportaba a Franz aterrizaba en Bagdad para reponer combustible y por la mañana continuaría su vuelo rumbo a Atenas, con la variante de que llegaría un monje budista y zarparía un sacerdote ortodoxo.

El aterrizaje en Atenas se realizó sin contratiempo y en la escalera del avión le esperaba un automóvil, propiedad de la embajada alemana, sin soltar un par de maletas bajó rápidamente del avión y abordó el carro, tomando la carretera hacia el norte a toda velocidad, sólo se detuvieron a reponer combustible y por la tarde llegaban a Kalabaka.

El vehículo se detuvo a un kilómetro del sagrado monasterio de la transfiguración, soplaba el viento frío y húmedo, los esperaba un monje con dos asnos donde pusieron el equipaje y empezaron a caminar, el paisaje era verdaderamente imponente, una enorme roca de 400 metros de altura servía de base para aquel monasterio construido en 1388 y que la gente lo conocía como la Gran Meteora.

El ascenso al monasterio lo hicieron por medio de una escalera de viento y una red donde uno a uno fueron elevados con unas sogas y unas poleas hasta lo alto de la roca, la primera vez que fuera elevado en esta red había sentido vértigo e inquietud, oía el viento zumbar sobre las gritas de aquella enorme roca, el balanceo y rechinar de la polea lo habían intimidado.

Esta vez tenía la mirada perdida a pesar de la reciedumbre de su carácter. Se sentía derrumbado, ni siquiera aquel atardecer majestuoso le jalaba la mirada, las sombras alargadas sobre las blancas casas de Kalabaka, las nubes en jirones contrastaban con el azul profundo del cielo y el ocre de aquella gigantesca peña. Franz sentía una opresión sobre el pecho y una terrible desilusión de sí mismo lo invadía.

-Padre Papadopoulos sea usted bienvenido.-

Le dijo Kiriasis, un sacerdote ortodoxo delgado y correoso mientras jalaba la red para sacar a Franz.

Como si lo despertaran, Franz en el papel de Papadopoulos, se sacudió la cabeza y contestó:

-Que tal Padre Kiriasis aquí estoy de regreso.-

Franz salió de la red, se acercó a su equipaje, que lo habían subido previamente, y en compañía de Kiriasis caminó hacia unos cuartos que estaban a lado de la iglesia, ahí dejó su equipaje y se dirigió a la Iglesia de la transfiguración, entró lentamente a la nave tipo Monte Atos, en forma de cruz con una cúpula de doce lados y caveros laterales.

Se detuvo a observar el nártex apoyado por 4 columnas, su mirada recorría lentamente los frescos en el techo y lados representando santos y mártires.

Observó en el cavero de la izquierda la imagen de San Juan Prodromo y encima de la puerta central a Cristo con Prodromo y la Virgen, en el cavero de la derecha, el bautizo de Jesús en el río Jordán, sobre la puerta de la derecha el arcángel Gabriel y en la izquierda, el arcángel Miguel.

Se acercó al altar y se hincó en un reclinatorio y detuvo su cabeza con ambas manos y al tratar de orar su mente se quedó en blanco, su depresión era abismal.

Antes de salir el sol se levantó de su camastro de madera en su celda, arriba de los sótanos del monasterio dirigiéndose a la biblioteca, encendió una vela y sacó de su equipaje unos rollos de papiro e inició su copia y traducción, ahí permanecería un año.

Moramai regresó a Paris y unos meses después llegaría a estudiar a esa ciudad, Farah residiendo en la casa de Moramai, la universidad, el arte y sus intereses por la sociedad unieron en una gran amistad a Morami y Farah quienes nunca interrumpieron su correspondencia cuando ésta tuvo que regresar a México.

Moramai seguía viendo por el ventanal y recordando su vida desde aquel día que había la había marcado profundamente, ya era el año de 1926 habían pasado 12 largos años sin que pudiese olvidarlo, Sin que pudiera un sólo día apartarlo de su pensamiento. En su mesa de noche estaba su pasaporte, sus boletos de barco rumbo a México y la carta de Farah donde le indicaba el lugar donde vivía Franz o José.

Moramai sabía que había llegado el momento de la verdad; o consumaba su amor o se olvidaba de el para siempre, pero tendría que decirle en su cara que no la quería y al llegarle este pensamiento apretaba fuertemente el barandal como queriendo sostenerse a una respuesta que no conocía.

Si Renoir viviera, la hubiera querido pintar de nuevo. Aquella figura era realmente hermosa, su cabello negro, abundante y brillante, su bello rostro, sus ojos fascinantes, su figura delgada, sus amplias caderas y fino busto, su piel ligeramente morena como si estuviera recién bronceada por el sol.

La guerra cristera ya cumplía un año y por las cartas de Farah sabía de las actividades de Franz y eso aumentaba su angustia, Morami reunía fondos para la causa y se las enviaba a Farah, pero ya no era suficiente, estaba decidida a estar con él y participar en la lucha codo con codo.

La voz del ayudante de Hebert la sacó de sus pensamientos.

-Señorita, el carro ya esta listo y su madre espera abajo.-

-Si, ahí esta mi maleta.- Contestó Moramai, observó detenidamente el jardín donde despidiera a Franz y cerró fuertemente los ojos como queriendo grabar aquella escena y vigorosamente dio un giro bajando las escaleras rumbo a la salida.

Rosa ya estaba adentro del carro y Hebert estaba en el volante, Moramai quiso subirse en el asiento delantero, en cuanto subieron la maleta a la cajuela, el auto salió a toda velocidad.

En pocas horas estaban en Le Havre, la antigua Franciscopolis o la puerta al océano como les gustaba decirle a este puerto, al llegar vieron cómo ya estaban abordando los pasajeros el barco que los llevaría a Nueva York.

Los esperaba el constructor del barco, ya que era amigo de Hebert pues este le surtía metal para los barcos.

-Hebert, qué gusto de verte, les he reservado el mejor camarote del barco, vas a ver lo que es lujo.- Dijo Roger Garret el constructor de barcos.

-¿Lujo en tu cafetera? ¡Bah!- respondió Hebert sonriendo.

El personal que acompañaba a Roger tomó el equipaje y siguió al grupo que ascendía por una escalera especial al barco, llegaron hasta la quilla donde pudieron admirar el puerto de Havre, destacaba la torre de la Iglesia de San

José, Moramai recordó a sus amigos que les gustaba venir en verano a pintar la playa.

El camarote era en verdad amplio, una pequeña sala, una estancia, dos dormitorios y el baño, todo elegantemente amueblado.

-El barco cruzará el Atlántico hasta llegar a Nueva York y de ahí se irá hasta Río de Janeiro atracando sólo en algunos puertos, incluyendo Veracruz. ¡Vengan!, voy a presentarles al capitán- dijo Roger dirigiéndose a Hebert. Moramai se disculpó y empezó a acomodar su ropa y sus libros en su dormitorio, luego tomó una caja con cartas sentándose en el sofá de la salita.

Tomó la carta más antigua que le enviara Farah, quería releerlas para poderse ubicar en la situación que se estaba viviendo.

México, 12 de Enero de 1921

Querida Moramai: espero que algún día te unas a nuestro movimiento por lo que quiero platicarte de lo que se trata, los jóvenes católicos pensamos que es nuestro deber participar activamente en el desarrollo de nuestra patria y en el combate a los males que le aquejan, debes de saber que creemos en el catolicismo social como la única vía donde podremos ayudar a nuestra gente sin enfrentamiento de clases.

Nuestro movimiento nace en 1903 cuando Iris Salceda, nuestra fundadora asiste al Congreso Católico celebrado en Puebla, ahí se habló del sindicalismo cristiano, de la caridad y asistencia pública como un mecanismo de redistribución de la riqueza, el combate al alcoholismo que se apodera de nuestra juventud, la formación de las cajas de ahorros, basado en el sistema alemán de cooperativas para ayudar a los campesinos, también se habló de las dificultades de la prensa católica acosada por el gobierno, el problema de la educación ante la precaria situación económica de la Iglesia y lo más grave, la situación precaria del indio que vive en una isla de miseria y de ignorancia, al que se cree incapaz de mejorar moral e intelectualmente, el problema era global y sólo podía tener una solución global: económica, social, educativa y política.

Se acordó formar un comité de juristas católicos para defender los intereses indígenas ante los tribunales de justicia en cada estado.

Iris se llevó esa encomienda a Michoacán y estuvo trabajando intensamente con las mujeres para organizar comités de caridad, grupos de mujeres que se interesaran por hacer algo para solucionar los problemas de la sociedad, empezando por su hogar.

En 1904 el congreso nacional se realizó en Morelia y se insistió en los temas añadiendo el de la vacunación de los infantes, Iris aprovechó su posición de organizadora para integrar mujeres de varios lugares del país al movimiento.

En 1906 se realizó el tercer congreso orientado hacia los patrones, Nicolás Leaño propuso que el empresario católico debía dar sus trabajadores lo necesario para el mantenimiento de él y su familia, algunos tuvieron ciertos temores ya que esto iba en contra de Porfirio Díaz que había apoyado a los patrones en la sangrienta huelga de Cananea.

En 1909 fue el cuarto congreso nacional del Partido Católico Nacional en Oaxaca, lugar eminentemente indígena de ahí que el tema principal fuera el mal trato a los indios, pero se trató también en forma importante la relación entre el trabajo y el capital, los clérigos condenaban el maltrato a los obreros que había inducido a huelgas desastrosas.

Las mujeres de la organización presionaban a sus maridos empresarios a dar un trato digno a sus obreros y una mejor remuneración, Iris dirigía a más de mil mujeres en ese momento. La Iglesia se encontraba a la cabeza del movimiento social, por todos lados se formaban círculos obreros y campesinos católicos, en 1910 ya había 25 círculos que agrupaban más de 9,000 obreros.

Bien Moramai tengo que ir a dormir luego te sigo platicando de nuestro movimiento.

Farah

Moramai cerró la carta y la metió de nuevo en su sobre, se levantó y salió a cubierta. Ahí estaba su padre con otras personas escuchando a su amigo el constructor hablar del trasatlántico.

-El France se empezó a construir en febrero de 1909 en St. Nazaire, desplaza 29,654 toneladas, tiene 217,2 metros de eslora por 23 de manga, está propulsado por turbinas Parsons, tiene 4 hélices con las cuales alcanza fácilmente los 25 nudos, permite acomodar 534 pasajeros en primera clase, 442 en segunda, 250 en tercera y 800 en tercera económica, tenemos 500 tripulantes, muchos de ellos paleros y fogoneros encargados de las 19 calderas que, a régimen normal, consumen hasta 270 toneladas de carbón por singladura.

El 20 de abril de 1912 zarpó de Le Havre en viaje inaugural a Nueva York, durante la guerra fue artillado y se usó para el transporte de tropas, en la campaña de los Dardanelos fue transformado en buque-hospital, terminada la guerra fue reconstruido para la repatriación de tropas norteamericanas que habían luchado en los frentes europeos.

Moramai muy metida en sus pensamientos se alejó del grupo para caminar por cubierta, le gustaba sentir en su rostro el aire frío y húmedo del mar, veía al horizonte donde se extendía una ligera curva que unía el azul del mar con el azul del cielo, sentía que en aquel punto de unión le aguardaba quien habría de unirse con ella para siempre.

El remolcador sacó al barco del puerto y pronto las enormes hélices movían al barco rumbo a Nueva York, no volteó la vista a aquel país que había sido su hogar, solamente tenía vista para el occidente, para América.

-¡Mija! Esta empapada, mire nada más como tiene el vestido, vamos a cambiarnos que tenemos que bajar a la cena.-

Rosa interrumpió los pensamientos de su hija, cuyo vestido blanco, de algodón, había absorbido demasiada humedad, destacando aquel hermoso y bien formado cuerpo. Bajaron la escalinata hasta el camarote donde se cambiaron de ropa y luego fueron hacia un elegante salón que amenizaba un cuarteto de cuerdas, los hombres vestían de traje oscuro y las mujeres con vestido de noche, los meseros servían las copas de vino, vieron al fondo a Hebert con el constructor que ya los esperaba.

Aunque la mayor parte de la gente eran personas de edad madura, no faltaban jóvenes que dirigían la mirada hacia aquel bellísimo rostro que lucía una nostalgia y ensimismamiento que le daba un aire de misterio e irresistible atracción.

Apenas probó los alimentos y se disculpó para retirarse, Rosa la siguió mientras Hebert y el constructor se fueron al bar a continuar con su animada charla de la posguerra.

El camarote se inundó con los ronquidos de Rosa y Moramai no conciliaba el sueño, por lo que decidió salir a cubierta. Era una noche sin luna, suficientemente oscura para que las estrellas se lucieran adornando la cúpula celeste, Moramai respiró profundamente al tiempo que su cuerpo se llenaba de energía y murmuraba: "Franz, somos dos puntos insignificantes ante la magnitud y belleza del universo, pero somos el todo por la gracia del amor".

Los ojos de Moramai se transformaron en fuentes que bañaban su rostro sin alterar su belleza, al otro lado del mar Franz o José hacia sus ejercicios matinales en el bosque y sintió un estremecimiento, creyó ver en las copas de los árboles la imagen de su amada, cerró los ojos y relajando su disciplina trajo a su memoria la imagen de su amada, cerró los puños y gritó con toda su fuerza al viento. -¡Moramai!-

Se iniciaba el segundo de los seis días de aquella travesía hacia Nueva York, Moramai se tomó un baño y acompañó a sus padres a desayunar, después salió a cubierta con un libro y una de las cartas de Farah.

Moramai:

Como te comentaba en mi carta anterior, nuestro movimiento es eminentemente práctico, eminentemente social, es el gran combate de la democracia cristiana con el socialismo masón, del círculo de obreros contra la taberna y el pillaje, de la caja de ahorros contra la miseria y la prostitución, de la libertad contra el libertinaje.

Se llaman liberales y dicen buscar la Luz, pero sólo son demonios que lucubran en la oscuridad queriendo imponer al pueblo el protestantismo y tomar el poder político a través de la masonería, destruyen la unidad familiar, los sueldos se quedan en las cantinas y las mujeres tienen que andar mendigando para alimentar a sus hijos.

La implantación de la escuela laica enfrenta a funcionarios contra los párrocos y al pueblo en general, en Velardeña, estado de Durango, en Semana Santa, salió la procesión fuera del templo y llegó la policía a reprimirlos, los manifestantes quemaron la jefatura y llegó él ejercito, los tomó presos para luego obligarlos a cavar sus tumbas donde los enterraron.

Durante la revolución los movimientos católicos se mantuvieron al margen, lo veíamos como un pleito interno entre los masones, se sentían defraudados por el gobierno de Don Porfirio que veía más a los europeos que a los americanos, vimos como los masones americanos armaban a los revolucionarios, con carabinas Winchester 30-30 americanas contra los Máuser del ejercito, la leva se hizo obligatoria y lo mismo se los llevaban los revolucionarios que el ejercito, las esposas de los masones nos advertían la presencia de masones americanos en las reuniones clandestinas de sus esposos, ríos de dólares mantuvieron el conflicto hasta que Porfirio no quiso un mayor derrame de sangre y renunció.

Durante la revolución Iris asistía a un herido y ahí tuvo un encuentro con Madero, Iris le manifestó sus temores, la aplicación de las leyes de Reforma encajan con el programa revolucionario y sin la tolerancia y conciliación de Don Porfirio pensamos que se recrudecerán los Jacobinos en contra del pueblo Católico.

Madero le garantizó que eso no pasaría, que por el contrario compartía ideales y que unidos lograrían un pueblo libre y soberano y los alentó a que formaran un partido político y que participaran en las elecciones.

Los prudentes opinaron que no era en la política donde debían actuar, no era momento para subirse al ring y dar y recibir golpes de una clase política poderosa y en el poder.

A pesar de los prudentes y con el apoyo de Madero se formó el Partido Católico Nacional, el partido aclaraba que no eran los herederos de los conservadores, ni era un partido clerical, era un grupo de hombres de Fe decididos a defender el bien común.

El 30 de diciembre de 1909 Madero nos escribía: La unión de Ustedes con nosotros aumentará la fuerza y el prestigio de ambos partidos, que aunque tienen diferente nombre, tienen exactamente las mismas aspiraciones y principios.

En las elecciones de 1912 ganamos todo en Jalisco y Zacatecas, en los estados de Michoacán, Guanajuato, México, Colima, Querétaro, Puebla y Chiapas ganaron la mayoría en los congresos locales.

En el congreso se obtuvieron 100 curules pero los jacobinos presionaron y amenazaron al gobierno para que anulara estos triunfos y sólo le permitiera 4 senadurías y 19 diputaciones federales.

También se ganaron innumerables presidencias municipales entre ellas Puebla y Toluca.

De inmediato se propusieron numerosas iniciativas sociales en el ámbito federal y estatal a favor de los obreros y campesinos. Después de 30 años de letargo los católicos emergían a la vida pública con el proyecto demócrata cristiano de León XIII.

El sueño duró sólo unos meses, con la muerte de Madero El Arzobispo de Morelia Ruiz y Flores publicó una condena al golpe de estado de Huerta y tanto la Iglesia como el partido católico se mantuvieron al margen llamando usurpador a Huerta.

A través de su periódico la Nación el PCN atacó duramente al usurpador hasta que en enero de 1914 fue cerrado y su director Enrique Zepeda y el presidente del Partido Católico Nacional Gabriel Fernández fueron encarcelados en San Juan De Ulúa y sus bienes confiscados.

Ahí terminó PCN y por ende nuestro movimiento público, nuestra organización veía un gran riesgo en seguir apareciendo ya que algunas eran fuertemente hostilizadas, algunas habían desaparecido, por lo que se tomó la decisión de dejarnos de reunir.

Sería un año después cuando Iris se reunió con otras amigas en un rancho cerca de El Oro donde llegaban las mariposas monarcas y decidieron formar una agrupación secreta que llevaría el nombre de El círculo de la Mariposa Monarca, pero eso te lo platicaré después.

Recibe un fuerte abrazo de tu amiga

Farah.

Moramai, guardó la carta y se puso a meditar sobre el límite del Estado y la Iglesia ¿quién debería normar la convivencia entre los hombres?.

Se levantó a caminar por cubierta, el sol empezaba a calentar a pesar de ser casi el mediodía, los niños correteaban entre los paseantes y las parejas charlaban.

En la comida, la mesa se repitió, Hebert, Roger, Rosa y Moramai, Roger seguía hablando del barco de los planes de convertir el sistema de carbón a combustible líquido para reducir el número de tripulantes, de los nuevos trasatlánticos que se construían, de la amenaza de las navieras alemanas que de nuevo emergían, Hebert le comentaba sus planes de mudar las acerías de África a Francia y de las nuevas aleaciones que permitirían estructuras más robustas.

En la mesa de junto se escuchaba hablar de la guerra cristera, que aunque los diarios poco escribían de ellos, las cartas sobre el tema eran abundantes y las pláticas de café abundaban en el tema. Moramai seguía en sus meditaciones, formada en el pensamiento liberal, no entendía cómo estos personajes se podían llamar a sí mismos liberales y luchar por la eliminación de quienes no pensaban como ellos. Rosa y Hebert decidieron ir a tomar una siesta mientras Moramai paseaba por cubierta cuando escuchó una voz que le llamaba.

-¡Moramai¡- le gritaron

-¡Stella¡.- contestó emocionada.

-¿Vas a Nueva York?- preguntó Stella.

-Es el único destino de este barco y no pienso tirarme al agua.- respondió Moramai sonriendo.

-No te veía desde nuestras clases de danza, ¿ya te casaste?- preguntó a boca de jarro.

-No ¿y tú?- Contestó Moramai.

-Me caso en dos meses, voy con mis padres a conocer a los que serán mis suegros y tu, cuéntame para cuando te casas.- contestó Stella entusiasmada.

-Ni idea.- levantó los hombros Moramai.

-¿Sigues tan inaccesible como en la universidad?- preguntó Stella.

-No he encontrado al hombre adecuado- contestó Moramai encogiendo los hombros.

-Pues traes tus expectativas muy altas, porque los galanes que andaban tras de ti estaban bastante bien, oye, por cierto en una ocasión ayudé al profesor Durff a calificar unos trabajos de literatura y ahí estaban unos poemas tuyos bastante apasionados, no entiendo como se pueden escribir esos poemas y mantenerte tan distante de los hombres. o ya sé; tienes un amor secreto. ¿Es casado? -preguntó Stella.

-Era sólo un trabajo de literatura y tenía que pasar la materia.- contestó desenfadada Moramai.

-Varias de las muchachas pensábamos que había un gato escondido en tu vida, no entendíamos cómo no le sacabas ventaja a tu belleza- continuaba parloteando Stella.

-Hay cosas más interesantes en la vida que andar flirteando- contestó Moramai.

-¿Cómo que?- Le preguntó con gesto burlón Stella

-Como pintar, danzar, viajar, leer ¡bah! tantas cosas, el mundo es interesante y misterioso- respondió Moramai.

-Como cruzar las filas del enemigo, traficar con víveres y personas, apoyar la resistencia. ¿Te digo más?- dijo Stella con una sonrisa irónica.

-¿Quién te dijo todo eso? -preguntó Moramai.

-Media Francia lo sabe, el Maestro Durff te pone de ejemplo de heroísmo y virtud, bueno, Juan de Arco se queda chiquita frente a Moramai Haig. –contestó riéndose Stella.

-Son exageraciones no le hagas caso- respondió Moramai.

-Hoy hay baile en el salón principal, ¿qué te parece si vamos juntas?- preguntó Stella.

-Tengo mucho que leer.- dijo Moramai.

-¡Vamos!, deja la lectura un momento, paso por ti a las nueve- dijo Stella al tiempo que se despedía y marchaba hacia su camarote.

Moramai se regresó a su camarote, se sentó en el sofá de la salita a leer las cartas de Farah. Tomó las que hablaban sobre los sacrilegios y matanzas de católicos por parte de Carranza, luego las de Obregón, las del cerro del cubilete, las de Plutarco Elías Calles y llegó a una que le gustaba mucho, la que le narraba la participación de la mujer en la Cristiada.

Moramai:

Las historias de guerra normalmente describe el quehacer del hombre y poco hablan de la mujer, no sé si en todas es igual, pero en esta guerra que le han dado en llamar Cristiada la mujer ha tenido un papel preponderante y definitivo, la mujer ha llamado al combate a sus hijos, a sus esposos, a sus hermanos, ha ido al frente, quienes no estamos en la batalla hemos trabajado como espías, buscando recursos y aprovisionando los ejércitos, somos las primeras en declarar la guerra, la logística y propaganda recae en nosotras.

Somos las primeras en montar guardia en las Iglesias, hay hombres que entran a la guerra solamente para defender a sus hembras.

María del Carmen Robles era el alma de Huejuquilla, María Natividad González alias la generala "Tiva", Petra Cabral pasaba frente a los federales con provisiones para la tropa.

Agripina Montes "La Coronela" organizó el alzamiento de Miguel Frías en Colón.

Podrás ver a las mujeres a veces seguidas de los chiquillos marchar junto a sus hombres apoyándolos.

Las brigadas femeninas ya sobrepasan las 25,000 mujeres en todo el país somos quienes hemos tomado la decisión de la rebelión ya que sabemos que sin Fe no hay sustento para los valores y sin valores no hay sociedad.

Luchamos por nuestro derecho de manifestar nuestra Fe, de vivir en libertad, de educar a nuestros hijos de acuerdo a nuestras tradiciones, a las costumbres que nuestros padres nos inculcaron y que a ellos su vez les inculcaron los suyos, porque cada padre le da lo mejor a su hijo, en esa cadena, las mejores costumbres se vuelven moral y eso hay que defenderlo si es necesario con nuestras vidas.

Los masones predican el libertinaje, la desintegración familiar, el vicio, el juego, la usura, todo aquello que desintegra la familia, nuestra lucha es de supervivencia y en ella damos lo mejor de nosotros.

La prensa oficial nos cataloga como viejas locas, fanáticas, indias ignorantes, sienten que son la autoridad suprema, ignorando que somos parte de un universo que se rige por leyes que no hemos dictado los humanos y que quienes creemos en un ser Supremo necesitamos ayuda para mantener esa comunicación con Él.

Si este Creador en su magnificencia nos ha dado el libre albedrío y nosotros buscamos vivir en armonía con este

Ser, no entendemos el que un puñado de hombres, sedientos de poder nos impidan manifestar nuestra Fe y educar nuestros hijos en nuestras creencias, tampoco entendemos cómo estos hombres que han tomado el poder por la fuerza y digan representarnos, ataquen directamente lo más sagrado que tenemos, nuestra Fe, esa es nuestra lucha y por ella daremos nuestra vida si es necesario.

Tu hermana en Cristo

Farah.

Moramai apretó contra su pecho la carta. Como deseaba estar ya en el campo de batalla.

La sirena del barco anunció a los viajeros el acercamiento a Nueva York, en el puerto la gente se arremolinaba levantando el brazo tratando de saludar al familiar o al amigo que esperaban, sonreían al saber que en unos minutos recibirían a sus amigos o familiares.

Moramai vio a Nueva York y le vino la mente el padre de Franz desaparecido en esta ciudad, quizás descansaría en una fosa común o en el fondo de la bahía sólo Dios sabía y ella le pidió por el eterno descanso de su alma.

La estancia en el puerto duró 8 días para esperar el barco que los llevaría a Veracruz. Aunque el barco era más chico el camarote era suficientemente cómodo para un viaje agradable.

Esta etapa del viaje fue más tranquila ya que viajaron siempre cerca de la costa, aunque no había salón de fiestas, continuamente era abordada por presuntos galanes cuando salía a cubierta, alos quw amablemente rechazaba en forma sistematica.

Cuando descendieron del barco en Veracruz, Moramai, se sintió emocionada de estar, finalmente, en México, sólo descansaron un día en Veracruz, pero tiempo suficiente para degustar la sabrosa cocina jarocha, Rosa se veía feliz de regresar a su tierra y a Hebert le agradaba ver feliz a su esposa, Moramai se sentía impresionada por la vegetación y el sabor de los platillos.

Muy de mañana tomaron el ferrocarril de la reina, Hebert les explicaba que aquel ferrocarril que los llevaría a la ciudad de México era propiedad de una compañía Inglesa y que él había suministrado los herrajes para electrificar el tramo entre Esperanza y Orizaba. Moramai había tomado el asiento de la ventana y veía fascinada el paisaje, Hebert le iba comentando los detalles del tren.

-Esta vía se empezó a construir en 1837 sólo 7 años después del primer ferrocarril Inglés entre Manchester y Liverpool, sin embargo, los trabajos se suspendieron innumerables veces por las guerras internas del país hasta que se inauguró en Enero de 1873, es una gran obra de ingeniería, pronto vamos a llegar a las Cumbres de Maltrata, ahí subiremos en sólo 40 kilómetros más de 1,178 metros, se consideraba imposible atravesar esta sierra con la vía, en total pasaremos por 148 puentes y 358 alcantarillas, mira ese es el puente de la Soledad tiene 228 metros de largo.- decía Hebert.

Por la tarde llegaron a Orizaba y ahí los esperaba Don Pedro de Alcántara, amigo y cliente de Hebert ,el cual, sería su anfitrión esa noche, cuando bajaron del tren ya los esperaba Don Pedro y su esposa, quienes después de los saludos subieron al carro que los llevó hasta la finca de los Alcántara.

La finca cafetalera estaba a las faldas del Pico de Orizaba y había sido construida por un arquitecto Vasco, tratando de emular la finca de Galicia donde había nacido Don Pedro, aunque ésta superaba en mucho a la de España en lujo y tamaño.

Los sirvientes vestían un uniforme azul y blanco impecable, Moramai sintió una empatía inmediata con estas muchachas que trabajaban al servicio de Don Pedro, quizás el color de su piel le recordaba a su madre, la sonrisa perenne en el rostro despreocupado o las risitas pícaras.

Hebert y Don Pedro se enfrascaron en una plática de negocios al tiempo que Carmina le mostraba a Rosa la casa, Moramai salió a pasear por los jardines de la finca, era como un cuento de hadas aquel jardín con el pico de Orizaba al fondo luciendo sus eternas nieves.

Al día siguiente continuó el viaje y al mediodía entraban finalmente la ciudad de México.

-Nunca me había imaginado que fuera tan grande y hermosa esta ciudad.- le dijo Moramai a su padre.

-Desde la colonia es la ciudad más grande e importante de América, hay lugares de esta ciudad donde te sentirás como en París.

Capítulo XIII
Los agraristas

Era una noche sin luna y nublada, caía una leve llovizna que escurría por la vereda de ese tupido bosque de pinos, Nicanor sentía la humedad de la tierra a través de su ropa en la improvisada camilla que Melquíades había hecho con dos camisas de manta y un par de palos.

Le punzaba la herida en la cabeza y no sentía la pierna derecha, Melquíades avivaba la pequeña fogata que sacaba chispas y humo por la leña mojada, se escuchaban algunos ruidos de grillos que rompían aquel pesado silencio del bosque.

Melquíades se sentía cansado y adolorido, cuando finalmente encendió la fogata puso un jarro con agua y unos granos de café, era todo lo que traía en su morral, ese día no habían probado nada, sin embargo, tenía fe que al otro día llegarían a la ranchería de Emiliano.

Cuando vio que el café estaba hirviendo lo retiró de la lumbre para que se enfriara un poco.

-Un Cristero salvando a un agrarista, ¡Bah!- dijo Nicanor cuando Melquíades le acercó el jarro de café. Melquíades no contestó y se limitó a lanzar unos ocotes a la fogata.

-Debiste haberme dejado en el campo de batalla, te vas a presentar como mi salvador, Melquíades el bueno, el aplicado, el buen mozo que salva a Nicanor el maloso.- Continuó Nicanor.

Melquíades avivaba el fuego con lo que quedaba de su sombrero de palma, su pantalón y su camisa de manta habían perdido su color blanco por el lodo y la sangre, su rostro curtido por el sol no reflejaba ninguna emoción, la luz de las llamas le daban un color rojizo a su rostro moreno oscuro.

-Además no le pusiste azúcar al café y está amargo, malditos soldados nos dejaron solos a media batalla y esos cristeros tienen rabia- refunfuñaba Nicanor mientras que Melquíades seguía ignorándolo.

-Te vas a lucir con mi vieja, regresándome vivo, ¿qué crees que no he visto las miraditas que te hecha? –continuó Nicanor mientras su rostro se retorcía en un gesto de dolor, celos y envidia, los dos habían crecido en la hacienda de los Morales y las malas lenguas decían que ambos eran hijos del patrón aunque de diferente mujer.

Florinda, la madre de Nicanor había dejado la hacienda para irse a trabajar a la cantina mientras que la de Melquíades había seguido sirviendo en la Hacienda hasta que los "revolucionarios" la invadieron y mataron a los patrones.

Por su parte Amalia se había regresado a una pequeña casa de adobe en el pueblo que había pertenecido a sus padres y que se encontraba abandonada.

Le cosía a los nuevos ricos y elaboraba pan en un viejo horno de barro con lo que se ayudaba para educar a Melquiades en la escuela de la parroquia.

Amalia se esmeraba en educar en valores a su hijo, lo traía siempre limpio y con una sonrisa en los labios, era respetuoso y cortés, ayudaban a la limpieza del templo y en general era servicial con los vecinos.

Tenía muy presente cuando invadieron la Hacienda, aunque sólo tenía 10 años, su madre le llamó y le dijo con un tono de tristeza.

-Melquiades, se vienen años de pobreza y hambre, esas tierras que nos han dado el alimento se volverán estériles en las manos ladronas y asesinas, venderán los bienes de la hacienda y cuando no quede nada la abandonarán y no habrá comida para nadie-

Las palabras de Amalia resultaron proféticas. Una vez saqueada la casa de la hacienda y repartidas las tierras en ejidos, pocas parcelas continuaron siendo trabajadas, la mayoría se abandonaron, el gobierno, como patrón, resultaba torpe, ignorante y derrochador, robaban y explotaban de una forma nunca vista en la zona.

Cuando las tropas de Venustiano Carranza pasaron por el pueblo, profanaron el templo, robaron los cálices y tiraron las hostias, Melquíades, siendo casi un niño trató de impedirlo pero un culatazo en la cabeza lo noqueó en el intento, gracias a que su madre pudo arrastrarlo hasta su casa y le paró la hemorragia, Melquíades pudo salvarse, el padre Agapito no corrió con suerte y su cuerpo fue encontrado en una acequia dos días después, esto marcó la vida de Melquíades con un profundo desprecio por los militares.

Amalia lo llevó a la capital a la casa de una hermana del patrón, quien después de conocer la historia de Amalia le dio hospedaje y educación, finalmente Melquíades regresó al pueblo con el título de abogado.

Melquíades ve como el país clientelar, el gobierno se convierte en patrón y los agraristas en sus clientes y junto con los poderosos agrupados en logias continúan con su sueño de destruir la Iglesia Católica y sus fieles.

Uno de sus clientes de la capital le da un rancho en los altos de Jalisco para que lo trabaje y se muda junto con su madre, ahí los atrapa el inicio de la guerra cristera y sin vacilar y al grito de ¡Viva Cristo Rey¡ Melquíades se une a los cristeros.

Por su parte, Nicanor, vive en un almacén de la cantina junto con su madre hasta que un día un militar mata a su madre acusándola de haberlo contagiado de gonorrea y el dueño de la cantina lo corre, Nicanor duerme donde le llega la noche y vive de lo que hurta, aprende a hacer trampa en la baraja y viaja de pueblo en pueblo desplumando ingenuos.

Al igual que Melquíades regresaba a las fiestas del pueblo y fue en una de esas fiestas donde conoció a Rosita, la novia de Melquíades y sencillamente se la robó, hijos del mismo padre, se parecían en lo físico, ambos eran fuertes y bien parecidos pero el gesto en su cara era radicalmente diferente, Melquíades era amable y sonriente, Nicanor era duro y violento, hosco en su trato y altanero.

Con el nacimiento de su hijo, Nicanor trató de cambiar y se dedicó a trabajar la parcela, Rosita se resignó a su vida con Nicanor y trató de cambiarlo, todas las noches ante una imagen de la virgen de Guadalupe rezaba porque Nicanor se transformara en un hombre de bien.

Nicanor en un principio le ponía poca atención al bebé, quien le regalaba una sonrisa cada vez que se acercaba, cuando empezó a dar su primeros pasos, Nicanor empezó a jugar con él, cuando cumplió un año le regaló un caballo, lo subía a la silla de montar y el niño se aferraba a la cabeza de la montura, Nicanor orgulloso lo paseaba por el pueblo, a los dos años ya tomaba la rienda, Nicanor caminaba junto a él, orgulloso, el niño reía de todo y Nicanor empezó a sonreír, parecía haber encontrado la felicidad que siempre se le había negado.

Rosita los veía y sentía una profunda felicidad, se esmeraba por atender a ese hombre, que si bien la había tomado a la fuerza ya no la maltrataba, fueron tres años donde parecía que Nicanor sentaba cabeza y Rosita recuperaba su alegría de antaño.

Todo esto terminó cuando el comisario agrario llegó a la casa para reclutar a Nicanor.

-Hay que acabar con los "descamisados", Nicanor, el gobierno te necesita- Le dijo con voz grave y tono fingido.

-No puedo, en este momento estoy en espera de levantar la cosecha- Dijo con voz firme Nicanor.

-Si no te vienes con nosotros, no volverás a tener cosecha, ni tierra, si te juntas tendrás una parcela más grande y dinero, te espero a las cuatro en el cuartel.- Sentenció el comisario.

No había opción, Nicanor preparó alguno cosas, sacó un revólver que tenía guardado, fue a la cama del niño donde dormía la siesta, le tomó la mano, a manera de despedida, lo contempló un momento y después se dirigió a la puerta, desde la cocina lo vio salir Rosita, sin esperar un adiós, así es Nicanor se dijo Rosita.

Las campañas contra los Cristeros o descamisados habían sido desastrosas, se repetía una a una la misma historia.

El ejército los mandaba por delante, los agraristas, sin disciplina y conocimiento militar sólo servían de carne de cañón ante aquellos furiosos cristeros que atacaban cuando menos se lo esperaban y luego desaparecían.

Estaba en una guerra que no comprendía, defendiendo una tierra que no le pertenecía, con compañeros de combate que huían en el peor momento y ahora estaba ahí tirado, herido, con la espalda mojada, sudando por la fiebre, con escalofríos que lo sacudían y a merced de Melquíades a quien consideraba su peor enemigo. Melquíades había encontrado un tronco viejo bajo la hojarasca, la fogata ardía fuerte proporcionando algo de calor, se recostó en la hierba húmeda para tratar de dormir un poco, pero los recuerdos acudían en tropel, recordaba cuando llegaron los Carrancistas a la hacienda, el patrón, la patrona y su hijo con tres peones trataron de defender la hacienda después de unas cuantas horas la superioridad numérica se impuso y cayeron bajo las balas, Amalia, la madre de Melquíades pidió los cuerpos y el coronel Toledo con un gesto de fastidio se los otorgó.

-Llévate esa basura lejos-Le dijo torciendo la boca.

Por la noche fueron velados en el templo, Melquíades acompañó a su madre y la escena seguía viva en su mente, las dos cajas de madera rústica donde estaban los patrones y cuatro cuerpos envueltos en manta, sólo iluminado por la parpadeante luz de los cirios, algunos amigos, muy pocos, comparados con las multitudes que asistían a las fiestas de la hacienda, escuchaban al cura que iniciaba una misa a puertas cerradas, antes de que saliera el sol, subieron a una vieja carreta las cajas y los cuerpos para llevarlos al panteón donde unos peones fieles habían cavado dos fosas; una para los patrones y otra para los peones.

El cura, primo de la patrona, bendijo las fosas y los cuerpos y después de unas oraciones todos regresaron al tiempo de que el sol salía, la tropa aún estaba en la cantina celebrando y en la hacienda el coronel y sus más cercanos colaboradores disfrutaban de la cava y las muchachas del pueblo.

Fueron casi tres días lo que les duró el vino y los licores de la hacienda, una vez terminado el alcohol y la comida, el coronel se retiró y entró la chusma a saquear la hacienda, una semana después hasta las vigas del techo habían sido retiradas por los depredadores.

Melquíades no entendía una revolución que dizque en nombre de los pobres empobreció más al país, que combatió privilegios y concedió nuevas prebendas más inequitativas que las anteriores, que enarbolando banderas de libertad, expedía una Constitución que limitaba las más elementales libertades del hombre.

Finalmente se quedó dormido hasta que los primeros rayos del sol lo despertaron, de inmediato fue a ver a cómo seguía Nicanor y lo encontró ardiendo en fiebre, de inmediato levantó un extremo de la improvisada camilla y empezó a arrastrarla por la hierba y fue hasta el mediodía cuando llegó al pueblo.

Le saltaba el corazón cuando tocó aquella vieja puerta de madera rústica que al abrirse mostró el embarnecido cuerpo de Rosita, mi Rosita pensaba Melquíades, se quedaron inmóviles unos instantes, Rosita se estremeció, no se esperaba aquel encuentro.

-Viene con fiebre y herido- dijo Melquíades rompiendo el silencio.

-Pásalo por favor- dijo Rosita al tiempo que ayudaba a meter la camilla de Nicanor y a subirlo a la cama.

-Voy por el doctor.- dijo Melquíades al tiempo que se cruzaban las miradas y Rosita la bajaba comprendiendo que ese amor no tenía futuro, Melquíades lo entendió y salió de prisa en busca del doctor, le dejó recado con su sirvienta y siguió hasta su casa donde se dio un baño a cubetazos junto al pozo de la huerta.

Se limpió la sangre, el lodo y la apariencia de cristero para regresar a la del administrador del rancho, salió a caminar para despejar la mente, a no pensar, a no recordar, no entendía porqué el gobierno fomentaba esa lucha fratricida, porqué no respetaba las creencias y costumbres de aquel pueblo, construido por los franciscanos en la colonia, aquel pueblo arraigado profundamente en su Fe.

Sabía, desde niño, que Nicanor era su medio hermano, ambos hijos de los amores escondidos del patrón y trató en varias ocasiones de ser su amigo pero el rechazo era inmediato, había mucho odio y rencor en su alma, odio contra todo y contra todos.

La situación de los agraristas era difícil, por un lado el pueblo los consideraba traidores y los federales incapaces, soñaban que la tierra les diera la posición acomodada de los hacendados pero apenas les daba para mal vivir y a veces ni eso.

La revolución había acabado con la abundancia en la región y el gobierno tenía que importar alimentos a cambio de petróleo, cuando los granos llegaban al pueblo su precio era inalcanzable, los temporaleros habían emigrado ante la falta de trabajo y las muchachas lucían vestidos viejos y ajados.

El pueblo se había entusiasmado con Madero y a su muerte, la esperanza se había apagado, veían con miedo a los "pelones" y a todo lo que oliera a gobierno, se encerraban en sus casas, las fiestas eran muy escasas y poco frecuentadas, la apatía parecía ser el tono del pueblo.

Por la noche habían llegado los cristeros a sus casas, escondían sus armas, soltaban sus caballos y salían a sus trabajos como si nunca se hubieran retirado, pronto el ejercito vendría a buscarlos y nadie les daría razón.

El bodegón de Don Rosendo se había habilitado como hospital y las Carmelitas descalzas atendían a los heridos en su mayoría agraristas, todo el pueblo sabía que el doctor era un jesuita pero primero les cortarían la lengua antes que alguno lo denunciara, lo mismo pasaba con las monjas, el pueblo las defendía con fervor, se recordaba que cuando las tropas de Venustiano Carranza quisieron entrar al convento el pueblo se armó para formar un escudo ante las puertas del convento y al ejercito no le quedó otro camino que desistir de su intento de entrar.

Nadie había dormido esa noche, se hervía agua y se rompían sábanas para hacer vendas, la gente traía medicinas, alcohol y hasta ungüentos para tratar de salvar a su gente.

Nicanor había sido llevado a esa bodega, seguía con su fiebre, Melquíades entraba por una ventana a la sacristía para de ahí entrar al templo, que estaba cerrado, luego se arrodillaba ante el Cristo por el cual estaba luchando, más de cincuenta cristeros estaban ahí orando en silencio, agradeciendo estar vivos y solicitando luz para guiarse en esos días tormentosos.

La política de enfrentamiento del gobierno tenía dividido al pueblo entre quienes luchaban por un ideal y quienes lo hacían por un interés económico.

Melquíades trataba de orar, pero no podía separar de su mente a Rosita, no reparó en los kilos de más que había acumulado, ni las ojeras en su rostro, fue sólo un instante en el que se cruzaron sus miradas y se sacudieron sus corazones, como autómata, sin pensarlo, se levantó lentamente y se dirigió a casa de Rosita.

Era una noche sin luna y el viento se había llevado las nubes dejando ver manchones de estrellas, Melquíades caminaba por aquellas calles de tierra apisonada, entre los charcos, sin preocuparse por evadirlos.

Finalmente llegó a la puerta de la casa de Rosita y se quedó inmóvil, incapaz de tocar y ante su sorpresa la puerta se abrió lentamente dejando ver la figura hermosa de la mujer amada, de la mujer ajena, de la mujer de sus sueños.

Con un brazo la atrajo hacia él, al tiempo que con la otra mano cerraba la puerta, caminaron despacio y abrazados hacia el granero, donde la paja sustituiría el lecho nupcial de aquella entrega inesperada, pero muy deseada.

La claridad del amanecer mandó a Rosita a ver a su enfermo y a levantar a sus hijos, Melquíades caminó hacia su casa liberado, había borrado los fantasmas del pasado y, sintiéndose libre, sólo pensaba en la próxima batalla.

Capítulo XIV
El Incidente de Soledad

Habían pasado 16 años del inicio de la revolución y las promesas de la gesta se veían cada vez más lejos en un país devastado por las luchas internas, el entusiasmo que había levantado Madero en el pueblo se había convertido en temor a su muerte, la contrarrevolución iniciada por Huerta se había convertido en Constitución.

Con Venustiano Carranza el país parecía seguir los pasos de la revolución Rusa y la China donde se había iniciado una revolución demócrata y al triunfo, el gobierno era derrocado por la contrarrevolución, Kerensky en Rusia, Song Jiaoren en China, Madero en México.

Plutarco Elías Calles ungido como presidente-emperador reiniciaba un feroz ataque jacobino contra la Iglesia Católica matando curas, profanando Iglesias, destruyendo las instituciones sociales de la Iglesia, el pueblo veía atónito el fuerte regreso de las políticas anticlericales y antisociales de los usurpadores, de los traidores al pueblo.

Aún no amanecía en Morelia y en un claro en la cima de una de las montañas que la circundan, Aurelio se ejercitaba con tal vigor que parecía estar ardiendo por dentro.

La luna iluminaba suavemente aquel hermoso lugar de paredes de pino y suelo de hojarasca, Venus, en su función de lucero del amanecer brillaba intensamente en el firmamento de lado oriente, despidiendo a la luna que se escondía en el poniente.

Ataviado exclusivamente por un calzón de manta de los que usan los indígenas, Aurelio hacía abdominales parado de manos mostrando un control absoluto de cada uno de sus músculos pegados a su piel, pareciera que no tenía un átomo de grasa.

Dio un giro en el aire y cayó de pie sin ninguna emoción en el rostro, fue hacia el pie de un árbol y sacó diez cuchillos que se colocó en la cinta que ataba su calzón, giró lentamente en círculo para reconocer los troncos habilitados de dianas en diferentes direcciones cubriendo los 360 grados.

Respiró profundamente y en unos segundos las dianas recibían un cuchillo justo en el centro, quienes le habían visto hacer esta suerte comentaban asombrados que debido a la velocidad parecían salir simultáneamente los diez cuchillos a sus blancos.

Aurelio bañado en sudor se sentó en la hojarasca en la posición de flor de Loto y cerrando los ojos inició su meditación diaria. Sus compañeros empezaran a llegar, justo al amanecer y se sentaron frente a él, solamente se habían formado cuatro grupos de cuatro, pero eran suficientes, haría de ellos guerreros implacables y eficaces.

Aurelio abrió los ojos, reconoció a sus compañeros, arqueó el cuerpo y de un salto estaba de pie, luego se paró de manos inclinó su cuerpo para quedar apoyado solamente en una mano e inició una rutina de doblar el brazo sosteniendo todo su cuerpo en solamente tres dedos, Aurelio lo hacía con el fin de que vieran lo que la disciplina y el ejercicio puede lograr, no tanto para recordarles quien era el jefe, aunque lograba los dos propósitos.

-Hermanos en Cristo- los saludó- nuestra patria vive momentos terribles, el demonio encarnado en Plutarco Elías Calles, no solamente quiere los bienes y vidas de nuestro pueblo, también quiere apropiarse de la Fe de nuestra gente.-

La voz de Aurelio sonaba grave y firme al tiempo que su mandíbula se endurecía y continuaba.

Es tiempo que dejemos de ser católicos paralíticos para pasar a ser abanderados de las libertades fundamentales del ser, ya es tiempo que del martirio pasemos a la defensa gallarda de nuestra fe, de la fe de nuestros padres, de nuestros abuelos, del patrimonio espiritual que nos han legado.

Nuestra lucha no es por el poder sino en defensa de nuestra libertad de credo, porque esos orangutanes disfrazados de generales no nos vengan a dictar como vivir y en qué creer.

El gobierno usurpador quiere lanzar a los católicos al desierto, reduciéndolos a la categoría de parias como ciudadanos y a la condición de esclavos como hombres.

Han profanado templos, transformado conventos en burdeles, escuelas en caballerizas, asilos en casa para sus concubinas, hospicios en casas de citas, matado sacerdotes y manifestantes, ningún crimen les parece poco.

Ya han entregado nuestros recursos a países extranjeros ahora quieren entregar nuestra Fe a otras doctrinas, la entrega del templo de la Soledad a sacerdotes apóstatas y pastores protestantes nos muestra claramente el afán servil de estos gorilas a los intereses norteamericanos.

La pregunta que hoy quiero hacerles es: ¿Lo permitiremos?- A una sola voz todos gritaron:

-¡NO!-

¿Permitiremos que el gobierno traidor nos quite nuestros templos y los entregue al protestantismo?- gritó con más fuerza Aurelio.

-¡NO!- gritaron aún más fuerte el grupo.

-¿Dejaremos que el gobierno asesino y depredador administre nuestra FE?- de nuevo se dejó escuchar por la montaña un fuerte y rotundo ¡NO!.

-¿Permitiremos que estos simios sigan destruyendo nuestras escuelas?-

-¡NO!- gritaron.

-¿Son estos engendros perversos, reyes de nuestros corazones?-

-¡NO!- de nuevo contesta el grupo

¿Quién reina en nuestras vidas?- pregunta Aurelio.

-¡Cristo¡- Contestan todos.

-No se escucha, ¿Quién reina en nuestras vidas?- insiste Aurelio.

-¡Cristo!- Contestan de nuevo.

-¿Cuál es pues nuestro grito de batalla?- preguntó con más fuerza Aurelio.

-¡Viva Cristo Rey!- gritaron todos

-¡Viva Cristo Rey¡- seguían gritando y la montaña parecía vibrar al grito de ¡Viva Cristo Rey¡ con el sonido rítmico de un tambor de guerra.

A una señal de Aurelio pararon las voces y empezaron los ejercicios, cada señal de Aurelio era una orden que se ejecutaba de inmediato, se dispersaban como relámpago para luego volver a concentrarse, se entrenaban en la lucha cuerpo a cuerpo, lanzaban cuchillos y objetos varios como piedras como proyectiles que daban en el blanco casi siempre, no pudiendo llevar pistolas o rifles debían de transformar los objetos a la mano en proyectiles y usar su cuerpo como arma.

Cuando cayó la noche, exhaustos y adoloridos iniciaron el descenso, las piernas les temblaban y no sentían los brazos, el abdomen era fuente de dolores intensos, pero había en los rostros alegría y esperanza.

Al llegar a la ciudad se dispersaron y Aurelio camino rodeando la ciudad hasta llegar a unas construcciones que parecían naves de una granja avícola, liberó el candado de una puerta de madera hechiza y avanzó por una galería llena de libros, al fondo se veía parpadear la luz de un quinqué.

La habitación del padre Cereceres era más austera que la de un monje, una mesa grande de madera rústica con libros abiertos, un tintero, un cuaderno de notas , un camastro de madera con un par de sábanas y una cobija, las paredes rodeadas de libros también.

-Pásale, Aurelio-. dijo el Padre sin voltear a verlo mientras colocaba la pluma en el tintero.

-Ya estamos listos ¡Padre!- dijo Aurelio adoptando un porte militar.

-¿Listos para que?.- preguntó Cereceres girando su silla para quedar frente a Aurelio.

-Para entrar en batalla- afirmó orgulloso Aurelio.

-¿Con cuantos cuentas?- le dijo en forma condescendiente el padre.

-Cuatro por cuatro por cuatro por cuatro por cuatro, cinco veces cuatro que nos dan mil veinticuatro soldados perfectamente entrenados y listos para el combate.

-¡Mmm! y ¿Qué armas tienes?- Preguntó Cereceres

Aurelio cargaba siempre dos dagas de botón en los costados de sus botas que parecían adornos y de un salto las tenía en sus manos, era tan rápido el movimiento que la vista no alcanzaba a observar de dónde las sacaba. Orgulloso exclamó

-Todos mis muchachos están igualmente armados, después de la primera carga nos lanzaremos contra de ellos y los degollaremos quitándoles las armas, están preparados para ello.

-Ven para acá.- dijo el padre Cereceres al tiempo que acercaba una silla frente a su escritorio y se sentaba y con el codo lo retaba a unas vencidas. Aurelio se sintió desconcertado pero avanzó hasta sentarse frente a él y poner su codo sobre la mesa para tomar la mano que lo retaba, temía lastimar al sacerdote y empezó a ejercer un poco de presión, el brazo del sacerdote parecía no sentir la presión, Aurelio empezó a aumentar la fuerza sin ningún resultado.

-¿Es todo lo que tienes?- le dijo enérgico el padre.

Aurelio se aplicó a fondo, las venas parecían saltarle del brazo y su cara se enrojecía, nadie le había ganado nunca en las vencidas, con su mano izquierda se afianzó en la mesa y todo su cuerpo se tensó al máximo.

-¿Es todo lo que tienes?- le gritó el sacerdote.

Aurelio hizo un esfuerzo máximo sólo para ver cómo el Padre Cereceres gira lentamente su brazo para vencerlo.

-¿Entendiste la lección?- le dijo Cereceres con un gesto duro en su rostro.

-¿Era una lección?, jamás me imaginé que fuera tan fuerte, nadie me había ganado- contestó contrariado Aurelio.

-Esa es la lección, jamás te enfrentes a alguien que no conoces, ¿qué vas a hacer con tus mil veinticuatro soldados, ¿mandarlos a la muerte?- preguntó José.

-Están bien capacitados.- contestó serio Aurelio.

-¿Capacitados para morir?- argumentó molesto Cereceres.

-Ninguno le teme a la muerte- contestó orgulloso Aurelio.

-¿Y por eso los vas a sacrificar?- pregunto Cereceres.

-.La defensa de nuestra Fe bien vale nuestras vidas- respondió con altivez.

-.La defensa de la Fe sí, pero la estupidez no- contestó enfático Cereceres.

-.Señor, las tropas de Plutarco están masacrando manifestantes, los agraristas invaden ranchos y matan a sus indefensos dueños, ¿cómo podemos estar cruzados de manos y decirnos católicos?, ¿cómo ver la desgracia y muerte de nuestros hermanos en la Fe y estar cómodamente sentados? ¿Cómo justifica que el gobierno cuelgue de los postes a gente cuyo único delito sea el de asistir a misa?.- Aurelio hablaba excitado y en forma atropellada, con energía y coraje.

-Tranquilo- interrumpió Cereceres viéndolo fijamente a los ojos, -no puedes reducir la lucha por la libertad religiosa en un movimiento de asesinos- dijo lentamente tratando de calmar al muchacho.

-. Ya hicimos todo lo que se pudo por la buenas, se juntaron más de dos millones de firmas, nos hemos manifestado en todas las formas ¿y qué hemos recibido a cambio?, balas señor, balas, es tiempo de que contestemos en la misma forma, ya hay levantamientos rurales, es tiempo que iniciemos la lucha en las ciudades- le contestó Aurelio sosteniéndole la mirada.

-Mientras no te tranquilices sólo llevarás al matadero a tu gente, a un toro no se le gana a cornadas, te repito la lección que no quieres aprender, antes de lanzarte a la lucha tienes que conocer al enemigo y en base a ese conocimiento tienes que ver cómo atacarlo, cuales son sus puntos débiles, cuáles son sus armas, cuáles son las tuyas, la guerra no la ganan los mártires, sino quien aplica las armas en los puntos vulnerables- explicaba Cereceres.

-¿Está del lado de los obispos?- interrumpió Aurelio.

-Tú quieres combatir y no te voy a cambiar-. dijo Cereceres cambiando el tono de voz y recargándose en el respaldo de la silla como queriendo lucir relajado.

-Correcto, Señor, nuestra decisión esta tomada- dijo enfático Aurelio.

-Entonces ¿qué haces aquí?- contestó levantando los hombros y con un gesto de disgusto.

-Quiero su bendición- respondió respetuoso Aurelio.

-¿No quieres que te dé los santos óleos de una vez?- dijo Cereceres con tono burlón y molesto.

-Como usted guste, Señor.- respondió Aurelio al tiempo que endurecía la quijada y bajaba la vista.

-Creí que eras más inteligente, ahora vete que estoy muy ocupado- Cereceres tomó de nuevo la pluma y abrió el libro para seguir haciendo sus apuntes.

Aurelio confundido no sabía qué hacer y tímidamente preguntó:

-¿Y la bendición?- Insistió.

-Cualquiera te la puede dar- contestó sin siquiera voltear a verlo.

Aurelio se levantó lentamente y muy confundido tomando el camino de regreso, una profunda depresión le invadía, no entendía la actitud del padre Cereceres, su paso se volvió más lento y la depresión más grande, Cereceres era su guía, su ejemplo, el hombre que más admiraba, no entendía que pasaba, lo consideraba un tipo valiente, no entendía porqué no quería entrar a la batalla, la guerra no la iniciamos nosotros, es algo que ya está en marcha.

Como autómata dio media vuelta y tímidamente se sentó frente al padre y humildemente dijo:

¿Qué debo hacer?

-Este no es un juego de niños o campesinos, está en juego el destino de este país, de su gente y de las generaciones que vendrán, la guerra no es en contra de los agraristas o los soldados, vaya ni siquiera contra

Plutarco, el sólo es un monigote de organizaciones internacionales secretas que luchan por el poder y control de este país y del mundo, de la misma forma como lo están haciendo en Rusia, China, España, Italia y otros países.

La lucha no se puede hacer con resorteras o navajas, ellos tienen las armas, el dinero y el poder, nosotros sólo nuestra Fe.

La fe es la mayor fuerza que pueda tener el hombre, pero al tener que actuar en grupo, la aplicación de esta fuerza debe de ser inteligente y coordinada o se destruirá a si misma.

Su principal enemigo es la soberbia y es el manto en que venías envuelto hoy.- decía Cereceres al tiempo que Aurelio bajaba la cabeza.

-La soberbia- continuó diciendo Cereceres -divide y destruye todo grupo o iniciativa, soberbia de tener la razón, soberbia de sentirse el mejor, soberbia que te lleva a relegar el ideal a la mezquindad del momento, del protagonismo, solamente podremos triunfar si mantenemos el ideal por encima de nosotros mismos, si vemos en nuestros compañeros de lucha al hermano, al amigo que hay que proteger y defender.

Las luchas se ganan con disciplina, trabajo y entrega, no con poses o heroísmos, puedes lanzarte al campo de batalla a que te maten y maten a tus compañeros, a lo mejor alguien en el futuro le pone tu nombre a una calle.

Pero si queremos detener al monstruo invasor habrá que pelear inteligentemente con pasión, pensar y actuar.

-Usted ordene- Interrumpió Aurelio.

-¿Estás dispuesto a sacrificar tu soberbia, de dedicar tu vida a la lucha porque el mensaje de Cristo rija nuestras vidas y corazones?- preguntó enfático el Padre Cereceres.

-Estoy dispuesto Padre- contestó Aurelio.

-¿Estás dispuesto a cumplir todas las órdenes que se te den, sin replicar?- Agregó Cereceres.

-Estoy dispuesto- Contestó Aurelio.

El padre Cereceres descolgó el Cristo que colgaba de su cabecera, se hincó levantando el crucifijo al tiempo que Aurelio hacía lo mismo.

-Jura ante Dios que dedicaras tu vida a defender la libertad en México- dijo con voz profunda y enérgica Cereceres.

-Lo juro.- gritó Aurelio.

-¿Juras absoluta disciplina por la causa?.- exclamó Cereceres.

-Lo juro- Afirmó Aurelio.

-Bien levántate que tenemos mucho trabajo, el único contacto conmigo serás tú, ninguno de tu gente deberán saber de mí, este rito lo harás con los cuatro más cercanos a ti y ellos a su vez solamente con cuatro y así hasta el último grupo.

Tus contactos directos se harán cargo de Michoacán, Jalisco, Querétaro y el estado de México incluyendo la ciudad de México. Cada estado se dividirá en cuatro, uno buscara entrar al gobierno, otro al ejercito, el tercero a los sindicatos y el cuarto a los ferrocarriles, estos dividirán en cuatro su influencia, esta división será geográfica por 4 zonas las cuales a su vez de dividirán en cuatro zonas y cada una de estas zonas cubrirá 4 ciudades.

Toda la comunicación será vertical, nunca horizontal, usaremos teléfonos donde haya para emergencias y palomas donde no haya teléfono por medio de los ferrocarriles para la información normal.

La información se escribirá en clave, aquí tienes la forma como se encriptarán los mensajes, concentrarás todos los informes y me lo reportarás en latín escribiendo todos los adjetivos en arameo y los nombres propios cambiaras cada letra por el número de la letra en maya, escribirás de la derecha hacia la izquierda y de abajo hacia arriba.

Sustituirás frases hechas por palabras en griego, aquí esta el catálogo, aquí esta el calendario donde te deberán entregar la información y tú a mí. ¿Tienes hombres de confianza en la herrería?- preguntó Cereceres.

-Si- contestó de inmediato Aurelio

-Aquí están unos dibujos de piezas que necesito que fabriques, las entregarás en el rancho de las Camelias, ahí estarás instalando una reja, lleva las piezas junto con las partes de la reja, ahí también te repondrán el dinero- le dijo Cereceres al tiempo que le entregaba unos planos y un rollo de billetes.

-Se puede saber ¿qué son?- preguntó humildemente Aurelio. Son herrajes para fabricar compartimientos secretos en vagones de ferrocarril, camiones y carretas, en ellos transportaremos armas, medicinas y alimentos, por eso es vital que tu gente entre a trabajar los ferrocarriles, aquí tienes una lista de la gente que les ayudará a entrar a trabajar, no divulgues esta información sólo a la persona indicada debe saber quien le ayudó.

Ésta es la lista de los cuarteles donde debes de meter gente, las oficinas de gobierno y los sindicatos, aquí están las tareas que cada uno debe hacer.- Cereceres le entregaba un fajo de hojas. Aurelio los tomó y exclamó

-No se entiende nada.- Dijo asorado

-Están encriptados, en la misma clave donde deberás de darme los reportes, este libro no debe salir de aquí, tienes toda la noche para memorizarlas.-

Dicho esto, Cereceres le apuntó a una silla en el extremo del cuarto y regresó a su escritorio a seguir escribiendo.

Aurelio tomó un banco y los usó como escritorio para poner los papeles que recibiera.

-¿Puedo hacer una pregunta?- dijo mirando de reojo al sacerdote.-

-¡Dime!- contestó escueto el padre.

-¿Qué es lo que detona la participación de la Iglesia en esta lucha?- dijo Aurelio.

-La Iglesia somos todos los que compartimos una Fe, pero si tu pregunta se refiere a las autoridades eclesiásticas, te diré que no están entrando en esta lucha, los obispos, bueno casi todos la condenan y el Vaticano a pedido que no participen.-Contestó Cereceres.

-¿Luego Usted? ¿Yo?- replicó Aurelio.

-Así como hay grupos secretos para imponer una dictadura mundial, hay grupos que defienden la libertad y el respeto a la persona, estábamos expectantes pero preparados, el detonante sucedió la semana pasada, exactamente el 21 de febrero a las 20 horas.- hizo una pausa el sacerdote y Aurelio lo apuró.

-¿Qué fue lo que pasó- peguntó tímidamente.

-Un centenar de personas, entre ellos miembros de La orden de Los Caballeros de Guadalupe, dirigidos por Ricardo Treviño secretario General de la CROM y un sacerdote español Manuel L. Monge, sacaron por la fuerza al párroco de la Iglesia de la Soledad e instalaron a Joaquín Pérez como párroco, el domingo 23 los feligreses evitaron que el padre Monge oficiara y persiguieron a Joaquín Pérez hasta la sacristía, exigían el regreso de su párroco, el gobierno mandó a los gendarmes para proteger a los cismáticos y al repeler el ataque enviaron a los bomberos que con lujo de fuerza desocuparon en forma sangrienta el templo, lo mismo pasó en los templos de Coatepec, en San Joaquín , en Tacuba, en Macuspana, en Alvarado, en Ixcaquixtla y en

Tepeji.- hizo una pausa Cereceres al tiempo que le preguntaba Aurelio.

-Pero ¿qué es lo que quieren?-

-Nada nuevo, administrar la Fe de los mexicanos, no conformes con manejar sus bienes, patrimonio y destinos, ahora quieren también administrar su Fe, no es nada nuevo, en la Colonia, era la corona quien manejaba la Iglesia, el Patronato nombraba obispos y autorizaba las parroquias, este control, lo cedió el Vaticano a cambio de que les permitieran evangelizar las tierras descubiertas y proteger a los indios de la esclavitud.

Al término de la lucha de independencia se decretó la extinción del patronato logrando la Iglesia la libertad de frente al poder civil, pero el poder civil no estaba dispuesto a dejar el control de la Iglesia.- Continuaba el padre cuando interrumpió Aurelio

-.Espere, espere, ¿no es el poder civil el que busca la separación de la Iglesia del estado?-

-Ese es uno de los más grandes mitos y mentiras del sistema, es la Iglesia la que siempre ha buscado estar fuera del estado, de ser libre, en la Primera Constitución ya como país libre , el poder civil trata de volver a tener bajo su dominio y administración a la Iglesia, en uno de sus artículos declara que el Patronato es inherente al estado, esto es, que quieren de nuevo tener a la Iglesia bajo su control como lo tenía la corona Española.

Como la Iglesia Católica no acepta tratan de formar otras Iglesias, en 1822, los regalistas tratan de formar una Iglesia, después Gómez Farías presionaría a los sacerdotes al cisma, luego sería Comonfort, en la época de la Reforma, Melchor Ocampo insistiría en formar la Iglesia católica para controlarla, luego el mismo Juárez, junto con Mariano Zavala presidente de la suprema corte crean La Estrella de Belem,

El General Díaz junto con los protestantes anglicanos trató también de formar su Iglesia.

Y ahora primero Obregón y luego Calles buscan el apoyo de los grupos protestantes americanos para formar su propia Iglesia y para esto buscan eliminar todo vestigio de la Iglesia Católica– decía esto cuando Aurelio lo interrumpe.

-¿Entonces va en serio la destrucción de la Iglesia católica?-

-Mas que en serio, buscan el exterminio de los sacerdotes católicos y quienes los apoyen, para instaurar su propia Iglesia, como lo hizo en su momento Inglaterra.- contestó lacónico Cereceres.

-Perdón padre pero antes de que siga con sus clases de historia, despéjeme algunas dudas, el clero sigue en contra de que esto se vuelva un conflicto armado generalizado, esta tratando de pacificar a los levantados, los obispos se niegan a apoyarlos, los curas están indecisos, la liga empieza a tener fracturas, Los Caballeros de Colón ya han dicho que no apoyarán un conflicto armado y usted tiene todo un plan para iniciar una guerra nacional y no creo que haya empezado a prepararla hace una semana. ¿Qué hay detrás de todo esto?- preguntaba Aurelio al tiempo que mantenían fijos la mirada clavada el uno en el otro, Cereceres no contestaba por lo que Aurelio continuaba.

-¿Es una batalla por la Fe? ¿O es su propia batalla?- preguntó Aurelio endureciendo la quijada.

-¿Mi batalla? ¿cuál sería mi propia batalla?- Preguntó molesto Cereceres.

-Roma esta tan lejos y a la vez tan cerca, su vida se convirtió en historia, luego leyenda y finalmente en mito, el cura que se negó a ser Obispo, Cardenal y doctor de la Iglesia, el aventurero que penetró en los templos sagrados, el que rescató los documentos incunables, el-

-¡No más!- interrumpió Cereceres, no es mi propia batalla, es la batalla ancestral de los que luchamos por la libertad, pero de algún modo sí es mi batalla personal, es mi contribución a la lucha por un ideal, no le rindo a ningún hombre, ni me someto a instrucciones de nadie, mi lucha es solitaria pero solidaria, lucha independiente pero de apoyo a quienes están en el frente, lucha anónima sin reconocimiento, ni autorización, lucha de penas pero sin gloria, guerra sin botín, ni destino, no te ofrezco nada Aurelio, puedes irte a otros frentes-

El padre se levantó y regresó a una mesa donde tenía una serie de mapas y se puso a revisarlos.

-No busco honores ni gloria, mucho menos botín o dinero, no sé si tenga los elevados ideales suyos, pero sí tengo la Fe y el instinto de que debo luchar por mi patria, por mi familia y por Dios, si tengo que bañar mis manos en sangre lo haré, aunque como usted lo dijo un día, esa sangre vertida me envilezca, yo creo en Dios y en Usted, seré el más fiel de sus soldados- dijo Aurelio ya puesto de pie con voz firme y decidida.

-Tomar las armas es una gran estupidez, pero dejarlos solos es una cobardía, y entre estúpido y cobarde prefiero ser estúpido, habrá que apoyarlos para que esta guerra sea corta y cueste el menor número de vidas, usaremos la inteligencia para no derramar sangre, estudia bien esos papeles, no podemos cometer un sólo error, no sacarás ninguna clave lo tienes que memorizar todo y esta noche, al amanecer reunirás a tu gente y empezarás el trabajo, toma esta Biblia, con esta herramienta quitarás las hojas y coserás en ellas los informes, todos los días vendrás al templo a orar y en el reclinatorio estará otra Biblia igual en ella, estarán las instrucciones de lo que debes hacer, me dejarás los informes y te llevarás las instrucciones- dijo Cereceres y continuó su trabajo.

Empezaba a amanecer cuando Aurelio se despidió con una reverencia retirandose, no sentía el menor cansancio, llegó a su casa se tomó un baño, desayunó y se recostó en la cama para descansar un rato, se quedó profundamente dormido hasta el atardecer, despertó, vio la hora y sonriendo se dijo a si mismo, "La lucha ha iniciado".

Cereceres trabajó hasta bien entrada la mañana, le preocupaba la insistencia de Calles de formar una iglesia mexicana donde él fuera el Papa, recordaba que siendo gobernador de Sonora había expulsado a los sacerdotes católicos y tratado de sustituirlos por sacerdotes cismáticos, pero el pueblo los había rechazado, ahora de presidente sería muy peligroso y sabía que se avizoraba una persecución feroz.

Entre la correspondencia que le enviaban estaba un recorte del periódico Excélsior del 24 de Febrero donde se leía: "Una nueva persecución contra la Iglesia Católica Apostólica y Romana" y calificaba la participación de las autoridades como grotesca y peligrosa, las tomas de las Iglesias se sucedían por todo el país. En Santa Ana Chiautempan Nahum Toquiantzi, le advertía al presidente que no permitirían que tomaran la Basílica de Guadalupe, que contaba con 7,000 hombres y mujeres armados que defenderían a la Virgen con su vida.

La indignación de los católicos crecía sin que los obispos se pronunciaran, Villistas y Zapatistas alistaban sus armas, veían en Calles al asesino de Carranza, querían entrar de nuevo en la batalla.

Los enfrentamientos en el campo ya se habían iniciado, sin jefes visibles, sin autorización de la Iglesia, defendiendo su libertad de culto.

Cereceres hizo a un lado los papeles y salió a caminar por la granja. Caía una ligera llovizna, entró a otra bodega donde tenía un pequeño gimnasio con barras paralelas, barra fija y argollas, se quitó el saco y saltó a las argollas, durante tres horas hizo ejercicio intenso, luego caracterizado de campesino se dirigió al templo, tomó un baño en un cuarto junto a la sacristía y se quedó dormido en una banca.

Capítulo XV
La liga

Haciendo sonar su bocina un Ford T se abría paso entre un rebaño de cabras, el chofer, un hombre regordete y moreno trataba con la mano izquierda de controlar el avance del carro y con la otra trataba de sostener el volante y sonar la bocina.

El camino de carretas no era lo más apropiado para este tipo de carros y el poco mantenimiento lo tenía lleno de hoyos, en el asiento del copiloto elegantemente vestida iba Farah y en la caja trasera el equipaje y dos sirvientes.

Entraron a un camino empedrado, el carro a pesar de ser nuevo parecía deshacerse, la vegetación era tan espesa en algunas partes que parecía oscurecer de pronto.

Finalmente llegaron hasta una gran reja donde Joaquín, el chofer, saltó de su asiento y bamboleando su enorme barriga corrió hasta la reja, empezó a llamar a gritos, un sirviente les abrió la puerta y entraron a la hacienda.

Era impresionante la cantidad de flores del jardín y para rivalizar con ellas los pavos reales extendían sus plumas a los visitantes emitiendo esos ruidos horribles que gustan hacer, una gran red cubría dos árboles donde se podían ver quetzales y otros pájaros de vistosos colores.

Farah vestía un hermoso vestido que los hindúes criticarían de europeo y los europeos verían como hindú, ella misma se diseñaba sus vestidos mezclando los dos estilos y finalmente lograba lo que quería para ese esbelto y hermoso cuerpo, su mirada profunda le daba la magia que enloquecía a algunos hombres.

Farah estaba absorta viendo los quetzales cuando escuchó una voz conocida detrás de ella.

-¡Farah!- dijo la voz

Farah volteó al oírla y con una sonrisa exclamó:

-¡Moramai!

La dos se abrazaron intercambiando saludos, Moramai lucía un vestido blanco de seda de una sola pieza y con un cuello bordado en vistosos colores, unas sandalias mostraban sus bien cuidados pies, su cabello suelto competía con la seda en la textura, Monet habría estado fascinado con la belleza del escenario y de aquel par de mujeres.

-No te ves cansada y el viaje ha sido largo.- comentó Moramai a Farah.

-Llegamos anoche y tuve tiempo de reponerme- contestó con una sonrisa.

Moramai movió suavemente su cabeza para ambos lados como queriendo asegurase de que nadie las oía y preguntó

-¿Lo has visto?- Le dijo en voz baja.

-Si- contestó sin agregar más.

-¿Cómo está? Cuéntame, cuéntame- le decía Moramai al tiempo que le jalaba de la manga del vestido.

-Igual, parecía un magnate europeo, hubieras visto el carro que traía ¡Un Mercedes!- decía Farah con entusiasmo.

-¿Pero él cómo esta?- Insistía Moramai

-Igual, no ha cambiado, Fuerte, impenetrable, buen mozo, enorme.- Farah reía al platicar viendo la cara de Moramai.

-¿Se acordará de mí?- preguntó tímidamente Moramai.

-Tiembla al recordarte- sonreía pícaramente Farah al decir esto.

-Esta jugando conmigo- contestó seria Moramai.

-Claro que no, cuando mencioné tu nombre se puso pálido, perdió toda seguridad en sí mismo, se derrumbó, el hombre fuerte y triunfador se transformó en un tímido adolescente-

Sonreía pícaramente Farah.

-¿Qué le dijiste de mí? Peguntó preocupada Moramai.

-Solamente te mencioné, estaba luciéndose deduciendo mi origen y mi trabajo, le comenté que había razón para que le dijeran Cerebro y extrañado me preguntó que quienes le decían cerebro y di varios nombre incluyendo el tuyo- Seguía riendo Farah.

-Pero yo no le digo cerebro a Franz- Contestó Moramai contrariada.

-Lo sé, pero había que regresarlo a la tierra, recordarle que no hay nadie perfecto, ni tan fuerte como él luce, pero dime ¿sigues pensando en él?.- decía sonriendo Farah.

-Cada minuto de mi vida- contestó vehementemente Moramai.

El rostro de Farah se tornó sombrío, un extraño sentimiento se apoderaba de ella, ¿qué me pasa? Se preguntó a sí misma, ¿porque no puedo dejar de pensar en él? ¿Por qué este vacío en el estomago?.

La imagen de Franz no la abandonaba desde aquel día en que se encontraron, era el amor de su amiga y se resistía a reconocer que estaba enamorada de él, pero al mismo tiempo se abandonaba a los pensamientos y deseos por ese hombre.

Cada momento que estaba sola inmediatamente venía a su mente y su corazón se estremecía y ahora empezaba a sentir celos de su amiga, ¿cuántas veces habían tocado el tema? y ella incentivaba a Moramai a que lo buscara y ahora sentía celos.

Se había establecido un súbito silencio entre ambas mujeres que fue roto por el dueño de la casa.

-Pasen a la sala por favor- dijo con voz amable Don Nacho.

Don Nacho era un mulato, hijo del dueño original de la Hacienda y su sirvienta, inteligente y vivo, había sido educado en Francia y protegido por el patrón, al morir en un accidente Don Liborio, la gente se sorprendió al leer el testamento y ver que le dejaba su hacienda a Nacho y todo el resto de la herencia a su esposa Cristina quien sintiéndose ofendida abandonó el lugar y se fue a vivir a la capital.

Bajo el mando de Nacho la hacienda tomó un vigor impresionante, empezó a comprar tierras adyacentes y a rentar tierras para sembrar, se había revelado como un excelente comerciante y lo mismo comerciaba con granos como con especies exóticas y pieles finas.

Poseedor de una sonrisa entre pícara y burlona agradaba a la gente con sus modales afrancesados que se veían exagerados, pero la gente lo aceptaba y hasta lo festejaba.

La sala era muy amplia y con una decoración pesada, lo mismo había réplicas de monolitos que de esculturas europeas, africanas y egipcias, el techo era muy alto y de palma dándole una frescura especial al lugar.

Había cerca de 50 personas todas elegantemente vestidas y acomodadas en varias mesas adornadas con flores y bocadillos franceses.

Moramai y Farah recorrieron cada una de las mesas saludando a los reunidos, "Moramai qué grande y hermosa te has puesto" era la frase que se repetía en cada mesa con ligeras variantes. Finalmente tomaron su asiento con otros jóvenes del lugar, al fondo de la sala se veía un atril y a un lado un estandarte con los colores de la bandera y en el blanco la imagen de la Virgen de Guadalupe y del otro lado el símbolo de la ACJM con su lema Para Dios y para la Patria.

Don Nacho se paseaba impaciente a la entrada de la sala con la vista al patio hasta que vio entrar a su chofer y se acercó a él diciéndoles:

-¿Qué pasó con el padre Benito?

-Parece que no vendrá- contesto titubeante.

-¿Que pasó?- preguntó Don Nacho impaciente.

-Su obispo se lo prohibió.- contestó tímidamente su chofer.

-¡Bien!, empecemos- dijo con cierto grado de molestia y se dirigió al atril.

-Estimado amigos- Inició -Hoy tenemos entre nosotros importantes personajes que llegan desde la capital con un mensaje vital, pero antes quiero pedirle a Aurelio que inicie una oración para pedirle a nuestra madre la virgen de Guadalupe que nos ilumine esta reunión.

-Aurelio se levantó e inició un Ave María que todos siguieron, acto seguido sus compañeros de mesa empezaron a cantar.

Tú reinarás, este es el grito, que ardiente exhala nuestra fe. Tú reinarás, OH Rey bendito, pues tú dijiste: "Reinaré". Reine Jesús por siempre, reine su corazón, en nuestra patria, en nuestro suelo; que es de María la nación.

Un ambiente de misticismo envolvió la sala, al terminar Don Nacho continuó

-Quiero presentarles a Petronio González, un buen amigo norteño que ha hecho un largo viaje desde El Paso TX y trae un mensaje para ustedes.- Don Nacho extendió su brazo, invitando a Petronio a que pasara al frente.

-Que tal amigos,- inició Petronio, los que vivimos los horrores de la revolución pensamos, en algún momento, que eran dolores de parto de una nueva sociedad, lamentablemente, no solamente no se avanzó, sino que el golpe de estado contra Madero ha instalado en el poder a bestias sanguinarias, dictadorzuelos sin escrúpulos que juegan a ser Dioses, no solamente se han adueñado de todo, sino que ahora pretenden adueñarse de lo más sagrado e importante de nuestro pueblo, su Fe.

Regresé de mi destierro para ver como se habían apropiado del fruto del trabajo de mis abuelos, de mis padres y el de mi familia y lo peor de todo cómo lo habían despilfarrado y destruido.

Mienten en sus discursos de redención, todo el saqueo se lo apropiaron dilapidando y destruyendo el sistema económico de nuestra nación, dejando empobrecido al pueblo que dicen haber rescatado. He regresado solo, porque no puedo exigirle a mis hijos el sacrificio de inmolarse en los altares de estas bestias sanguinarias, ellos ya tienen una nueva patria en donde han sido educados, pero yo no puedo vivir sabiendo que la tierra de mis padres y abuelos, mi tierra, es dominada por estos chacales.-

Petronio apretaba la mandíbula y su rostro de arrugas prematuras lucía más años de los que tenía.

-No permitiré que destruyan la fe de mis antepasados, que es mi propia Fe, necesitamos instaurar en México el reino de Dios, no reconozco a estas bestias como dioses como ellos se sienten, dueños y señores de todo.

El gobierno de Calles ha expulsado a sacerdotes Católicos de las iglesias para instalar sus propios sacerdotes, pisoteando las creencias de un pueblo.

Este gobierno no ha emanado del pueblo, ha sido impuesto por intereses bastardos nacionales y extranjeros.

La Constitución del 17 no representa acuerdos de convivencia de los mexicanos sino imposiciones de sectas internacionales, encabezadas por los masones que quieren tener un control absoluto del pueblo.

Pero nuestra lucha debe ser pacífica, no podemos seguir llamando el lado oscuro del hombre transformando hombres de bien en bestias asesinas, así tengamos los ideales más altos.-

Petronio traía muy presente su regreso a Parral después de la revolución, aquel encuentro con los sobrevivientes que regresaban a sus trabajos, el entusiasmo de los mineros, de los rancheros, de los comerciantes que creían que todo había terminado y regresaría la prosperidad a esas tierras tan maltrechas.

Por todos lados se veía gente reparando puertas y ventanas, limpiando sus casas abandonadas, habilitando sus negocios, por las tardes noches se reunían en el bar a jugar domino y a platicar sus aventuras.

Parecía haber regresado la felicidad y se sentía el ambiente de familia, se ayudaban unos a otros y entre bromas y chascarrillos el pueblo parecía surgir de nuevo, Casimiro Ordaz tenía unos novillos y con algunos villamelones limpiaron la plaza de toros e hicieron una novillada con toreros improvisados que terminó en una fiesta chusca, las carcajadas eran tan fuertes como el miedo acumulado por años.

Petronio había traído una carreta llena de mercancía, que solamente le duró una semana, su libreta empezaba a llenarse de clientes a los que le fiaba, amigos de siempre y pepitas de oro que se había vuelto la moneda corriente junto con algunas monedas de oro que se habían salvado del saqueo, los rancheros le llevaban queso y mantequilla que cambiaban por harina, aceite y abarrotes.

Algunos campos de nuevo sembrados mostraban pequeñas matas que alegraban la vista y la esperanza de todos, parecía que habría buenas cosechas.

Su fiel Anselmo viajaba constantemente en carreta a El Paso, Texas para surtir la tienda, el ferrocarril no había reanudado el servicio comercial.

Cuando se acercaba el tiempo de cosecha, Petronio dejó a cargo de la tienda a Anselmo y a Tencha, una muchacha de 16 años, hija de una india yaqui y un aventurero italiano, muy hermosa que se encargaba de cobrar y llevar el registro de la libreta de "fiados". Petronio se fue a El Paso y vació, prácticamente su tienda en 5 carretas y consiguió un crédito para pagar las cosechas y alegre emprendió el regreso a Parral.

Al llegar a Chihuahua vio acercarse a su fiel Anselmo arrastrando una pierna y con la cara deformada por los moretones.

-¡Regrese! Don Petronio, no vaya a Parral.- dijo Anselmo con voz quebradiza.

-¿Qué pasó?- preguntó alarmado Petronio.

-Regresaron los Villistas, arrasaron con los ranchos y saquearon la ciudad, violaron a Tencha y luego la degollaron, quemaron la tienda, vienen derrotados y con mucha gente desconocida, indios yaquis y sureños, matan al que se encuentran acusándolos de desertores.

Villa parece demonio, la gente que no pudo huir se ha encerrado en las casas de piedra y rejas, están ahí atrincherados, las calles están llenas de muertos, nadie se atreve a salir, parece que viene derrotado y la ha tomado contra el pueblo.-

Anselmo se tambaleaba al hablar y Petronio lo ayudó a subirse a la carreta, lo acostó arriba de los costales de harina y emprendió el regreso, con las mandíbulas trabadas por la rabia y los ojos enrojecidos por el llanto y la ira contenida. Petronio continuó con su discurso.

-No debemos caer de nuevo en la tentación de las armas, tenemos que organizarnos como sociedad para dar la batalla legal, La Constitución y las leyes deben ser reglas que la sociedad dicte para la sana convivencia, esta no es una constitución que emana del pueblo, es una imposición de intereses ajenos para dominarnos, es increíble que un pueblo totalmente católico tenga una Constitución que le impida y castigue la manifestación de su Fe.

No podemos permitir que el estado nos imponga un tipo de educación que no queremos para nuestros hijos.

La base de la educación son los valores y el sustento de ellos es la Fe, sin Fe los valores pierden su fuerza y no queremos hijos sin valores, hijos que crezcan sin el temor a Dios.

El 9 de marzo nos hemos reunido bajo la dirección de Teófilo Pizano para formar una asociación legal de carácter cívico con el fin de conquistar la libertad religiosa y todas las libertades que se derivan de ella en el orden social o económico, la hemos nombrado como Liga Nacional Para la Defensa de la Libertad religiosa.

La liga se reduce a exigir

1.-Libertad plena de enseñanza.

2.-Derecho común para los católicos.

3.-Derecho común para la Iglesia.

4.- Derecho común para los trabajadores católicos.

Don Nacho dirige a Los caballeros de Colón y él es el representante también de la liga, les pedimos su apoyo y confianza para sacar a México de la oscuridad que los masones quieren cernir sobre nuestro pueblo.

Petronio fue de mesa en mesa inscribiendo a la gente en la liga y respondiendo sus dudas. Aurelio no pasó al estrado como en otras ocasiones, estaba muy ensimismado en sus pensamientos.

-Nada se hará por las buenas, esas bestias están ciegas de poder y no aceptarán ceder un ápice de poder, quieren ocupar el sitio que le corresponde a Dios, tendremos que recurrir a las armas, aunque habrá que disciplinar a la gente para que no haya saqueos ni muertes de inocentes, hablamos de paz cuando ya se ha iniciado la guerra, cuando ya llevamos más de un año de enfrentamientos.-

La reunión terminó ya muy entrada la noche y de nuevo dieron gracias a Dios y entonaron el canto de reine Jesús por siempre terminando con un fuerte grito de ¡Viva Cristo Rey!

Don Nacho no había dejado de mirar a Moramai, se sentía embrujado por aquella hermosa mujer de semblante virginal, por aquella figura de diosa griega, por aquella piel ligeramente morena, donde los rasgos sajones con zapotecas se habían mezclados dando una belleza única.

Al término de la reunión Don Nacho se acercó a saludar a Moramai, al tiempo que Aurelio se cruzaba.

-Con permiso, Don Nacho, tenemos que irnos, vamos Moramai- Moramai se sintió confundida, pero ante la voz autoritaria de Aurelio no tuvo más remedio que acompañarlos.

La noche fresca y el cielo estrellado le daba un marco importante, esperaron en el porche a que se acercara la carreta que la llevaría hasta la casa donde se hospedaba al tiempo que Aurelio le decía:

-Tengo 4 de mis mejores hombres cerca de usted harán guardias de 24 horas, en caso de estar en peligro coloque una prenda blanca en su ventana, cuando vaya a reuniones importantes le haremos llegar un perfil de cada persona con la que se va a reunir, seguimos pensando que lo mejor para usted es que regrese a París.-

-Seguimos pensando, ¿Quiénes?- interrumpió Moramai.

Aurelio enmudeció, su rostro se puso tenso, por lo que Moramai continuó.

-Dígale por favor que necesito verlo-

Aurelio quiso fingir y preguntarle, ¿a quieén? pero le pareció irrespetuoso y no estaba para aclaraciones por lo que se limitó a decir.

-Sí, señorita-

Moramai sonrió y dándole un beso en la mejilla abordó la carreta. Aurelio se quedó viendo el horizonte aún después de que la carreta se había perdido entre el camino, otro amor imposible, seres que el destino les impedía amarse y pronto recordó su historia.

Aquella tarde, donde desde el coro, viera el matrimonio de Martha, el amor de su vida, donde le cantara el Ave María, recordó como Martha volteó hacia el coro con cara de sorpresa, quizás a una distancia suficiente para no ver su rostro húmedo, pero todos las noches después de las oraciones aparecía el rostro hermoso de su Martha evitándole el sueño, entró a despedirse y después de un salto estaba en su caballo, la estación del tren estaba lejos y había que abordarlo al amanecer.

Pero ¿a dónde huir de si mismo si el recuerdo de Martha lo traía en lo más profundo de su ser.

Cuando Cereceres le encomendó el cuidado de Moramai no fue necesario que le contara el secreto, hay cosas que no se pueden ocultar, Aurelio lejos de juzgarlo se identificaba con él y lamentaba no haber tenido el valor de luchar por su Martha.

Capítulo XVI
Los masones

Estaba anocheciendo cuando el tren llegó a la ciudad de México, Aurelio saltó a los andenes cuando aún no terminaba de pararse el tren y abriéndose paso entre la gente, las maletas, las jaulas de gallinas y costales que llevaban los pasajeros, salió de la terminal para abordar un taxi que lo estaba esperando.

Llegaron a un pequeño local donde vendían carbón y rápidamente, Aurelio se puso un pantalón y camisa de manta, junto con sus ayudantes empezaron a ensuciar la ropa y su cara con carbón hasta que quedó totalmente de negro, sacaron una mula y la cargaron con dos costales de carbón dirigiéndose a la colonia Roma.

El sombrero de palma le quedaba grande, llegándole hasta las cejas y al ritmo de la mula Aurelio avanzaba por las calles lentamente al tiempo que la noche se adelantaba.

Finalmente llegó hasta el frente de una gran mansión que ocupaba una cuadra completa, construida en piedra y de dos pisos, la cual estaba rodeada de jardines y con la fachada en cantera.

El camino interior, llegaba hasta la puerta, estaba lleno de carros lujosos y guardias con traje sastre, sombrero negro y revólver en la cintura, Aurelio caminaba por la banqueta viendo de reojo la casa hasta llegar a la parte trasera, la reja era alta y con picos en las puntas pero con adornos entre cada barra, se sentó en la banqueta de espaldas a la casa como en actitud de estar descansando.

En es momento, Elpidio llegaba por la parte frontal de la casa y deteniendo un viejo Buick 1910 modelo 10.

Abría el cofre y al destapar el radiador saltaba un chorro de vapor, Elpidio gritaba como loco mientras los guardias volteaban para ver el accidente, al escuchar los gritos en un acto felino. Aurelio, apoyándose en los adornos de la reja saltaba el interior de la casona y se arrastraba por el césped hasta llegar a una esquina de la casa donde aprovechando la distancia entre cada bloque de cantera subió rápidamente hasta el techo de la casa, Elpidio seguía gritando al tiempo que unos guardias se acercaban a ayudarlo.

La instrucción había sido que sobrecalentara el carro y que con un trapo quitara el tapón del radiador pero temiendo no convencer no había usado el trapo y las quemadas eran de verdad, por lo que sus gritos eran muy convincentes.

En el centro de la construcción había un jardín, Aurelio desenredó una cuerda que traía en el abdomen, la ató a un pilar y el otro extremo a sus tobillo y se deslizó de cabeza hasta poder observar por una ventana.

El lugar estaba decorado con columnas, en el techo aparecían las estrellas del zodíaco y en el centro una mesa triangular montada sobre una tarima también en misma forma cubierta de un tapete rojo con un cojín del mismo color y un libro sobre él.

La iluminación no era muy buena y se esforzaba por ver el rostro de las personas que ahí estaban con un pequeño mandil en la cintura, pero tenía a la mitad de la gente de espalda y no distinguía bien los rostros, por otra parte las fotos que había sacado de su bolsa para ir marcando las personas que ahí estaban no se alcanzaban a distinguir.

Aurelio se sentía frustrado, no podía realizar la tarea de reconocimiento que le habían pedido y la sangre se le agolpaba en la cabeza, dobló su cuerpo hasta alcanzar la cuerda y subió de nuevo a la azotea, habían escogido una noche sin luna para no ser vistos, pero ese mismo detalle actuaba en su contra, martes sin luna había sido la búsqueda en el calendario ahora habría que buscar un martes con luna y una nueva forma de entrar sin ser visto, estaba en estas cavilaciones cuando la luz que salía de la ventana se intensificó, rápidamente se descolgó de nuevo de cabeza y para su sorpresa se habían encendido todas las luces y la gente hacía fila para despedirse de alguien que le daba la espalda, pero por otro lado podría ver a todos de frente al despedirse de aquel personaje.

Revisaba las fotos y doblaba la esquina de todos aquellos que estaban ahí, pronto se dio cuenta que había sido ocioso este marcado porque todos los que estaban en las fotos estaban también en la sala, sin embargo, le intrigaba el personaje del que se estaban despidiendo y el pelirrojo que lo acompañaba, ya casi había terminado el evento cuando uno de los que se despedían apuntó a la ventana y los dos voltearon hacia ella, lo habían descubierto por lo que como resorte se dobló sobre si mismo y regresó al techo bajando rápidamente por donde había subido, su enorme condición física era su gran aliado, cuando corría por el jardín escuchaba gritos de alarma, llegó hasta la reja y de un salto se encaramó de la reja y de otro movimiento la libraba cayendo en la banqueta y emprendiendo la carrera de inmediato, los guardias llegaron a la reja y le gritaban que se parara, los disparos se iniciaron justo cuando dio la vuelta a la esquina, la noche sin luna se volvía ahora su gran aliada borrando su imagen ennegrecida por el carbón en las calles mal iluminadas.

Corrió cerca de diez cuadras hasta llegar a un vecindad donde de tres saltos subió las escaleras y entró a una humilde vivienda donde le esperaban sus amigos con una cubeta de agua, esponjas y un traje sastre.

Unos minutos después la puerta que había visto entrar un carbonero sucio veía salir a un elegante caballero vestido de etiqueta.

Entró a un café de chinos y le pidió al mesero que le guardara su sombrero y abrigo mientras disfrutaba de un chocolate con pan recién horneado, el mesero tomó el sombrero y el abrigo dirigiéndose a la cocina donde tomó un sobre del interior del abrigo y los colocó en un perchero de madera.

Una hora después estaba en la terminal de ferrocarriles tomando el tren a Morelia, la gente se arremolinaba en los andenes abrazando al pariente o amigo que salía, madres dando recomendaciones a sus hijos, gente vendiendo frutas, tamales y pan, el organillero llenando de nostalgia el adiós, el boletero gritando Toluca, Maravatio, Acámbaro, Morelia, Zamora y Manzanillo, anden 2.

Aurelio subió al vagón de pasajeros y se sentó junto a la ventana para observar el río de gente en los andenes, se le acercó una señora con unos tamales ofreciéndoles y el olor le despertó el apetito, hizo el intento de sacar dinero cuando sintió como una tenaza que le apretaba justo arriba del codo.

-Acompáñeme por favor jovencito, no intente nada-

Aurelio volteó y un militar de rango era el que lo tenía aprisionado y lo levantaba de su asiento, caminaron por el pasillo hasta llegar un vagón especial junto al cabús, el militar abrió la puerta de un lujoso camarote y lo empujó al asiento, luego cerró la puerta y se sentó frente a él, se quedaron viendo a los ojos hasta que el militar estalló en una carcajada.

-Te atrapé Aurelio, nunca debes de sentarte en la ventana cuando el tren esta parado- dijo el militar riéndose.

-Es increíble, padre, ni siquiera pude reconocer su mirada, es un mago del disfraz- contestó Aurelio al reconocer la voz del padre Cereceres.

-Hiciste un gran trabajo, creo que tenemos ya identificados a todos los masones de esta logia- dijo eufórico Cereceres.

-Había otros- dio con tono preocupado Aurelio.

-¿Quienes?¿Conocías alguno?- preguntó Cereceres.

-Hay cuatro que no estaban en las fotos y los dos principales un pelirrojo y un militar, al cual no le pude ver la cara, además el padre Jacobo y el padre Isaac- respondió Aurelio.

Cereceres frunció el seño y dijo en voz baja.

-Tenían que ser los más brutos- dijo entre dientes José.

-Pues tenemos 6 que no sabemos quienes son- afirmó Aurelio.

-Cuatro solamente, el pelirrojo es Randall y el militar es Calles, los cuatro, significan cuatro logias más en seis meses, se reproducen como conejos están en todas partes- contestó Cereceres.

-¿Por qué tanto interés en los masones?- preguntó Aurelio.

-Ellos están atrás de todo, ellos hicieron la revolución para tomar el poder, ellos quieren eliminar a la Iglesia Católica- aseveró Cereceres.

-¿Qué no es una agrupación filosófica que busca el bien común?-preguntó Aurelio.

-Son una bola de farsantes envenenados por el poder- afirmó enfático Cereceres.

-Pero vienen desde la época de los egipcios- sugirió Aurelio.

-Nada más falso, se han inventado una historia engañabobos, es una novela que inventó Christian Jacq, todos sus argumentos tienen una enorme endeblez histórica, no sólo al referirla a Adán o a los egipcios sino también al tratar de conectarlo con distintas religiones mistéricas de la antigüedad.

Los masones nos son una sociedad filantrópica o humanitaria sino fundamentalmente, la conservadora de ideales iniciáticos en movimientos gnósticos y ocultistas, la línea histórica que pretenden extender desde el mitraísmo, Pitágoras o los albañiles egipcios resulta indemostrable pero la usan para justificar todos sus ritos e interesar a sus seguidores.- contestó Cereceres

-Hablando de los Egipcios ¿Cómo es posible que en un desierto surgiera de pronto una civilización con tantos conocimientos en Arquitectura, medicina, agricultura? ¿Será cierto que procedían de la Atlántida? -preguntó Aurelio.

-Hace 20,000 años, a inicios del segundo sol maya, casi toda Europa estaba cubierta de hielo y en el norte de África soplaba el viento frio y húmedo por lo que en lugar de desierto había bosque y praderas donde abundaba la caza y los frutos, de tal forma que los egipcios de esa época eran cazadores y recolectores, al calentarse la tierra los vientos se transformaron en calientes y secos y se formaron los desiertos, los pantanos se secaron y la población se volvió agrícola aprovechando las aguas del Nilo, protegida al sur por las montañas y las cascadas sobre el Nilo, al norte por el mediterráneo y al este y oeste por los desiertos.

Egipto vivió aislada por mucho tiempo lo que le permitió formar una civilización única, su desarrollo no fue súbito sino gradual, el gran desarrollo de Egipto empieza con Zoser pero hay dos dinastías previas que recientes hallazgos arqueológicos de Pietre confirman que el desarrollo fue gradual- explicó Cereceres.

-¿Y la Atlántida ?- insistió Aurelio

-Cuando ves en los montes fósiles marinos, les crees a los geólogos que esas cordilleras fueron mar alguna vez y que tierra firme este bajo el mar, por lo que no es descabellado que se hayan hundido ciudades completas, pero no hay ninguna evidencia de que haya habido civilizaciones avanzadas, eso lo sabremos si algún día se descubren estas ciudades; ahora, estos movimientos de tierras eran de tal magnitud que difícilmente se hubiera escapado alguien vivo, creo que la Atlántida de Platón era un a civilización adelantada pero con respecto ellos, nada que ver con la nuestra-concluyó Cereceres.

-¿Y como se explica que hayan construido esas grandes pirámides? -insistió Aurelio.

-El Nilo inundaba y fertilizaba las tierras adyacentes pero también borraba los linderos de los terrenos, de ahí que necesitaran desarrollar conocimientos de geometría para reconstruir linderos.

El afán de construirse tumbas más grandes por los faraones y grandes señores llevó a Imohtep a cambiar el pequeño ladrillo por grandes bloques de piedra y no todas las tumbas son grandes pirámides sino que también ves una evolución y mejora en la construcción de las tumbas de tal forma que no hay una aparición súbita de talento y conocimiento, por lo que la idea de que gente de otros lados más avanzados, hayan llegado a Egipto carece de fundamentos- dijo Cereceres.

-Los masones piensan que la Iglesia Católica quitó al Dios Sol para adorar a Cristo y ellos siguen los ideales presentes en la antigua religión Egipcia.- insistió Aurelio.

-De los ciclos de la naturaleza el más elemental es el del Sol, los egipcios primitivos creían que el dios sol nacía en el oriente, crecía y moría en el occidente, luego transitaba por el inframundo para renacer de nuevo, el ciclo lo aplicaban también a los alimentos la semilla hacia crecer el fruto, este moría y volvía a renacer de sus semilla y hacían una alegoría con el ser humano, por eso al morir lo preparaban para su viaje por el inframundo.

El dios sol esta presente en muchas religiones: ahí tienes a Tonatiuh, el dios sol prehispánico, los masones pueden incorporar ritos Egipcios lo cual no significa que los Egipcios antiguos fueran masones, esto mismo podemos aplicar a la religión patriarcal, a los antiguos misterios, al templo de Salomón, a los Cruzados, a los caballeros templarios, a los colegios romanos artífices, los rosacruces y a otras organizaciones de las que los masones han tomado para sus cultos algunos elementos pero no hay ninguna prueba histórica de que ellos hayan sido masones, el que tú imites conductas de organizaciones del pasado te puede dar características de ellos pero no significa que seas descendiente de ellos, o continuadores o que su grupo.- concluyó Cereceres.

-Entonces ¿Cuál es el origen de los masones?- preguntó Aurelio.

–Siendo una agrupación secreta y no estar sujeta al escrutinio público, se puede inventar cualquier origen e historia, por muy disparatada que esta sea.

Hablan de doce orígenes, La religión patriarcal, los antiguos misterios, el templo de Salomón, los cruzados, los caballeros templarios, los colegios romanos de artífices, los rosacruces, Oliver Cromwell, la Casa de los Estuardo, el trono Británico, sir Christopher Wren y Desaguliers.

Desde el punto de vista histórico, todas estas afirmaciones son de los más ridículas y disparatadas, pero se las creen, ya que la gran mayoría son seudo intelectuales.

Ubican sus inicios en la prehistoria, donde sus supuestos miembros construyen los primeros megalitos tales como Newgrange y Stonehenge, evidentemente no hay ninguna información sobre estos constructores, ni con los pueblos que habitaban en esa época.

Luego conectan a los constructores del templo de Salomón, con Los Caballeros Templarios, sin darse cuenta que hay dos mil años de diferencia entre ambos sucesos.

Viene luego la teoría egipcia de Christian Jacq, el cual trata de vincular a los masones con las religiones del antiguo Egipto, y al mismo Adán como el primer iniciado, hace un champurrado de la historia uniendo fenómenos tan distintos como el mitraismo, Pitágoras y los albañiles egipcios, como buen novelista atrapa a los ingenuos en una historia totalmente absurda.

Luego viene la teoría mistérica, que pretende relacionar a los masones con religiones paganas y cultos esotéricos, desde el inicio de los tiempos.

La teoría de los templarios, gozó durante mucho tiempo de popularidad, sobre todo en Francia donde había una visión idealizada de estos caballeros, juzgados y ejecutados en esta tierra, sin embargo, no hay vestigios en la historia de los templarios, que hayan tenido relación con los masones.

Viene la teoría medieval, donde nos encontramos al gremio de los albañiles o másons, de donde toman su nombre y cabañas de descanso que recibían el nombre de logias.

Estos albañiles, se encontraban bajo un reglamento moral que no era muy distinto a la de los zapateros u otros oficios, creían en Dios y aceptaban las reglas de la iglesia Católica, pero tenían ciertos aspectos que tomarían de ellos los masones, como el ritual de acceso a nuevos miembros y el ascenso a distintos grados, aunque estos albañiles, no eran lo que hoy conocemos como masones, si se puede constituir como un antecedente histórico.

En 1583 aparece un personaje llamado William Shaw, promulgando estatus que debían de cumplir los masones, pero sería hasta 1599 donde en el segundo estatuto introduce algo de esoterismo y establece la logia madre en Escocia, por lo que para algunos, Shaw es el padre de la masonería.

Durante el siglo XVII estas logias, pasan de ser organizaciones gremiales a organizaciones especulativas, ya para 1646, no había ningún albañil en ellas.

Sería hasta 1721, cuando un pastor presbiteriano, escribe la constitución de los masones, conocida como la Constitución de Anderson y hace masones a todos lo personajes bíblicos importantes.

Se forma aquí la sociedad secreta con definiciones esotéricas, sociedad, por encima de cualquier vínculo humano, incluido el familiar o nacional y así se ha venido comportando.-

Hizo una pausa José, respiró profundo y continuó:

-Ese es el origen de la masonería, después se esparciría por el mundo en los niveles altos de los gobiernos derrocando gobiernos, reinados y generando un poder universal sin paragón, utilizando cualquier medio que esté a su alcance.

Por lo pronto tenemos que dormir que mañana será un largo y pesado día.- dicho lo cual Cereceres cerró los ojos y se quedó dormido.

Los primeros rayos del sol le daban un marco rojizo a Morelia que se despertaba con el canto de los gallos, el sonido de las carretas por las calles empedradas, los lecheros que llenaban las botellas que sus clientes dejaban en la noche en el piso de las puertas, los panaderos con enormes sombreros llenos de pan surtían las pequeñas tiendas de barrio, algunas sirvientas barrían el frente de sus casas al tiempo que los perros correteaban por las calles, la torre de la iglesia se iluminaba con los primeros rayos del sol.

A unos kilómetros por el camino a Maravatio se acercaba una caravana de carretas, era la carpa húngara, un grupo de saltimbanquis, acróbatas, bailarinas, la estrella Isis, la adivinadora, la que veía el futuro por medio de las cartas, Hércules el hombre más fuerte del mundo que doblaba barras de metal, Humus, el mago que desaparecía objetos en el aire, Ursus, el amaestrador de osos, que por cierto era el único animal que traían consigo.

La caravana llegó a las afueras de la ciudad y de inmediato comenzaron a armar la carpa, la cual era pequeña solamente cabían 200 personas, por lo cual tendrían lleno las dos funciones diarias que darían durante la semana, a un lado una pequeña carpa con la imagen de Isis con una bola de cristal y unas cartas en la mano. Solamente 10 personas, pero en dos horas ya estaba lista la carpa.

Las tablas que servirían como asiento de los espectadores, dos de las carretas ya sin la carga sirvieron como carros alegóricos para pasear por el pueblo a Ursus con su oso y a Hércules doblando una barra en sus hombros, en la otra carreta dos violinistas, un tambor y un hombre con una gaita.

Era media mañana cuando salieron a recorrer la ciudad, los niños corrían atrás de ellos y el ruido de los violines, la gaita y el tambor hacían salir a la gente de sus casas para ver pasar a los actores. Las sirvientas corrían a avisarle a sus patronas que estaba de regreso Isis, la adivinadora, la mujer que "sabía" el destino de la gente, las señoras iban al escondite de las economías que hacían del gasto para pagar los servicios de la adivinadora que eran caros y se arreglaban para ser las primeras que atendiera.

La carpa de Isis era independiente y por tres de los costados aparecían pinturas de la adivinadora con símbolos egipcios, el frente era una cortina de seda con un gran sol y antes de terminar de montarla ya había una larga fila de mujeres ansiosas de conocer su futuro y algunos hombres que resistían la pena de estar entre mujeres pero que también con ansia querían saber su futuro.

En el interior de la carpa de Isis la decoración estaba bastante cargada de figuras, cuadros y símbolos egipcios,

Isis lucía un vestido de seda plagado de objetos como mariposas azules de cristal y escarabajos de ónix y oro, el cabello esponjado y un maquillaje con grandes cejas de diamantina que hacían lucir más grandes y misteriosos sus ojos y su hermosura natural se acrecentaba haciéndola parecer de otro mundo.

Isis estaba muy perceptiva desde que entraba la persona, la forma de caminar para saber si había algún problema de columna o malformación, veía la horizontalidad de los hombros buscando alguna contractura, luego ya sentada frente a ella analizaba las manos, el rostro buscando huellas de sufrimiento y rastros de su actividad, el tono de su piel le decía si algún órgano estaba funcionando mal y luego clavaba su mirada en el iris en busca de alguna enfermedad.

Las dejaba hablar para analizar la inflexión y el tono de su voz, los gestos de su rostro y los movimientos de las manos, para después tratar de leer el subconsciente de las personas a los pocos minutos había establecido una empatía impresionante con su interlocutor.

Le hacía preguntas cortas que la llevaran por el camino de explicar mejor su problema y después el consejo lógico y adicionalmente alguna yerba medicinal, las personas que ya habían acudido, la vez anterior que se había presentado, hablaban entusiasmadas de lo que había pasado, Isis hablaba con mucha mesura y en el fondo se sentía incómoda con esa admiración fanática de algunas.

Ahora las despedía con una frase que no entendían plenamente pero que la tomaban casi con devoción "vendrán tiempos difíciles donde tu Fe se pondrá a prueba, escucha el vuelo de las mariposas que vendrán a pedirte ayuda, guarda este mensaje en tu corazón y que tus labios no lo pronuncien". Aunque las entrevistas eran cortas la fila crecía durante el día en lugar de disminuir y a las 8 de la noche su ayudante anunciaba el fin de los trabajos y la larga fila se retiraba frustrada.

Isis se retiraba a una carreta acondicionada como camarote se lavaba la cara para acostarse totalmente agotada después de hacer sus oraciones, Isis había sido iniciada en su natal India en el culto a la diosa Kali y en su época de estudiante en París se había convertido al catolicismo, sus estudios de filosofía y sicología en la Sorbona le hacían comprender al occidental y sus estudios de medicina y botánica en Nueva Delhi le daban un plus como "adivina".

En ocasiones se cuestionaba si era su Fe o su ansia de aventuras lo que la había traído a México, pero sentía amar a esta tierra y a esta gente como a su patria, los hombres de estas tierras la enloquecían y hacia un gran esfuerzo por mantenerse distante aunque no siempre lo lograba.

Mientras Isis dormía se iniciaba la segunda función y las localidades totalmente agotadas, era la función de adultos y los acróbatas, payasos y magos hacían el deleite de los pobladores, los mismos artistas se reciclaban en nuevos personajes que daban la impresión de tener muchos artistas.

A las 10 de la noche terminó la función y Ursus se había transformado en un hombre maduro regordete que respondía al nombre de Hans Rosenbach propietario de la carpa Húngara, ya lo esperaba un carruaje que lo llevó de inmediato a una enorme casa con frente de cantera. Elpidio Gómez, presidente municipal y gran maestro masón lo recibió a la puerta de la casa con gran entusiasmo, se saludaron con tres pequeños apretones del pulgar como un reconocimiento de hermanos masones, seguido de un abrazo entusiasta.

-Señor Hans, nos honra con su visita- exclamó Elpidio con entusiasmo.

-El honrado soy yo, Señor Gómez- Contestó Hans.

-Pase por favor, la cena esta por servirse y los hermanos masones lo esperan con verdadero interés, le muestro el camino.- Elpidio avanzaba por delante sin dejar de ver a Hans, su amplio bigote parecía ser parte de esa sonrisa fingida y perenne que mostraba Elpidio, su cuerpo obeso, su calva morena y su traje nuevo de mal gusto lo hacían parecer un personaje de caricatura.

En una amplia mesa con mantel de seda, cubiertos de plata y porcelana china aquella mesa lucía muy Porfiriana, no de tan mal gusto como los cuadros que colgaban de las paredes.

Uno a uno fue saludando a Hans quien obsequiaba una sonrisa y un saludo con manifiesto acento alemán, eran las fuerzas vivas de la región que se habían dado cita para conocer a este personaje venido de ultramar.

La cena resultó una delicia de la cocina michoacana, los comensales hacían gala de ingenio para impresionar al alemán que reía de las ocurrencias, al terminar la cena se anunció el discurso oficial de Don Elpidio.

-Después de la traición de Porfirio Díaz que permitió que las sombras de la ignorancia siguieran floreciendo en nuestra nación, cuando Lerdo de Tejada ya había terminado con ellos, hoy tenemos a un presidente que impondrá la luz y el estudio racional a nuestros hijos, ha llegado el momento de eliminar por completo a nuestro gran enemigo, la Iglesia Católica, que no quede un sólo cura sobre estas tierras, que el fanatismo se elimine por completo, ni un templo católico en pie.

Elpidio siguió con su discurso flamígero sacudiendo su enorme barriga con el énfasis de sus palabras, los demás lo seguían con inseguridad en sus rostros pero sin la menor intensión de contradecirlo.

A José le costaba un gran esfuerzo mantener este personaje, las demás caracterizaciones las vivía con entusiasmo, pensaba como ellos, cuidaba todos los detalles, lo disfrutaba, incluso la del monje tibetano lo había llevado a la conclusión, secretamente guardada, de que el camino hacia Dios no tenía una religión exclusiva.

Al terminar, Elpidio se sentó de nuevo y buscó la aprobación de Hans, quien le sonrió e inicio una serie de preguntas para conocer los detalles de aquella embestida que se estaba preparando.

Elpidio habló largamente con el afán de lucirse ante aquel "extranjero", Hans fue el último en retirarse en la madrugada, en la puerta lo despidió Elpidio con un regalo, un dije con una compás y una escuadra de plata, se despidieron con fingido afecto y Hans tomó de nuevo el carruaje que lo llevó a la carpa.

La semana trascurrió como una réplica de aquel primer día con la variante de que Ursus se transformaba en Tomas González líder de la Liga que se encontraba cada noche con posibles colaboradores de la liga a quienes adiestraba en técnicas de reclutamiento.

Al amanecer desmontaban la carpa cuando llegaron al lugar soldados y policías.

-Queremos ver a Hércules en este momento- dijo imperativo el capitán Godínez.

-Salieron a Uruapan anoche señor- contestó tímidamente el encargado.

-Revisen todas las carretas debe de estar en alguna de ellas- dijo el capitán al tiempo que los soldados revisaban.

-¿En qué salieron a Uruapan?- preguntó el capitán.

-En tren- contestó el encargado tímidamente.

-No hay tren a Uruapan, llévense a estos hombres a la comisaría.

-Capitán, aquí hay huellas frescas de caballos, parecen ser cuatro y con rumbo a la sierra- gritó un soldado.

-Deben ser ellos, no perdamos tiempo, ¡tu! Benítez, telegrafía a los cuarteles vecinos que vigilen las entradas de los pueblos y los demás ¡síganme! Esta vez no se nos escapa.- dijo el capitán al momento de montarse de nuevo a su caballos y seguir la ruta de la huellas de caballos.

Unos cuantos kilómetros adelante caminando al paso de los caballos decía José a Rubén.

-Parece que te reconocieron en la última función, si no fuera por la sirvienta del capitán ya estaríamos en prisión.

-Mas bien fusilados, Diéguez esta sediento de sangre- contestó Rubén.

-¿Tanto así? –contestó José.

-A Martín, mi sacristán, lo reconocieron en la plaza de Morelia, se lo llevaron al cuartel y al otro día lo encontraron en el basurero con un tiro en la sien, por cierto hay que subir a esa loma desde ahí veremos si no vienen siguiendo, Ustedes sigan la vereda yo los alcanzo. dijo Rubén al tiempo que saltaba del caballo y corría a lo alto del cerro.

A los pocos minutos regresó con el rostro encendido.

-Están cerca, ¡Farah! Tú por delante conoces el camino, Aurelio, mantén una distancia para que los caballos no se atropellen, José, tt detrás de Aurelio, yo cubro la retaguardia, corramos por nuestras vidas.- gritaba en forma imperativa Rubén.

Farah revelaba una faceta más como caballista, su largo cabello parecía flotar e inclinada hacia delante parecía formar una unidad mítica con el caballo serpenteando por el bosque.

Al mediodía llegaban a una cabaña en la sierra donde tomaban agua y cambiaban de caballos.

-Me vuelves a sorprender- Le dijo José a Rubén.

-Estamos más organizados de lo que tú crees, pero no te confíes, este capitancito es de lo mejor que hay en el ejercito, es hábil y ambicioso, así que no perdamos un segundo, llegaremos en la medianoche a mi refugio, ahí estaremos seguros.- respondió orgulloso Rubén. Al atardecer llegaban a otra cabaña donde de nuevo cambiaban caballos y tomaban unos alimentos.

-Te veo más tranquilo- comentó José a Rubén.

-El trayecto que tomamos por el arroyo y el borrado de huellas cuando retomamos la sierra hará que el capitán se desespere, repetiremos esta operación en dos arroyos más y será imposible que nos encuentre- sonrió Rubén.

Efectivamente el capitán Godínez, caminaba a la orilla del arroyo maldiciendo y tratando de encontrar huellas que le permitieran seguir la búsqueda, ahí lo encontró la noche sin agua y alimentos.

Por su parte, era la medianoche cuando los fugitivos llegaban al refugio de Rubén y las señoras se apuraron a preparar una cena, después de un breve aseo personal se reunieron a la mesa.

-Bueno, nos duró solamente una semana la carpa Húngara- comentó José.

-Lo siento- contestó apenado Rubén.

-No te preocupes, levanté la información que necesitaba y a ¿ti como te fue? Farah- preguntó José.

-Pesca mayor- respondió mostrando dos cuadernos de notas, al tiempo que José mostraba el suyo.

-¿No temen que esas notas caigan en malas manos?- preguntó Rubén.

-Cada párrafo esta escrito en una lengua muerta diferente, les llevaría mucho tiempo traducirla, además está escrito de abajo hacia arriba y de derecha a izquierda.- Contestó José

-Yo lo escribo en Avadhi y fuera de la India casi nadie lo conoce.- contestó Farah orgullosa.

-Vaya con los políglotas, yo con el latín y griego tuve suficiente- afirmó Rubén mientras devoraba un taco de pollo en salsa.

José y Rubén bromeaban como en los tiempos del seminario mientras Farah mantenía la cabeza baja viendo hacia a la mesa, evitaba ver a José porque su pulso se aceleraba.

-Bien, es hora de ir a descansar, mañana haremos un recuento de la información que logramos y ajustaremos nuestros planes.- dijo José al tiempo que se levantaba. Ya en su cabaña se inclinó en el reclinatorio para hacer sus oraciones nocturnas.

Farah por su parte se recostó y al cerrar los ojos su mente le trajo la imagen de José al tiempo que suspiraba pero acto seguido se mordía los labios enojada, el cansancio vino en su auxilio y pronto quedó totalmente dormida.

El rocío sobre los pinos y encinos formaba pequeñas gotas que al darles los primeros rayos del sol, parecían prismas vistiendo los rayos del sol de colores, los pájaros carpinteros golpeaban los encinos y los gallos cantaban saludando el día.

El campamento despertaba, Rubén, José y Aurelio regresaban de su sesión de ejercicios y después del baño disfrutaban de una exquisita barbacoa de hoyo para luego irse a un lugar habilitado como sala de juntas.

Farah inició describiendo cada una de las personas que la habían ido a ver, sus perfiles, sus amigas, sus intereses y los de sus esposos, José estaba realmente impresionado con el trabajo de Farah, José se limitó a comentar las relaciones que había establecido y la organización y planes de los masones.

-Por la información que recabó Farah me doy cuenta que Casimiro es Jonás el masón, hay que tener mucho cuidado con él, nos servirá cuando tengamos que mandar mensajes engañosos pero hay que alertar a los que están cerca de él.- dijo José al tiempo que se levantaba.

Rubén le dio un abrazo fuerte y efusivo, Farah se levantó suave y sensualmente para despedir de beso en la mejilla a José, sintiendo que su sangre hervía, José le agradeció su información.

La despedida de Aurelio siguió el mismo protocolo y pronto ambos disfrazados de leñadores tomaban el camino a Morelia.

Capítulo XVII
El Conflicto

Rubén y su gente se habían movilizado al norte del Oro para construir un gran salón con troncos, el techo de tejas de madera y sillas de madera con cuero relativamente cómodas.

Los brotes de violencia contra los católicos se multiplicaban y la defensa lucía desorganizada, los obispos llamaban a la paz pero nada efectivo hacían para evitar las continuas agresiones contra los fieles y sacerdotes, la liga parecía resquebrajarse por las opiniones encontradas de los jóvenes de la ACJM que pugnaban por una llamamiento a las armas generalizado y los Caballeros de Colón que se oponían frontalmente a la idea de las armas.

José había formado una red de inteligencia en las áreas de mayor conflicto y trataba de evitar más derramamiento de sangre, pensaba que debían de frustrar los ataques del gobierno más que enfrentarlo, su gente acudía a todos los actos pero permanecía en el anonimato.

Había llegado el momento de que se conocieran y se descentralizaran algunos movimientos para lograr acciones de respuesta rápida.

Durante la noche fueron llegando los "delegados" en forma silenciosa y al amanecer la mesa estaba completa, algunas campesinas preparaban tortillas recién hechas, mientras que otras servían la barbacoa y huevos con chorizo.

En la cabecera de la mesa, antes que nadie, se había sentado José el cual lucía una camisa de manga corta, anteojos y sombrero de palma, su rostro sin expresión y la musculatura de sus hombros le daba la impresión de un guerrero.

Farah llegó luciendo un hermoso vestido azul con un ligero escote, su cabellera perfectamente peinada y un maquillaje que resaltaba sus ojos y encendía sus mejillas, después de un abrazo más largo que lo normal se sentó al lado de José.

Aurelio fue el tercero en llegar y aunque perfectamente limpio, lucía un poco desarreglado, se había dejado crecer el cabello y la escasa barba no lucía, trató de saludar a José con un beso en la mano, como era la tradición, pero José se apresuró a saludarlo con un abrazo y le invitó a sentarse.

La gente de Rubén se había encargado de recoger a los delegados en el Oro y traído al refugio, ahora se encargaba de ubicarlos en la mesa.

El primero de los delegados en llegar fue el "Pato" de Puebla, aunque era y seguía trabajando como obrero calificado en una fábrica de muebles su afición por la lectura le había formado una sólida cultura, se enorgullecía de haber ayudado a Miguel Palomar y Vizcarra en la adaptación del sistema alemán de Cooperativas y las cajas de ahorro tipo Raiffeinssen para ayuda de los pequeños propietarios rurales expuesta en el primer Congreso Católico efectuado en Puebla en 1903.

Su madre, una india mixteca se había casado con su patrón al enviudar este y solamente le sobrevivió 10 años, expulsados de la casa paterna por los primeros hijos del patrón, abandonó la escuela para trabajar como peón en una pequeña fundición.

El Pato se sentó muy ceremonioso después de saludar de mano a cada uno de los directivos, ordenó sus papeles sobre la mesa.

El representante de Guadalajara era el padre Kuri, un defensor incansable de los derechos de los obreros, cercano a los 70 años conservaba una enorme agilidad mental y su cuerpo delgado se mantenía siempre en actividad, con una franja de cabello blanco, coronando su clava brillante, protegida con una boina vasca, el padre Kuri se había transformado en el gran conciliador de obreros y patrones, su discurso ante los obreros era de fomentar el respeto por sus patrones, su lugar de trabajo y su familia, delante de los patrones insistía en que el salario debía de ser suficiente para mantener dignamente a la familia de los trabajadores.

Después de la revolución había ayudado a los patrones a conseguir crédito para revivir los talleres y pequeñas fábricas, exhortaba a los obreros a no caer en el alcohol y el juego y frecuentemente entraba a las cantinas a sacar a sus obreros, los cantineros lo veían solamente y ni por un momento les pasaba por la mente oponerse, el cariño y respeto de la gente por el padre rayaba en el fanatismo.

El padre Cereceres admiraba la espiritualidad del padre Kuri y cada vez que viajaba a Guadalajara acudía en busca de un consejo espiritual, por su parte el padre Kuri reconocía el gran talento intelectual del padre Cereceres y le daba el respaldo total a sus acciones.

De Morelia llegaba el padre Manuel, famoso por su defensa del indígena y gran admirador de Vasco de Quiroga, había convertido el atrio de la iglesia en un mercado de artesanías y la sacristía en un taller donde prestaba herramientas a los indígenas que se integraban a su grupo, los indígenas le llamaban el "Tata" lo cual le llenaba de orgullo.

De Oaxaca venía el padre José María, el cual había participado en la formación del partido Católico, admirador de León XIII, tenía en el buró de su recámara la encíclica "Rerum Novarum", donde se precisaba la posición de la Iglesia respecto a las relaciones laborales y a los derechos de la personas, una respuesta a la esclavizante propuesta del marxismo, el padre promovía fuertemente el socialismo cristiano, sus discursos eran fuertes y había quien lo consideraba como subversivo, "el maltrato del obrero en las fábricas clama al cielo" gritaba en ocasiones desde su púlpito.

Su temperamento fuerte e impulsivo, le ocasionaba frecuentes problemas con los patronos y en ocasiones hasta con los obreros e indígenas, su método era el regaño e incluso llegaba a ir a las casas de sus fieles a regañar a las madres que mandaban desaseados a sus hijos a la escuela.

Así como era exigente con la gente, era más consigo mismo, trabajaba en su parroquia desde el amanecer hasta muy tarde en las organizaciones sociales de la Iglesia.

El delegado de Querétaro era un obrero maduro, tosco en su trato, pero de una gran nobleza, llegó hasta su sitio, recorrió con la vista a todos los presentes y grito a manera de saludo "Dios, Patria y Libertad" y tomó su asiento sin pronunciar una palabra más, tratando de recordar a todos los presente los Círculos Obreros Católicos.

Siguieron entrando ahora los muchachos de la ACJM al tiempo que Aurelio los presentaba.

En el patio hervían, en sendas ollas, sopa de hongos y médula, así como en un gran sartén preparaban un guisado de carne, chorizo, papas y nopal sin faltar otro sartén con frijoles, chile y queso.

A las doce del día se rezó el "ángelus" y salieron al patio a disfrutar de la comida, las tortillas recién hechas y las aguas frescas que les habían preparado, los muchachos reían, mientras los adultos se identificaban y recordaban otros tiempos.

Al terminar algunos decidieron caminar por el bosque para "bajar" la comida otros se sirvieron un café de olla y se sentaron en le campo usando algún pino como respaldo, Farah no se separaba de José platicando trivialidades y sonriendo, José parecía ausente y con una tasa de café fijaba la vista a lo lejos.

Al reanudarse la reunión tomo la palabra José Cereceres.

-Como ustedes recordarán cuando Plutarco Elías Calles gobernó el estado de Sonora desterró todo el clero católico de su estado, confiscó las escuelas e impuso la educación racional que fanatiza, que avanza por el sendero de la tolerancia y condescendencias inmorales.

Tenemos un presidente rabiosamente jacobino dispuesto a eliminar la Iglesia Católica para imponer el protestantismo de sus socios los masones americanos.

La acción callada del pueblo mexicano, eminentemente católico, solamente ha incrementado la acción furibunda de los masones quienes han ordenado asesinar a sacerdotes y fieles.

El ala más radical de los masones americanos, el Ku Klus Klan se ha reunido con Plutarco para exigirle más acción en contra de los católicos, estos masones incendian cruces en sus ceremonias pronosticando el fin de la Iglesia Católica.

El socialismo masón, basado en la lucha de clases, busca la eliminación de la clase media, para formar una élite todopoderosa y un pueblo totalmente domesticado y hundido en los vicios.

El mal ha tomado cuerpo en estos personajes oscuros que han usurpado el poder en México para sumirlo en el totalitarismo como esta sucediendo en Rusia y en otros países, el liberalismo ha sido corrompido y destruido en su esencia libertaria para predicar el libertinaje y la concupiscencia.

No es nuestra misión tomar la vida de ningún ser humano, pero tampoco podemos permanecer indiferentes a los asesinatos que el estado hace de la población civil por el único delito de profesar su Fe.

Ante nosotros tenemos una encrucijada vital, el camino de la rendición, de la aceptación del mal o el de la lucha por el bien, la vida de los católicos y su derecho a profesar su Fe y a educar a sus hijos en sus costumbres y creencias.

El riesgo de tomar este camino es que podemos sufrir el martirio semejante al de los primeros cristianos que morían bajo las fuerzas del imperio después del suplicio y el tormento.

Ellos tienen la fuerza, el dinero y el poder, nosotros solamente tenemos nuestra Fe, nadie está obligado al sacrificio, yo les pediría que recapaciten y regresen a sus casas porque este sendero esta lleno de peligros y nuestra esperanza de triunfo, incierta.

El padre Cereceres tomó una pausa invitando a que se retiraran, un joven retiró su silla lentamente y se puso de pie, levantó su cara al cielo y gritó con toda sus fuerzas.

-¡Viva Cristo Rey!-

Todos se levantaron al instante y el grito se hizo común, al tiempo que los jóvenes entonaban el canto, reine Jesús por siempre.

La voz de Aurelio envolvía a las demás voces marcando el ritmo, las voces salían de aquella sala y parecían subir por el monte elevándose al cielo.

Al terminar el canto José les pidió que se sentaran de nuevo y continuó su mensaje.

-Nuestra labor no estará en el campo de batalla sino en la inteligencia, debemos de estrechar la vigilancia del enemigo y avisar a quienes estén en peligro, de igual modo habremos de hacer operaciones para liberar a nuestros combatientes y suministrar armas, comida y dinero a las tropas.

Aurelio les explicará como hacerle llegar los materiales que se necesitan para fabricar balas, dagas y accesorios para esconder armas y suministros en carretas, vehículos y el tren, también les explicará como les hará llegar las armas y pertrechos a sus lugares y a quienes repartirles.

Farah coordinará de la misma forma la entrega de dinero, alimentos y ropa, las instrucciones serán en forma oral, grábenla en la memoria escrupulosamente, de la misma manera el código para mensajes escritos y los procedimientos de comunicación y enlace.

Aurelio se entrevistaba en forma personal con cada uno de ellos y después hacían los mismo con Farah, al terminar, gente de Rubén los acompañaba a la ciudad para que regresaran a sus respectivos lugares.

Era la medianoche cuando terminaron.

-El refugio de la mariposa Monarca está a sólo una hora, hay habitaciones para cada uno de Ustedes-

Interrumpió Rubén a José y Aurelio que comentaban cómo viajar.

-Buena idea, Rubén, ha sido un día largo y estoy cansada- Dijo Farah suspirando.

Salieron los cuatro al patio, donde todo había sido retirado y eliminada cualquier huella de reunión, la luna brillaba entre las nubes iluminado en forma difusa el bosque, subieron a una calesa con rumbo al refugio.

Tal como lo pronosticara Rubén, llegaron en una hora acompañados por una lluvia ligera y fría, Rubén les asignó a cada uno su cabaña y se retiró a la propia.

José tría en un costal los informes que le habían entregado y encendió la chimenea con el doble propósito de aminorar el frío y quemar los informes que fuera leyendo.

Había pasado una hora cuando escuchó unos golpes en la puerta, se levantó rápidamente de su silla y por la ventana vio que era Farah quien tocaba, le abrió rápidamente y exclamó.

-Estas empapada, te vas a enfermar, ¿que haces fuera de tu habitación?-

-Necesitaba hablar con Ud. y como mañana partiremos cada uno a nuestro destino no habrá tiempo- contestó tranquilamente Farah.

José tomó una toalla y se la acercó.

Farah vio colgada la sotana de José y exclamó.

-Pondré mi ropa a secar y usaré mientras su sotana- dijo con una sonrisa Farah.

José tomó un legajo de papeles y le dio la espalda a la chimenea, Farah se desvistió con cierta sensualidad frente a la chimenea colocando su ropa en la parte alta de la chimenea.

José sintió repentinamente los pechos de Farah sobre sus hombros y la mejilla de ella sobre la suya, levantándose como resorte, la luz del quinqué iluminaba el cuerpo desnudo y bien formado de Farah.

-Ponte de inmediato la sotana o tu ropa y sal de aquí- ordenó José con firmeza

-¿Nunca habías visto a una mujer desnuda?- contestó Farah sin hacer un ningún movimiento.

-Cúbrete- insistió José

-¿A Moramai también le pedirías que se cubriera?- sonrió coqueta Farah.

- No ensucies su nombre- contestó molesto José

-¿Ensuciar su nombre? ¿Cuánto tiempo tienen amándose?, ¿Es más mujer ella que yo?- contestó enojada Farah.

-No ha pasado nada entre nosotros- contestó tajante José.

-¿Cómo que no ha pasado nada?, Ella no tiene otro tema de conversación y jamás ha salido con otro hombre y tú tiemblas al oír su nombre y me dices que no ha pasado nada- contestó enojada Farah.

- No me he vuelto a hablar con ella en años, mis voto de castidad.- repuso un titubeante José al tiempo que lo interrumpía violentamente Farah.

-Tu voto de castidad lo rompiste desde el momento que te enamoraste de ella, lo has pisoteado al llevarla en la mente y el corazón, eres un hipócrita, un traidor, un falso cura.-decía en tono de reproche Farah.

-Te ruego que te retires, Farah, por favor- el tono de José había perdido fuerza y su rostro se tornaba triste y bajó el rostro.

Farah se acercó y abrazó al tiempo que le decía.

-Entrénate conmigo, yo te amo como nunca había amado, te haré feliz, te lo juro- Farah apretaba su cuerpo contra el de José.

José la tomó de las muñecas y la retiró diciéndole.

-Te ruego te retires, cúbrete y vete, ahora-

-¡Hipócrita¡ ¡falso¡ ¡traidor¡ te odio, te arrepentirás- el rostro rojo de ira descomponía el rostro de Farah que tomó su ropa, se cubrió con la sotana y salió violentamente.

José se acercó a su camastro y se tumbó con la mirada al techo, sentía que todo le daba vuelta, una depresión profunda le invadía sintiendo sumirse en un abismo sin fin.

La claridad del amanecer lo encontró despierto y agotado, se levantó penosamente, fue hasta el pozo y con dos cubetas de agua se dirigió a un biombo a darse un baño.

Se encontró a Rubén que venía de correr por los cerros.

-Hola José, no te vi por el bosque- saludó sudoroso Rubén.

-Hoy no salí, hay mucho trabajo pendiente, quiero analizar toda la información que nos trajeron-

Respondió con voz cansada José.-Bueno ya debe de haber desayuno, vamos a tomar algo y te acompaño al Oro.-

Contestó entusiasta Rubén.

-No tengo hambre, creo que traigo mal el estómago.- Contestó José.

-Vaya, hoy todo mundo amaneció mal del Estómago, Farah se fue también sin desayunar.- Aclaró Rubén sonriendo.

-¿Ya se fue Farah?- preguntó extrañado José.

-Sí, cuando salía a correr estaba justo sentada en el pozo con su maleta lista y me pidió un propio para que la acompañara a la ciudad, por cierto la vi ausente y como molesta, ¿pasó algo?- Preguntó Rubén.

-No, que yo sepa- contestó José.

-Así son las mujeres, hoy están felices mañana tristes, nunca sabe uno como van a estar, me tendrás que esperar a que tome algo porque quiero acompañarte, para ultimar unos detalles contigo.- respondió Rubén.

Era el mediodía cuando José llegó a la casa donde vivía como Franz Gramer, Clotilde le abrió la puerta y le ayudó con la maleta, momento que aprovechó José para amarrar un listón rojo a la reja.

-Qué gusto que usted venga por aquí, justo acabo de preparar un molito que le aseguro, le encantará.- eexclamaba con alegría Clotilde, que pocas veces veía a Franz ya que casi no usaba esa casa.

-Voy a darme un baño y regreso, tráeme ropa y toallas.-

Dijo José mientras se encamina hacia el baño.

José se enjabonaba vigorosamente como si quisiera limpiarse a fondo, sentía el agua fría como gran alivio, como si toda su carga afectiva se fuera por el desagüe, salió, comió algo y cuando se dirigía a su despacho sonó la campana, era Aurelio que había visto el listón.

Clotilde le abrió la puerta y José se apresuró a decirle.

-Aurelio quisiera que fueras a la casa de Doña Hilda, ahí debe de estar el padre Kuri, me comentó que pasaría unos días aquí antes de irse a Guadalajara, pregúntale si puede venir un momento.- le pidió José.

-Con mucho gusto, padre- no había terminado de decir la frase cuando salió rápidamente del lugar.

José entró al lujoso despacho y tomó unas finas hojas de papel amartillado con el escudo de los Gramer, una pluma fuente de oro y empezó a escribir, al terminar de escribir la tercera carta escuchó la campana de la puerta de la casa, sin duda era el padre Kuri y se apresuró a recibirlo.

Efectivamente era el vigoroso anciano que le sonreía.

-Qué gusto en verlo de nuevo, padre Kuri- dijo entusiasta José, al tiempo que le abría la puerta.

-El gusto es mío padre Cereceres- contestó kuri mientras entraba.

-Te agradezco el favor Aurelio, nos vemos mañana en la parroquia- dijo José despidiendo a Aurelio.

-Pase por favor padre Kuri- dijo José tomando el brazo del anciano sacerdote.

-Vaya esto sí que es lujo- exclamó Kuri al entrar al despacho de Franz.

-Es parte del disfraz, padre, me ayuda a negociar todo este oropel, pero siéntese por favor que necesito como nunca de su ayuda.- suplicó José.

-Me sorprendes, José- exclamó extrañado por ese tono de voz tan afable, tan raro en José.

-He tomado la segunda decisión más importante de mi vida- dijo en forma solemne José.

-¿Y cual fue la primera?- preguntó con una sonrisa Kuri.

-Ingresar al seminario- respondió contestando la sonrisa.

-¿Y la segunda?- replicó Kuri como si estuvieran jugando a las adivinanzas.

-Abandonar el sacerdocio- respondió José al tiempo que desaparecía la sonrisa de ambos.

-¿No estarás hablando en serio, José?- preguntó Kuri.

-Ayer alguien me dijo que era un falso cura y lo estuve meditando toda la noche y encontré que tiene razón, desde que entré al seminario toda mi vida ha sido vertical, Dios y yo, poco he pensado en los demás, poco en mi entrega a los humildes y necesitados, encerrado en los libros y aventuras, he dado poco a mis hermanos.- decía José con la mirada en el piso.

-Vamos, José, creo que están haciendo un juicio demasiado duro e injusto, tus aportaciones a la Iglesia han sido fenomenales, tu trabajo incansable y extremadamente eficiente te convirtió una leyenda en Roma, tus hazañas y debates nos han dado motivo de orgullo a los curas mexicanos y a la Iglesia entera, por otro lado si sientes que le debes algo a los necesitados siempre hay oportunidad para cambiar.-decía Kuri sintiendo un alivio.

-Me llamaron hipócrita y traidor, esas palabras resuenan en mi mente porque tienen sentido, Padre, conocí a una mujer hace unos años y me enamoré profundamente de ella, no me la he vuelto a encontrar, pero busco la oportunidad de verla a lo lejos, es un sentimiento que comparte cada átomo de mi ser, que crece día a día que me corta la respiración.- se detuvo José en su explicación.

-Eso nos pasa a todos en algún momento de crisis, pero Dios nos da fuerza para superarlo.- contestó en forma amable Kuri.

-Esto ya no es una crisis, es la vida misma, lo abarca todo, no puedo más Padre Kuri, no puedo más.-José siguió contando a detalle su vida a Kuri y finalmente concluyó.

-He escrito estas tres cartas, una para el Santo Padre donde le pido permiso para retirarme, otra para el obispo Pecci para que interceda por mi ante el Santo Padre y la tercera para Moramai, avisándole que dentro de tres meses iré a hablar con sus padres para pedir su mano.- terminó José exhausto.

-Tres meses es poco tiempo, esto puede durar años, ¿piensas romper con todo?- comentó Kuri.

-En lo absoluto, seguiré como laico comprometido, esto no altera mi Fe, vaya, ni siquiera la pone en duda, seré el más humilde de los luchadores por la libertad de mi tierra y el más devoto siervo de la Virgen de Guadalupe que ha guiado mis pasos.- contestó José enfático.

Kuri se levantó y caminó dando vueltas hasta que exclamó:

-¿Y para que querías mi consejo si ya tienes decidido todo?

-Necesito su apoyo y bendición padre.- contestó humilde José.

-Cuando te ordenaron te impusieron las manos en tu cabeza y en ese momento quedaste ordenado sacerdote por toda la eternidad, el sacerdocio no es una sotana que se quita y se pone a voluntad.- Kuri hablaba con cierta molestia.

-"Tu es sacerdos in aeternum secundum ordinem melchisedec"- respondió José en perfecto latín.

Kuri seguía dando vueltas en círculo sin saber que decir hasta que, como si hablara consigo mismo dijo:

-Hay sacerdotes que llevan una doble vida- decía Kuri al tiempo que José interrumpía.

-No es mi caso ni lo será, no tendré a Moramai en la sombra, ni ejerceré los ministerios con las manos sucias.- afirmó enfático José.

-No era propuesta era parte de una reflexión- ahora Kuri interrumpía y seguía con su exposición.

-Estos curas que llevan doble vida representan una vergüenza para la Iglesia, su familia y la grey, es lo bueno de tu propuesta, pero un permiso así, es poco común, sé que lo habrás fundamentado mejor que nadie, pero así como tienes amigos y gente que te admira en Roma, tienes enemigos producto de la envidia y el celo, agregaré a tus cartas una más al Obispo Pecci, te asombrará saber que Pecci le debe un favor a este humilde cura de pueblo, pero antes tienes que prometerme algo.- dijo seriamente Kuri.

Lo que Usted diga padre- exclamó de inmediato José.

-Yo seré quien bautice a tu prole.- finalmente aparecía de nuevo la sonrisa bondadosa.

José saltó de su sillón y abrazó al padre kuri levantándolo por los aires.

-Bájame bruto que me vas a descuajaringar.- Gritaba el padre Kuri.

-Es usted un santo padre, que Dios lo bendiga siempre- Exclamó José feliz.

-Yo no te estoy dando ningún permiso, no tengo ninguna autoridad y tú lo sabes, solamente te doy mi bendición y le pido a nuestro señor que te ilumine por ese difícil camino que estás tomando.- contestó Kuri ya de nuevo con los pies en el piso.

-Eso es suficiente, me da fuerza para seguir adelante.- Respondió José al tiempo que tomaba un gran crucifijo de oro con la cruz de madera preciosa.

-¿Tratas de pagar algo? –preguntó kuri.

-Trato de que me recuerde en sus oraciones, además lo bendijo Pío X, no creo que lo arrumbe en algún rincón.- dijo riendo José.

-Estos niños ricos queriendo comprar todo.- dijo en tono de broma Kuri.

-Nuestro afecto no tiene precio y Usted lo sabe- sentenció José.-

-Es cierto, desde tu época de seminarista me ganaste por tu empeño y conducta- contestó Kuri ya en serio.

-¿A poco no le hubiera gustado tener un hijo como yo? bromeaba José.

-¿Tan feíto? ¡No!- contestó Kuri con una carcajada.

Ambos salieron abrazados hasta la puerta de la casa.

-Mi chofer lo llevará a su casa padre- dijo en forma de despedida José.

-La tarde está esplendida para caminar- contestó Kuri al tiempo que abría la reja y se retiraba.

José entró a la casa gritando.

-¡Félix¡ ¡Félix¡- llamaba a su secretario, un muchacho que había interrumpido su carrera de leyes a la muerte de su padre y que servía fielmente al magnate Franz.

Llegó corriendo Félix extrañado por los gritos de su jefe.

-Diga Usted, señor- exclamó obediente.

-Vas entregar estas cuatro cartas, con tu vida me respondes por ellas-. sentenció Franz

-Si señor, claro que las entregaré- respondió formalmente Félix.

-Tomarás el tren de las 7 a México y de ahí te iras a Oaxaca a entregar esta primera carta. Renta una carreta el camino es malo e irás más rápidamente que en carro o si soportas el caballo compra uno y lo vendes en Veracruz, ahí tomas el primer barco con rumbo a Nueva york de ahí a Ámsterdam y en tren a Roma, donde quiero que entregues de mano estas tres cartas y esperes la respuesta- dijo enfático José.

Félix no salía de su asombro y tembloroso preguntó.

-¿Me esta Usted mandando a Roma, Italia?-

-¿Existe otra Roma?- Preguntó Franz y agregó:

-Prepara tu maleta y te espero en la oficina para darte el dinero para tu viaje- terminó diciendo José al tiempo que se daba media vuelta.

Félix no entendía bien pero fue a preparar su maleta, a los pocos minutos llegaba a la oficina , Franz ya le tenía un sobre con dinero de diferentes países y unas monedas de oro.

-Hay una carta más que deberás de entregar en Múnich, es para mi abuelo, si te falta dinero acude a él, espero que regreses lo más pronto posible de Roma, pero no puedes volver sin la respuesta, envíame cartas de los puntos a los que llegues.

-Cuente conmigo Mr. Gramer- comentó Félix con cierto nerviosismo pero visiblemente orgulloso de su encargo.

José siguió revisando los informes y tomaba nota, los informes estaban plagados de comentarios y reflexiones pero muchos omitían fechas y lugares, anexaban recortes de periódicos y algunas fotografías.

A raíz de la toma del templo de la soledad por cismáticos y protestantes, las guardias de los templos habían surgido de manera espontánea y sin organización Nahum Toquiantzi le mandaba una carta pública advirtiendo que si tomaba la Basílica de Guadalupe como se rumoraba, él contaba con 7,000 hombres y mujeres armados que la defenderían.

El secretario de Gobernación declaraba ilegal a la Liga , en Aguascalientes el gobernador Elizalde formó un grupo de agraristas que esperaron la salida de la Iglesia de San Marcos para agredir a tiros a los fieles, las campanas sonaron en la forma convenida y la gente salió de sus casas a defender a los fieles, los agraristas se replegaron pero más tarde regresó el ejercito con ametralladoras y asesinó a una cantidad no determinada de fieles.

Los hombres del PLM de Morones habían pegado carteles con insultos a la Iglesia en los alrededores y la policía tenía orden de disparar a quienes viera quitándolos.

José seguía leyendo los reportes de los estados donde se reportaban las agresiones y asesinatos del estado contra sacerdotes y fieles.

Sonó la campana de la casa y unos minutos después Aurelio tocaba en el privado de José.

-Vi el listón en la reja, ¿olvidó quitarlos o necesitaba que nos viéramos de nuevo?-

Dijo Aurelio en la puerta.

-¡Pasa¡ Cuéntame por favor como viste a los de la ACJM-Preguntó José.

-Casi todos con la misma historia, el Estado reprimiendo y matando a la gente por su Fe y el movimiento creciendo sin límite, casi toda la población está a favor de nosotros, pero tenemos problemas de organización, cada quien hace las cosas a su manera, la comunicación es escasa y el liderazgo débil.

La Iglesia titubea, casi todos los obispos se manifiestan en contra del uso de las armas, pareciera que quisieran que cayéramos en el martirio, los sacerdotes extranjeros han sido expulsados y muchos asesinados, otros se refugian en la Ciudad de México y en la sierra, los que han tomado las armas han demostrado un talento especial para la lucha- tomaba un respiro Aurelio y José le interrogaba.

-¿Cómo va la producción en la herrería?-

-Bien y mal, estamos produciendo cada día más pero es insuficiente, el mango de las dagas no nos ha quedado bien después de varios golpes se desprende, las balas hechas en torno toman demasiado tiempo, estoy experimentando con unas herramientas para ver si puedo hacer diez al mismo tiempo, la mitad de los casquillos no funcionan y su llenado con pólvora es lo más lento del proceso, necesitamos troqueles más precisos y mejores metales.- contestó Aurelio un poco molesto.

-Ya deben de estar en Veracruz los metales especiales que vienen de Alemania, con ellos podrás hacer troqueles precisos y duraderos, esto va para largo mi estimado Aurelio- contestó José.

Se despidieron y José se retiró a su dormitorio, realizó sus oraciones y en el momento de recostarse y cerrar sus ojos la imagen de Moramai le inundó la mente.

Capítulo XVIII
La Traición

Se había declarado la suspensión de culto y las Iglesias permanecían cerradas, sin embargo, algunos sacerdotes como José oficiaban a puertas cerradas, esa mañana salía de la casa parroquial cuando lo detuvo un empleado del telégrafo para entregarle un telegrama, José lo abrió con cierta ansiedad y tal como lo suponía era de Félix que lacónicamente le informaba; "Después de una semana de espera parto para Nueva York, primera carta entregada hace diez días".

Caminó rápidamente al templo y entró por una puerta lateral, dentro de la sacristía lo esperaba un monaguillo que le ayudó a ponerse las vestiduras para oficiar, subió las escaleras hasta llegar al altar, el templo estaba lleno de gente que con devoción esperaba la misa, José de frente al altar y en latín inició la misa con una emoción inusual.

A la hora del sermón subió al púlpito que estaba a la mitad de la Iglesia y como era su costumbre recorrió con la vista el templo y cual no sería su sorpresa al ver en la última fila a una joven vestida de blanco con encajes de colores vivos y una mantilla blanca sobre su cabello, su corazón empezó a latir de prisa y dijo en voz baja.

-Moramai- respiró profundo e inició.

-Queridos hermanos, nos encontramos aquí reunidos.. – No pudo seguir porque un disparo rompió el silencio reverencial de la gente, ahí en medio de la Iglesia un hombre vestido de traje negro accionaba su arma contra el sacerdote.

José rodaba por las escaleras de caracol del púlpito, más como movimiento de escape que por la herida en un costado, de inmediato otros cuatro hombres apostados en diferentes lugares iniciaron una serie de disparos contra el púlpito, el primer francotirador cayó con una daga en el cuello, la gente se tiraba al piso gritando.

Abud sacaba una segunda daga que volaba en dirección del segundo tirador al tiempo que varios disparos se impactaban en su cuerpo.

José lograba llegar a la sacristía cerrando la puerta desde dentro, los tres sobrevivientes corrían en la dirección por donde vieron salir a José disparándole.

Un anciano ranchero desenfundaba su pistola y les disparaba a los sicarios, sin suerte, quienes repelían el ataque ultimando al anciano.

Otro ranchero más, este muy joven, también accionaba su arma con mayor suerte porque le daba en la cabeza a uno de los trajeados, pero caía también bajo las balas de los otros dos.

José entraba en el armario donde se guardaba la ropa para oficiar y trataba de subir por una escalera marina que había mandado instalar para acceder al techo del templo, ahí notó que su brazo derecho no le respondía, si embargo, gracias a su condición pudo subir al techo justo cuando los asesinos derribaban la puerta de la sacristía.

Se asomó rápidamente para ver que los soldados cubrían la puerta principal y las dos laterales por lo que trató de bajar por la pared de piedra de la parte trasera del templo, aprovechando el pequeño espacio que dejaba una piedra y otra, sin embargo el descenso era lento por lo que a medio camino decidió saltar, aunque en las argollas hacía saltos de alturas semejantes el no poder equilibrarse con el brazo derecho lo hizo caer mal y del costado donde sangraba, fue tal el dolor que estuvo a punto de perder el sentido, sin embargo, se incorporó y empezó a caminar con cautela, si los descubrían los soldados era hombre muerto, pasó una calesa y se colgó de un lado, la mujer que viajaba en ella descorrió las cortinas y al ver al padre de inmediato le abrió la puerta. José entró de inmediato.

-¿Qué le pasó padre?-preguntó asustada la mujer.

-Nada, no se preocupe, me ha dado por viajar así- contestó sonriendo.

-Pues me ha asustado padre, ¿A dónde lo llevamos?- preguntó la mujer.

El dolor en el pecho le provocó una punzada dolorosa y no pudo contener el gesto.

-Perdóneme padre pero Usted tiene algo.- dijo apurada la mujer, no pudo contestar de inmediato y respiraba profundo, la mujer se alarmó al ver que colgaba su brazo sin movimiento y en forma instintiva le desabrocho la sotana dándose cuenta que estaba llena de sangre.

-Dios mío, esta Usted herido, tenemos que ir a un hospital- gritó la mujer.

-¡No¡, es solamente un rozón, lléveme por favor a casa del empresario Franz Gramer- dijo José penosamente respirando con dificultad.

La mujer dio la instrucción al chofer y de inmediato se dio a la tarea de revisar la herida, rompió parte de su crinolina y empezó a limpiar la sangre del pecho de José.

-La bala entró y salió, parece que no afectó el pulmón pero posiblemente le ha quebrado una costilla y lastimado el músculo del hombro. Qué raro como si le hubieran disparado desde el piso.- comentó la señora que en sus tiempos mozos había sido enfermera.

La casa estaba relativamente cerca y llegaron de inmediato, José haciendo un gran esfuerzo se bajó y abrió la puerta, la señora lo siguió, pensó llamar a Félix pero recordó que no estaba así que le llamó a Anselmo.

-Prepara el Mercedes de inmediato- le ordenó y avanzó hacia su cuarto. la mujer lo seguía.

-Disculpe, pero tengo que cambiarme, le ruego que salga-dijo José la percatarse de la presencia de la mujer.

-Primero lo curo, se puede desangrar y morir, veo que tiene prisa, lo haré rápidamente- hablaba en tono enérgico y José no le quedó más que aceptar.

-Ahí hay vendas y material de curación- dijo José al tiempo que apuntaba a un pequeño armario con un espejo en la puerta. Clotilde hacía su aparición y preguntaba.

-Dios mío ¿Qué le pasó señor? ¿Por qué viene con sotana?-

-No preguntes y ve a traer agua hervida- le replicó José.

María, que así se llamaba la mujer le bajó la sotana, le quitó la camiseta y con unas gasas le limpió la sangre hasta encontrar la herida, sangraba más de la espalda que del pecho, le dió un par de analgésicos con un vaso de agua y se lavó las manos.

-No hay tiempo de anestesia así que le voy a coser así- dijo con toda calma.

-Haga lo que tenga que hacer pero rápido- contestó en el mismo tono José que se reponía. Clotilde llegó con el agua mientras María le cosía la herida de la espalda.

-Tiene suerte, no hay bala que extraer y no se ve dañado, quizás en una semana pueda mover libremente el brazo, pero por lo pronto hay que inmovilizarlo.-

Dijo en forma autoritativa María.

-¡Clotilde!, prepárame una maleta y tráeme una camisa limpia- ordenó José

-Siempre hay una maleta lista, ¿le digo a Anselmo que la suba?- contestó Clotilde

-Sí, rápido por favor- replicó José.

María terminó de coser la herida del pecho y con una venda inmovilizó el brazo contra el tórax.

-José es Franz o Franz es José- Preguntó María con un dejo de sarcasmo.

-No lo sé, como tampoco sé cómo me voy a poner la camisa- contestó José en el mismo tono.

-No se preocupe yo se la pongo, que ironías de la vida la mitad de las jóvenes casaderas suspiran por Franz y resulta que es el padre José, aunque también hay las que suspiran por el padre José, ¿Qué dirán cuando les platique que vi su musculatura?- Dijo María con un tono de picardía.

-Dirán que no se apuraba por estar parloteando.- respondió riendo José que recobraba el aliento y el analgésico empezaba a hacerle efecto desapareciendo el dolor.

-Vaya, no esperaba tanto agradecimiento.- comentó María fingiendo molestia.

-Le agradezco mucho, salvó mi vida, pero ¿le podría pedir otro favor?- le dijo José con una sonrisa, sonrisas en la que siempre fue muy parco.

-Diga, aquí esta su salvadora para servirle- María contestaba la sonrisa, le extrañaba esa simpatía de aquel hombre serio e impenetrable al que conocía bien.

-Vaya por favor al templo, en este momento debe de estar la gente afuera o en la plaza, hay una joven alta y delgada vestida de blanco con encajes de colores, cabello largo y porte distinguido se llama Moramai, voy a estar en el Mercedes al otro lado de la plaza, dígale que la estoy esperando.- dijo José en tono de súplica.

El rostro de María se puso serio y con un "está bien" salió de la casa rumbo a la Iglesia, la gente del pueblo se había congregado junto a la Iglesia y apedreaba a los soldados que se batían en retirada, no fue difícil dar con Moramai, su estatura destacaba casi por una cabeza respecto a la altura promedio de la gente y se acercó María.

-¿Es Usted Moramai?- preguntó casi en voz baja, Moramai volteó a verla y dudaba en contestar cuando María agregó.

-Vengo de parte del empresario Franz Gramer-

El rostro de Moramai cambió de inmediato y tomó a María por los hombros.

-¿Dónde está, cómo esta, que le pasó?- Moramai atropellaba las palabras en su desesperación por saber de Franz.

-Sígame por favor sin llamar la atención y sin hablar-le contestó María.

Las dos mujeres se fueron abriendo paso por el mar de gente que inundaba la plaza en esas tempranas horas de la mañana, la gente estaba irritada y gritaba consignas, Franz se abría paso entre la gente que invadía la vialidad, algunos portaban palos y piedras, estaban verdaderamente indignados ante aquella profanación de su templo.

Moramai y María llegaron antes que Franz al lugar y estaban inquietas hasta que María descubrió a lo lejos el auto de Franz y Moramai salió corriendo a su encuentro después de agradecer con un abrazo a María.

Subió rápidamente y doblaron en la primer cuadra para alejarse del centro, pero el avance seguía lento porque la gente continuaba llegando a la plaza.

Finalmente Quedaron frente a frente, tantos años de espera, tantas emociones contenidas, los rostros irradiaban felicidad, era como si todo el entorno se borrara y solamente ellos estuvieran. Moramai rompió el silencio con un

-¿Cómo estas?-

-Feliz, increíblemente feliz, con el paraíso en la tierra, con la mente clara y el corazón ardiendo.- contestó Franz sin dejar de contemplarla.

Moramai sonreía y tomaba la mano de el con ternura pero al tratar de alzarla se dio cuenta que la traía inmovilizada.

-¿Qué te pasó?¿entonces sí estás herido?.- el rostro de Moramai se llenaba de angustia.

-Nada serio me lastimé el brazo al caer por las escaleras del púlpito.- contestó en tono tranquilo Franz.

-La gente decía que te habían dado un balazo en el corazón, que había sangre en el piso.- insistía Moramai.
-Fue solamente un rozón y en un par de días estaré bien, hoy es el día más feliz de mi vida no pensemos en esas tonterías- dijo Franz sonriendo.
-También traes un moretón en la mejilla y en la frente- decía Moramai al tiempo que tomaba delicadamente la cabeza de Franz y besaba sus heridas.
Franz se sentía en el cielo cuando vio por el retrovisor a unos soldados.
-Creo que tendremos que apurarnos o los soldados dispondrán de nosotros- dijo Franz y tocó la bocina para abrirse paso entre la gente, al tiempo que aceleraba en neutral para que el ruido del motor ayudara a abrirse paso, los soldados apuraban el paso pero la gente se metía con ellos.
Finalmente se despejó el camino y los 16 pistones del Targa Florio rugieron dejando una nube de polvo detrás de ellos.
-Debemos de llegar hoy mismo a México-
Dijo Franz mientras aceleraba a fondo.
Le preocupaba no haber sido advertido de aquel ataque, no lo entendía pero había que poner a salvo a Moramai, había sido una imprudencia venir así sin previo aviso, se preguntaba como había conseguido la dirección, se preguntaba muchas cosas pero rompió el silencio con una pregunta.
-¿Cómo están tus padres?-
-Bien- contestó Moramai y la plática continuó con temas triviales como si quisieran eludir la plática principal, pero se sentían felices, pronto la carretera se adornó de pinos y encinos y el aroma de bosque les parecía maravilloso, cualquier cosa les maravillaba, el Mercedes se deslizaba por las curvas del camino con una velocidad impresionante.
Llegaron después del medio día a Toluca y fueron al centro a comer, lucían como lo que eran, una pareja de enamorados, en unas cuantas horas el semblante de

Franz había cambiado radicalmente, lucía más joven, sin preocupaciones con una felicidad que no se preocupaba por ocultar, lo mismo pasaba con Moramai, reía continuamente y su rostro lucía más hermoso que nunca.

Antes que se ocultara el sol llegaban a la embajada de Alemania en México, el portero les abría la reja y entraban hasta la puerta.

Los mozos bajaban las maletas de Franz al tiempo que Moramai decía:

-Olvidamos pasar por mis maletas-

-No te preocupes, mañana iremos de compras, tendrás los vestidos más hermosos que imagines- dijo sonriendo Franz.

En ese momento salía el embajador y abrazaba a Franz.

-No sabes el gusto que me da verte y esta jovencita ¿Quién es?- saludó el embajador

-Es el tesoro más preciado de mi vida- contestó Franz.

-Mucho gusto, mi nombre es Moramai- saludó con una sonrisa.-

-"Esperar contra toda desesperanza" mmm. ¿habrá algo de profecía en su nombre?- preguntó el embajador apretando con su mano su mentón.

-No lo sé , mis padres me han dado varias versiones de los motivos de mi nombre pero ninguno me convence- contestó Moramai.

-Pero pasen, por favor, que deben de estar muy cansados del largo viaje.- dijo el embajador al tiempo que mostraba el camino de entrada.

-¡Nadja! Acompaña a la señorita a la habitación de huéspedes distinguidos, ven un momento conmigo a la biblioteca, por favor, !Franz!- ordenaba el embajador firmemente.

Franz y Moramai se despidieron con una sonrisa, mientras el embajador tomaba del brazo izquierdo a Franz y lo llevaba hasta la biblioteca.

-¿Qué pasó hoy en Morelia Franz?- preguntó muy serio el embajador.

-No sé, de pronto empezaron a dispararme, caí por las escaleras, corrí a la sacristía, subí al techo, bajé por la parte trasera, llegué a casa, recogí a Mormai y aquí estoy, no sé más.- contestó Franz.

-Hoy nuestro agente en presidencia nos llamó para informarnos que ayer un grupo de elite de 10 militares y cinco sicarios suizos se dirigían a atrapar a un peligroso delincuente por órdenes del presidente, jamás me imaginé que fueras tú el blanco y la orden de eliminarte fuera tan contundente, estos suizos nunca fallan, aunque viéndote creo que hoy fallaron, mañana tendremos a nuestro agente de Toluca y al de Morelia, ellos nos explicarán. Por lo pronto he reforzado la vigilancia en la embajada, toma este revólver por si lo llegaras a necesitar, hay diez guardias alrededor de la casa, cuatro en la azotea y cinco en la calle, de ese tamaño es el riesgo que tenemos en este momento.- dijo el Embajador con gesto de preocupación.

-No tengo idea de lo que está pasando, pero préstame también la carrillera, no sea que la necesite, bueno mañana tendremos más noticias y tiene usted razón fue un viaje largo y pesado. Con su permiso me retiro.- dijo Franz sin querer especular sobre los hechos.

-Usa la habitación contigua a la de la señorita, serás su guardia si se presenta una emergencia.- dijo El embajador con el seño fruncido.

-No tenga usted cuidado, buenas noches señor Embajador y mi agradecimiento por este gesto de su parte.- se despidió con mucha formalidad y visiblemente preocupado.

-Buenas noches Franz, que descanses- Contestó el embajador.

De unas zancadas subió la escalera hasta el cuarto de Moramai y entró apresurado revisando las ventanas.

-Cierra bien la puerta de entrada y si escuchas algo grita, estaré en el cuarto de junto, esa puerta da a mi cuarto y está abierta, cualquier cosa llámame de inmediato- dijo

José y de paso cerró la puerta principal y atoró la puerta con una silla.

Iba a continuar con sus precauciones pero vio a Moramai sonriente y con una cara de amor y no pudo más que abrazarla con el brazo sano, por largo rato permanecieron en silencio como queriendo compensar los años de alejamiento, hasta que Franz le dijo al oído.

-Pronto Dios bendecirá nuestra unión y no nos separaremos jamás-

-Así será, hasta mañana-

Contestó Moramai que se separó en ese momento. Franz se retiró con un simple ¡hasta mañana!, cerró la puerta tras de sí, se hincó junto a la cama e inició sus oraciones agradeciéndole a Dios estar viviendo estos momentos.

Moramai advirtió que no traía ropa de dormir y simplemente se quitó la ropa, se sentía liberada y feliz como nunca, pensaba en que sus padres la entenderían; les había dejado una carta explicándoles que no podía esperar ni un momento más, les dejaba la carta de Franz y les prometía regresar y realizar su boda con ellos.

Abrazó con fuerza la almohada y quedó profundamente dormida.

Franz apagaba la luz y miraba por la ventana, se alcanza a ver parte de la calle por esa ventana lateral y abajo veía a los guardia caminar con armas largas, cerró las cortinas y se recostó, al sentir el dolor de la herida se levantó, prendió la luz luego se quitó el vendaje y las gasas, las heridas ya no sangraban, pero los moretones en el brazo lo mantenían inflamado, sacó de su maleta un ungüento de árnica y masajeó sus moretones, luego puso tintura de yodo en sus heridas y se vendó de nuevo recostándose sobre el lado "bueno".

Despertó casi a las 9 de la mañana, algo realmente raro en él, que siempre se levantaba antes de que saliera el sol, había un gran jarrón con agua y un lavamanos, así que se lavó la cara y la cabeza peinándose con esmero, sonrió al ver que su mejilla y frente tenían moretones también.

Tocó la puerta que separaba el cuarto de Mormai y la encontró con el cabello húmedo y la sonrisa de felicidad. Se abrazaron de nuevo, felices de estar junto bajaron por las escaleras de cedro y en la sala les advirtió Nadja que el desayuno estaba listo.

-El embajador les pide disculpas de no acompañarlos al desayuno, pero tiene una reunión- dijo solemnemente Nadja.

-Lo podemos esperar- contesto Franz.

-El desayunó temprano- aclaró Nadja

Entre bromas y recuerdos desayunaron un típico desayuno alemán para después saborear un café árabe, al terminar se acercó Nadja y le comunicó que el embajador lo necesitaba en su despacho.

Franz entró al despacho del embajador con una sonrisa, raro en él, saludar con una sonrisa pero sentía que por primera vez en su vida era feliz, era sentirse en un mundo desconocido donde todo lucía maravilloso.

-¡Franz¡,- dijo con aire preocupado el embajador.

-La situación es más grave de lo que creíamos, te has vuelto en el hombre más buscado por la gente del presidente, con la orden de atraparte vivo o muerto, han desplegado un número impresionante de gente para atraparte, han puesto gente en las estaciones del tren y camiones, desde ayer revisan todos los vehículos que entran y salen de Morelia, todos los lugares que visitabas están custodiados, la embajada está vigilada, no sabemos si ya te descubrieron, pero tienes que huir de inmediato, los vecinos de junto te sacarán en la cajuela de su auto.

-Nos sacaran- interrumpió Franz.

-Complicas las cosas- indicó el embajador.

-No viajo sin ella- respondió terminante.

-Bien, los sacaran de la ciudad, ellos esperan que huyas por Veracruz, tendrás que hacerlo por el Norte, te dejarán el auto, es un Buick con motor arreglado, debes de llegar al Paso Texas y de ahí viajar en tren a Nueva York, debes de llegar el día que salga el barco, no pases la noche ahí. En Europa, vete de inmediato a casa de tu

abuelo, allá estarás seguro.- Terminó diciendo el embajador.
-Correcto, así lo haré- contestó seriamente Franz.
En el jardín de la embajada había una pared cubierta totalmente por la hiedra, ahí se encontraba una puerta simulada que daba a la casa contigua.
El embajador veía a la pareja desde la ventana de su oficina le escoltaba uno de sus ayudantes y agente.
-¿No le comentó nada de Rubén?- preguntó tímidamente el agente.
-No, no quise arruinar su felicidad, si se hubiera enterado se queda seguramente, ¿estás seguro que entre los muertos estaba Rubén?- preguntó el embajador.
-Fue el más fácil de identificar, la lluvia de la tarde apagó el fuego, los sorprendieron al amanecer no quedó ninguno vivo, Rubén quedó como coladera se ensañaron con el- respondió el agente tomando aire.
-¿Qué sabes de Aurelio?-preguntó el embajador.
-Los tres ataques se dieron casi simultáneamente, parece que Aurelio no estaba en la herrería pero mataron a todos y saquearon el lugar, destruyeron la maquinaria y montaron guardia por si llegaba- contestó el agente.
Efectivamente Aurelio no había ido a la herrería ese día sino a misa donde presenciara el intento de asesinato del padre Cereceres, conocía el plan de escape y trató de alcanzarlo, pero la multitud se lo impidió, al lograr salir del templo corrió a la casa parroquial y luego a la de Franz alcanzándolo a ver a lo lejos.
Luego fue a la casa de la madrina, pero advirtió un carro frente a ella y se dirigió a la herrería en el camino se encontró con un vecino que le contó lo ocurrido en la herrería, su intuición le dijo que todo estaba al descubierto e instintivamente pensó en su pueblo, ahí estaría a salvo, nunca hablaba de él, así que consiguió un caballo y salió huyendo a todo galope.
Llegó por la tarde y al pasar por la plaza se quedó inmóvil al ver a Martha con un niño en los brazos, quiso seguir de largo pero la voz de Martha los detuvo.

-¡Aurelio¡ ¡Aurelio¡- gritaba Martha. Aurelio se acercó y bajó del caballo.
-Hola Martha, ¿es tu hijo?-
Preguntó Aurelio pasando saliva.
-Si mira, es niña.- dijo Martha al tiempo que le quitaba la cobijita de la cara a la bebé.
-¿A poco no esta bonita?- preguntó sonriendo Martha.
-Muy hermosa, como la madre- Suspiró Aurelio.
-Gracias, no habías vuelto desde mi boda, sabes lo que más recuerdo fue el Ave María que cantaste y creo que también todos los que asistieron, decían que fue como si los ángeles bajaran a cantar, fue maravilloso lo recuerdo como si fuera ayer, ¿quieres cargarla?- dijo Martha al tiempo que extendía los brazos para que Aurelio la cargara.
Aurelio dudó un momento pero la cargó en sus brazos, como hubiera deseado que esa niña fuera suya, un torrente de sentimientos lo invadió y sin darse cuenta las lágrimas escaparon de sus ojos, al tiempo que veía la sonrisa de aquella criatura que parecía comunicarse con él.
-¿Qué pasa Aurelio?- Preguntó inquieta Martha.
-Me traicionan los recuerdos- dijo dando un beso la niña y regresándosela su madre.
-Voy un poco de prisa, te veo luego Martha- dijo Aurelio retirándose.
-No dejes de pasar a casa de mamá se pondrá feliz de verte- dijo Martha a un Aurelio que montaba de nuevo.
-¡Adiós Aurelio!- le gritaba otra vecina.
Al otro día, justo cuando Franz abandonaba la capital, en ese momento, Aurelio corría la misma suerte que Rubén, Martha recuperaba el cadáver y el pueblo entero le lloraba, fue abierto el templo y junto al altar pusieron la caja de madera rústica que guardaba el cuerpo de Aurelio, la gente rezaba y le llevaba flores, los hombres maldecían al ejercito, las señoras y ancianas no dejaban de rezar.

Lamentablemente no hubo sacerdote que le hiciera una misa, al padre Juan lo habían asesinado la semana anterior, las autoridades civiles se encerraban en sus casas para no provocar la ira del pueblo, la gente colgaba moños negros en los marcos de sus puertas, crecía el odio al gobierno y se cerraba un Capítulo en el pueblo, la voz privilegiada callaba para siempre.

Capítulo XIX
La Huida

El Buick se abría paso en el tráfico de la ciudad, abundante de carretas y carromatos, solamente en contadas ocasiones se oía el rugir de su poderoso motor.

Una hora después entraba a un granero fuera de la ciudad, el chofer cerraba la puerta y regresaba al carro para abrir la cajuela, Franz y Moramai salían entre risa y tropiezos.

Franz tomaba el volante y Moramai abordaba en el asiento de junto al tiempo que agradecían al chofer y el potente carro dejaba una estela de polvo tras de sí para dirigirse a la carretera.

El perfume de Moramai invadía sutilmente la atmósfera y ambos rebozaban de felicidad, empezaron las confidencias de las veces que disfrazado había visto a Moramai en París, Moramai dulcemente le reclamaba que no le hubiera hablado.

En mediodía pararon cerca de un gran álamo y bajaron a comer, Nadja les había preparado una canasta de alimentos fríos, extendieron un mantel sobre la hierba y se dispusieron a comer sin dejar de comentar sus aventuras, luego caminaron por un gran llano del estado de Querétaro y de nuevo abordaron el auto. Atardecía cuando se veía a lo lejos la ciudad de Zacatecas, Franz giró hacia la izquierda para tomar una brecha, el sol pegaba de frente y el cielo se tornaba rojizo.

-Aquí cerca tiene su Hacienda Don Artemio, un amigo de mi abuelo que se dedicaba a la venta de metales y herramientas para las minas, he estado varias veces aquí.- Comentó Franz. Moramai veía al cielo al tiempo que su rostro se tornaba triste.

-¿Crees que Dios nos castigue?- preguntó Moramai tímidamente.

-Dios no castiga- contestó enfático Franz

-Pero- Trató de continuar Moramai.

-Hice un voto de castidad y sigo casto, el pecado no esta en los pensamientos que te asalten, sino en que los aceptes y les des vida- respondió Franz.

-¿Eso significa que has rechazado nuestro amor todos estos años?- Preguntó con angustia Moramai.

-¡Jamás! Significa que he vivido intensamente entre dos fuerzas que me jalan, mi vocación y mi amor por ti.- respondió Franz.

-¿Vencí?- dijo ahora tímidamente Moramai.

-No hay lucha, he vivido mi sacerdocio con todo el fervor de servir a Dios y a su Iglesia y en cada átomo de mis ser estás tú, como mi propia esencia, no puedo ser sin ti.- la voz de Franz se quebraba, su fuerza y firmeza natural se desplomaba.

-Pero abandonas el sacerdocio- dijo Morami después de una pausa donde le era difícil hablar y su rostro se llenaba de lágrimas al escuchar lo que significaba para Franz.

-Cuando nos ordenan, el obispo nos impone las manos al tiempo que nos dice: "Tu eres sacerdote eternamente" y siempre seré sacerdote, pero ya no impartiré los sacramentos y con la dispensa mantendré mi relación con la jerarquía eclesiástica, iré a Roma y apuraré mi dispensa.- Aclaró Franz.

-¿Extrañarás?- preguntó Moramai.

-¡SI! Pero el servicio a Dios a través de ayudar al prójimo no es exclusivo de los sacerdotes, tú misma has hecho un ministerio de ayuda al necesitado, ahora juntos extenderemos nuestro amor y Fe a los demás.- Concluyó Franz.

Dos pilares de ladrillo soportaban una gran reja de hierro forjado, una barda de piedra apilada rodeaba el casco de la hacienda, sonaron el claxon y un trabajador se acercó.

Franz pidió hablar con Artemio y el mozo se dirigió al casco de la Hacienda.

Don Artemio era un viejo correoso, curtido por el sol, de sonrisa fácil, después de hacer fortuna con la venta de herramienta compró la hacienda y se dedicó de lleno a atenderla haciéndola florecer hasta que la revolución acabó con ella, al término de la revolución regresó, los agraristas después de saquearla la habían abandonado, las rojas tierras permanecían sin cultivar.

Las 40 habitaciones de la hacienda seguían en ruinas, solamente conservaba 2, aparte de la suya y la biblioteca donde pasaba largas horas por la tarde leyendo novelas de aventuras.

Cada año viajaba a la frontera a retirar del banco lo suficiente para sobrevivir el año, tenía una huerta familiar y un pequeño establo con 3 vacas que le daban leche para elaborar sus quesos. Salió con los brazos en alto gritando el nombre de Franz, Franz apresuró el paso para saludarlo en un abrazo fraterno.

-¿A que debo el milagro muchachito?- dijo Artemio con voz ronca y cascada pero a la vez entusiasta, le agradaba la visita.

-Vamos de paso, Don Artemio y venimos a pedirle posada esta noche.- dijo Franz con una sonrisa.

-Esta es tu casa, chamaco, y lo sabes muy bien, tu abuelo es mi hermano, que gran hombre, pero y esta princesa ¿de que cuento la sacaste?- dijo mientras extendía la mano a Moramai.

-Es Moramai, mi esposa, Don Artemio.- contestó con aplomo Franz al tiempo que Moramai se estremecía.

-Te sacaste la lotería, esta niña es un ángel.-

Afirmó Artemio. Los tres caminaron juntos hacia la Hacienda al tiempo que Franz comentaba.

-Veo la Hacienda igual que hace 3 años, Don Artemio.

-¡SI! Mijo, lo más caro que me robaron estos agraristas fue el entusiasmo de volverla a levantar, ¿para que invertirle? ¿para que te la vuelvan a quitar? ¡NO! señor! me la hicieron una vez, pero no más, sí señor no más, este país se divide en dos, los que trabajamos y los que viven de robarle al que trabaja, esa pinche ideología revolucionaria sólo ha creado vagos, parásitos y maleantes.- decía Artemio al tiempo que golpeaba la tierra con su bastón. Entraron a la sala donde había cuatro sillones alrededor de una mesa baja y en la pared solamente el cuadro de Doña María, la difunta esposa de Don Artemio.

-¡Pancha! Prepara algo para cenar, tenemos invitados de lujo, también tráeme la botella de tequila y un agua fresca para este señorito que no sabe tomar tequila.-

Le gritó Artemio a su cocinera, esposa de su mozo, quienes integraban todo el personal de la hacienda.

Moramai se dirigió a la cocina a ayudar a Pancha mientras Artemio y Franz platicaban animadamente de los tiempos de gloria de la minería Zacatecana.

Pancha anunció que la cena estaba lista y pasaron a la cocina donde había una mesa rústica que contrastaba con la vajilla de porcelana y los cubiertos de plata, la cena se veía muy elaborada.

-A Pancha le enseñé yo a cocinar, no puedo estar sin la comida Toscana, en mi huerta tengo todas las yerbas italianas y preparo mis pastas, a los palurdos no les gusta el vino y tengo de los mejores vinos europeos, esos nunca se los llevaron y cuando me hacen falta cruzo la frontera y ahí tienen algunos, antes los conseguía en Zacatecas pero ya todo se lo llevó la fregada, regresamos a tiempos primitivos, espera tengo un vino francés de los que te gustan, espero que tu señora sepa tomar vino- decía Artemio al tiempo que se levantaba por una botella.

Artemio no dejaba de hablar intercalando chistes con anécdotas, siguieron la sobremesa en la sala y Artemio tomó una guitarra y se puso a cantar con voz ronca y cascada, pero curiosamente entonada, canciones napolitanas. En una pausa se sentó y de inmediato se quedó dormido, doña Pancha se acercó con un quinqué y les dijo.

-Ya les preparé la habitación de invitados, acompáñenme por favor-

La habitación tenía una sola cama y al lado una silla con zarapes adicionales, Franz tomó los zarapes e improvisó

una cama, se acercó a Moramai y le dio un beso en la mejilla al tiempo que le decía:
-Mañana hay que madrugar- Moramai contestó con una sonrisa, la luz vibrante del quinqué la hacía lucir más hermosa, más angelical, Franz la contempló diciendo:
-¡Eres increíblemente hermosa- Moramai se le encendieron las mejillas.
Al salir el sol Franz se levantó y fue al pozo a llenar dos baldes de agua, Doña Pancha ya estaba en la cocina preparando avena y haciendo tortillas de maíz en el comal, al entrar a la habitación con los baldes de agua Moramai ya estaba despierta y se saludaron un cálido abrazo que fue roto por la entrada de Doña Pancha con unas toallas, jabón y agua caliente.
Franz salió a ver el amanecer, todo le parecía distinto, desbordaba felicidad, nunca había sido tan feliz, aunque esta felicidad le recordaba a su madre, a sus días de infancia, de pronto se dio cuenta de que si se apuraban por la tarde estarían en la casa de su madre y con este pensamiento regresó de prisa a la hacienda.
Moramai lucía verdaderamente hermosa con su largo cabello húmedo y su lindo rostro sin maquillaje parecía una adolescente, desayunaron avena, unas quesadillas de flor de calabaza con queso ranchero, un atole y un café de olla, un verdadero banquete por esas tierras.
-Voy a despertar a Don Artemio para que se despida.- Dijo Doña Pancha.
-No lo despierte, a el le gusta dormir hasta tarde.- replicó Franz.
-No me lo perdonaría, tiene todo el día para seguir durmiendo.- agregó Pancha al dirigirse a la habitación de Artemio.
Don Artemio salió de su habitación luciendo un camisón hasta las rodillas y su gorro de dormir.
-Forman una gran pareja y aunque no me invitaron a la boda yo les tengo un presente para cada uno, esta cruz de plata te protegerá de tanto maleante que hay en el camino, la bendijo el Papa, y esta medalla de la virgen de

Guadalupe le ayudará a esta bella señora en cualquier penalidad.- dijo Artemio al tiempo que extendía las dos manos con sendos regalos.

-Muchas gracias, Don Artemio las conservaremos con cariño.- Dijo Franz al recibirla.

-Te estás volviendo muy suavecito Franz, veo que esta mujer te ha convertido- replicó Artemio riendo.

-Muchas gracias Don Artemio- exclamó Moramai.

Intercambiaron abrazos y saludos para abordar el carro y continuar el viaje.

Don Artemio los vio irse desde el pórtico de la hacienda al tiempo que una sensación de profunda tristeza le embargaba, algo le decía que no los volvería a ver nunca.

El camino era bastante malo en algunos tramos y Franz tenía en ocasiones que parar para retirar alguna gran piedra del camino, sacaba la pistola luger de la cajuela de guante y se la fajaba.

El auto avanzaba por aquellas tierras rojizas, donde la sequía se había intensificado, ese año dando la impresión de soledad y abandono.

Franz aprovechó el camino para contarle la historia de su infancia, los campos sembrados, las fiestas del pueblo, la intensa actividad económica, la ganadería, los aserraderos y las minas. Pararon solamente para recargar gasolina y para comer unas quesadillas que les había preparado Pancha y continuaron su viaje al norte.

Caía la tarde cuando llegaron al pueblo donde había nacido José, estacionó el carro junto a la iglesia de San José y se apresuró a abrirle la puerta a Moramai y la tomó de la mano para subir la escalinata de la Iglesia, avanzaron lentamente por el pasillo central al tiempo que las luces de las veladoras parecían escoltarlos.

El olor a incienso inundaba el lugar de la misma forma que los recuerdos acudían a la mente de Franz como un torrente emotivo incontenible, la alegría, el dolor, la tristeza, la melancolía, el coraje formaban un huracán interno que le aceleraba el corazón. Alguna mujeres de negro le rezaban, posiblemente a sus muertos, las viudas de la revolución, tanta muerte, tanto dolor por el control de un país, tanto sacrificado, tanto saqueo y solamente quedaban las mujeres con el consuelo de que sus rezos ayudasen a sus esposos, padres e hijos al tránsito hacia otra vida.

Franz tenía la vista fija en el enorme altar churrigueresco, recordaba cuando con sotana roja y alba ayudaba en la misa, recordaba los olores, las imágenes, el órgano del templo estaba mudo y algunos vitrales rotos.

Llegaron frente al altar y se hincaron.

-Padre, estoy de nuevo en el lugar donde sembraste en mi corazón la semilla del servicio a mis semejantes, donde nació mi vocación, donde por primera vez escuche de ti y la Fe de mis antepasados me fue transferida. – Franz tomó un respiro y continuó.

-Hoy vengo en compañía de Moramai a pedirte que bendigas el amor que infundiste en nuestros corazones, a darte las gracias por unir nuestros destinos, a poner nuestras vidas en tus manos, a bendecir tu nombre, a honrar nuestros padres y a pedirte que estés siempre con nosotros y guíes nuestros pasos.

Duraron unos minutos en oración y después de una reverencia salieron lentamente por el pasillo central.

Subieron de nuevo al automóvil y se dirigieron hacia el panteón, no le fue difícil encontrar la tumba de Elisa, su madre, él había mandado hacer un gran ángel con mármol de Carrara y lo había enviado al cumplirse un año de su muerte, la tumba estaba limpia y con flores, Franz enviaba dinero cada mes a Felipe quien mantenía limpia la tumba, paradójicamente a unos 50 metros estaba la tumba de su asesino en un montón de tierra con yerbas y una cruz de madera pintarrajeado el nombre de Francisco Villa

Franz se hincó ante la tumba de su madre y le dijo:

-Madre, vengo a verte para que conozcas a tu hija, sé que la hubieras amado como a mí, porque todo en ella es digno de amarse, porque su amor me ha reencontrado con el amor humano, porque, porque –

Un nudo en la garganta le impidió seguir hablando y su rostro se llenaba de lágrimas.

Moramai tomó el rostro de Franz en sus manos y empezó a besar sus lágrimas como queriendo consolarlo, Franz se levantó y abrazó a Moramai, su fuerza se desplomaba y buscaba en Moramai el apoyo que le faltaba.

-Madre, se que no te has ido, siento tu presencia y te pido que sigas conmigo y algún día los tres vayamos juntos a ese último viaje a la eternidad- Regresó la fuerza interna a Franz y avanzaron lentamente abrazados hacia el auto para dirigirse a la casa de Felipe.

Cruzaron el pueblo, qué diferente al pueblo alegre y festivo, lleno de vida y luces, ahora estaba casi deshabitado, algunas casas que habían sido quemadas seguían en escombros, poca gente en las calles, negocios cerrados y abandonados, algunas tapias mostraban las huellas de las balas.

Felipe había sido el administrador de Elisa, ya nada quedaba que administrar pero seguía considerándose el administrador y durante 16 años cada sábado limpiaba la tumba de su ex patrona con la nostalgia de los tiempo idos y Franz le mandaba dinero para que no faltaran las flores.

-Pásele Pepito, perdón padre Cereceres, ya están listas las dos habitaciones que me solicitó, apenas ayer me pasaron el recado, lo vi en la Iglesia y me vine a preparar un queso con chile pasado como el que hacía su madre- dijo Felipe con tono afectuoso.

-Gracias Felipe, quiero que mañana lleves el carro a Chihuahua y me consigas dos buenos caballos saldré al amanecer a la sierra.-

-Pero, si acaba de llegar, Padre- contestó Felipe confundido.

-Vamos de prisa- contestó Cereceres al tiempo que entraban a la casa de Felipe.

Era una casona de adobe, con techos muy altos de manta encalada, la mesa era de madera labrada y en las paredes cuadros bucólicos, al fondo se veía la cocina y un grato aroma a comida recién hecha invadía el comedor.

Felipe estaba impresionado por la belleza y distinción de Moramai y se sentía turbado, llegó con un platón de quesos franceses.

-¿Son de Jean?- preguntó Cereceres.-

¡Si¡ aún sigue haciendo quesos franceses que compiten con los importados, bueno, cuando venían, ahora escasean los productos europeos, la revolución acabó con todo, pero miren tengo un L'Ermite 1917 que tenía reservado para una ocasión como ésta.- dijo con entusiasmo Felipe, al tiempo que descorchaba la botella. Felipe sirvió las copas de vino, acercó el platón de quesos e inició un relato de las anécdotas de José cuando era niño a las que prestaba mucha atención Moramai.

Entre risas y anécdotas llegaron los platones de chile pasado con queso, carne en trocitos con chile rojo, frijoles y la sopa de flor de calabaza, todo un banquete después de aquella travesía.

Felipe no dejaba de hablar, el rostro de José cambiaba de la alegría a la nostalgia y a veces un rictus de dolor se dejaba ver. Pero no expresaba ningún sentimiento, Moramai leía hasta el detalle más insignificante, pareciera como si hubieran estado juntos por años.

La velada resultó exquisita y se retiraron a dormir, por la madrugada y un poco antes de salir el sol, José se levantó, tomó un caballo y se dirigió al rancho que había sido de su madre, no quedaba muy lejos, rompía la idea de no querer saber nada de lo que ahí había pasado.

Nada era igual, de la gran casa no quedaba más que unas tapias, lo mismo de los graneros y la fábrica de quesos, todo estaba destruido, subió a una de las tapias para ver los campos y el espectáculo era desolador, de aquellos campos sembrado y de los canales de irrigación no quedaba nada, solamente yerbas espinosas y huizaches.

Una revolución dizque social que había destruido una fuente de riqueza y desempleado casi mil personas de la que se enorgullecían los políticos, nadie había levantado la estafeta y pasarían cien años y ese lugar seguiría igual.

Apretó la mandíbula y subió al caballo para regresar, respiraba profundamente como queriendo contener un sentimiento que lo desbordaba, al llegar a la casa de Felipe éste ya lo esperaba.

-Padre, ya esta listo el desayuno- dijo en tono respetuoso
-Gracias, Felipe- contestó José.

Moramai ya estaba lista y se sentaron a desayunar, Felipe relató como había escondido en la revolución tres potrillos en una habitación para ninguno de los combatientes se los llevaran, ahora eran unos caballos de raza árabe formidables.

-Les preparé un caballo adicional, por si necesitan descansar alguno, por cierto me parece un viaje muy duro para la señorita Moramai- Dijo tímidamente Felipe.

José sonrió al tiempo que le ponía la mano en el hombro a Felipe.

-Moramai es más fuerte de lo que parece, la hubieras visto en la gran guerra, era incansable-

Moramai se sonrojó al tiempo que subía al caballo sin ayuda, Felipe amarraba unas pequeñas maletas a los caballos, se despidieron e iniciaron el camino a la sierra.

Salieron del pueblo y al entrar a un llano Moramai le soltó la rienda al caballo al tiempo que le daba golpecitos en el cuello para que emprendiera el galope, José se sorprendía de lo bien que montaba Moramai y emprendió también el galope. Quizás no era buena idea iniciar un largo viaje forzando los caballos pero aquellos pura sangre aguantaban todo, fue hasta el inicio de las montañas donde reducirían la velocidad para ir al paso.

El aroma de los pinos y el viento fresco le inyectó animo, la vegetación se volvía más tupida y las veredas más angostas, José iba por delante guiado por el sol como si conociera a la perfección el camino, al medio día se detuvieron en un pequeño claro para descansar los caballos y saborear unas gorditas de carne enchilada que les había preparado Felipe.

Se sentaron en la hojarasca sonriéndose el uno al otro, no era París, pero el ambiente era mágico, el aroma del bosque, el sonido del aire entre aquellos enormes pinos, el canto de algunos pájaros y el sol del mediodía filtrándose por ese hueco. Las gorditas, como se les conocía, eran tortillas gruesas de harina rellenas con guisado, otras con natas y cajeta de membrillo como postre, un verdadero banquete en aquellas tierras tan retiradas de todo.

-¡Señor!, no trae corbata, no vamos a poder servirle-
Comentó Moramai entre risas recordando un día en París que no les permitieron entrar por falta de corbata en un elegante restaurante.

José sacó su pañuelo lo dobló simulando una corbata y lo puso en el cuello de la camisa.

-Ya puedo entrar, ya tengo corbata- dijo José al tiempo que soltaban una carcajada, esta vez si había funcionado el truco; en aquella ocasión tuvieron que buscar otro lugar.

La felicidad hacía aún más hermoso el rostro de Moramai, no dejaba de contemplar al ser amado, el cual lucía alegre y bondadoso, muy diferente a la expresión seria y solemne de siempre.

-No es bueno que nos agarre la noche por estos lugares-
Dijo José al tiempo que se levantaba y le daba la mano a Moramai para ayudarle a levantarse, quedaron a unos centímetros uno del otro y el corazón de José parecía salirse de control, sin embargo, se contuvo y ayudó a Moramai a subirse al caballo.

Ya empezaba a oscurecer cuando llegaron a la reja de una finca construida a media montaña, tocaron la campana y pronto llegaron dos hombres armados con rifle y pistola.

-¿Que quieren?- preguntó un hombre rudo y mal encarado-

-Busco a Benito Flores, dígale que Franz Gramer pregunta por él- contestó José.

Uno de ellos se quedó haciendo guardia al tiempo que el otro entraba a la casa, a los pocos segundos salió Benito casi corriendo al tiempo que gritaba.

-Franz qué gusto, qué honor, que me visites, Damián abre la puerta de inmediato- agregaba.

-Disculpa el recibimiento, pero aunque ya terminó la revolución, siguen gavillas asaltando fincas, es como si una maldición nos hubiera caído, pero dime ¿batallaste para dar con mi casa?

-A una loma al sur de Balleza, no tiene pierde mi estimado Benito, estas tierras las caminé de niño.- contestó José.

A Moramai le resultaba confuso un lugar en la montaña con un lujoso mobiliario francés, un hombre de modales aristócratas y la sorpresa un cocinero francés.

Benito los hizo pasar a una gran sala con vitrinas llenas de piedras y libros, abrió un Lurton Reserva Cabernet Sauvignon 1912 y lo sirvió en unas elegantes copas de cristal cortado.

-Por la bella mujer que te acompaña- Benito levantó la copa y brindó.

Luego le acercó un álbum de fotografías para distraerla, luego en francés le dijo a Franz.

-Te tengo malas noticias, los exvillistas no van a participar, el obispo Guizar y Valencia los ha amenazado con excomunión si participan, pero no paran ahí las malas noticias, el gobierno de Estados Unidos ha prohibido la venta de armas a los cristeros, es increíble, es la primera vez que hacen esto- dijo gravemente Benito.

-Era lógico masón apoyando a masón, pero ¿y el mercado negro?- replicó Franz

-También lo controlan y Europa va en el mismo sentido, no apoyarán, estamos solos y para acabarla de amolar la mayor parte de los obispos están en contra.

El objeto es eliminar a todos los sacerdotes y cerrar definitivamente los templos como en la época de Lerdo de Tejada, es la lucha por el poder, los masones quieren

controlar todo el mundo y aquí el poder real los siguen teniendo los curas de los pueblos- suspiró Benito.
-Poder que nace del servicio, las obras sociales de la Iglesia siguen siendo las únicas que funcionan,
¿Qué masón va a venir a darles escuela, hospitales, hospicios, dispensarios, hospitales, asilos, orfanatorios a estos pueblos?, su socialismo es esclavizante, los dirigentes se convierten en dioses todopoderosos, ve lo que esta pasando en Rusia, pueblos donde han asesinado a todos sus habitantes prósperos, un gobierno que ha saqueado y arrebatado toda la riqueza a sus habitantes convirtiéndolos en miserables, no podemos permitir que eso le suceda a México.- enfatizó Franz.
-Claro que no, pero no podremos mandar tropas al centro, lo que estamos haciendo es transformar las misiones jesuitas de la sierra en refugio para sacerdotes y fieles perseguidos, los mineros de Batopilas están cooperando con oro y algunos ganaderos con reses, pero es insuficiente y estamos muy lejos de los lugares.- continuó Benito.
-La cena está servida, señores.- interrumpió el cocinero francés que exigía el título de Chef.
Benito cambió al español para invitarlos a pasar a la mesa y correrle cortesías a Moramai, en el primer platillo regresó al francés, Franz lo interrumpe.
-Benito, Moramai habla mejor francés que tu o yo, ella es originaria de allá.- advirtió Franz con una sonrisa.
-Mil disculpas Maramai, pero como usted sabe el tema es muy delicado y aquí las paredes oyen.- contestó apenado Benito, cuando del fondo se escuchó la voz del cocinero.
-¡Oye¡ la única pared aquí que oye, soy yo y por si no lo sabes también hablo francés- todos soltaron la carcajada y cambiaron de tema. Por la mañana se despidieron.
-Váyanse en mi troca, regreso tus caballos, yo la recojo en Batopilas o mejor vete en ella a Chihuahua, la carretera es mala pero llegas más rápidamente que en caballo, toma esta maleta- les dijo Benito.
-Y ¿que es esto?.- preguntó Franz.

-Es una aportación de los gambusinos son libros y un costalito de oro, es casi un kilo.-Contestó Benito ante la mirada sorprendida de Franz.
-Muchas gracias por todo, Benito.-
Se despidió Franz y subieron a la camioneta de Benito.
El camino no era tan malo, antes del mediodía llegaban a Guachochic y se desviaban del camino.
-Quiero mostrarte una maravilla natural.- le confió Franz a Moramai.
A los pocos minutos llegaban a un mirador desde donde se podía contemplar la Barranca La Sinforosa, descendieron de la troca y caminaron hacia el borde de la barranca, era imponente la vista, la Sinforosa se extiende por 120 kilómetros y con una profundidad de 1830 metros, se veían volar los pájaros por debajo de la línea de vista y el viento era fresco a pesar de ser casi el medio día.
Permanecieron en silencio contemplando la magnificencia de la barranca y Moramai recargaba su cabeza en el hombre de Franz.
-¡Que grande es la obra de Dios¡- exclamaba Moramai.
-Y su amor por nosotros, pidámosle que nos una en su amor y seamos uno solo- Dijo Franz al tiempo que abrazaba a Morami.
-Pronto regresaré de Roma con el permiso y volveremos con la bendición de Dios y de la Iglesia como marido y mujer para no separarnos jamás.- decía Franz besando en la mejilla a Moramai.
-¡Vámonos! Pasaremos la noche en Batopilas, ahí hay una oficina y casa de la empresa de mi abuelo.- Agregó Franz al tiempo que regresaban a la troca.
Al llegar a Batopilas se dirigieron de inmediato a la casa de la compañía, descansaron un momento en el porche mientras los sirvientes iban a prepararles sus habitaciones.
Aún no terminaban de cenar cuando llegó un tipo alto, gordo y rubio como de 60 años, que con voz solemne y acento americano le dijo a Franz.

-Es urgente que hablemos-

-¿Ahorita o después de cenar?- preguntó en tono de burla Franz.

-Como gustes, estaré en la biblioteca- Contestó el americano con voz severa al tiempo que daba la media vuelta y se dirigía a la biblioteca.

Franz preocupado se levantó pidiéndole a los sirvientes que acompañaran a Moramai cuando terminara de cenar a la habitación de visitas.

Se despidió dándole un beso en la frente y se dirigió de inmediato a la biblioteca, nunca había visto a Joseph tan preocupado.

Cerró la puerta tras de sí y se dirigió a Joseph que fumaba caminando de un lado a otro.

-¿Cuál es la urgencia?- preguntó Franz.

-Atraparon a Felipe cuando llegaba a Chihuahua en tu carro, los guardias que te cuidaban pensaron que ibas dentro del carro y lo siguieron en el entendido que eras tú y se dieron cuenta cuando lo detuvieron, todas las policías y cuarteles del estado tienen tu media filiación, el comandante de la zona vino a verme en la mañana, dan tres de los nombres que usas y ofrecen recompensa por tu captura vivo o muerto, el comandante me dice que por la redacción del telegrama parece que te quieren muerto.-

Decía Joseph muy preocupado. Iba a continuar cuando escuchó ruidos de gente que llegaba a la puerta de la casa, se asomó por la ventana y exclamó asustado.

-Es el ejército Franz-

-Entreténlos por favor- dijo Franz al tiempo que salía de prisa a la habitación de Moramai.

La campana de la puerta sonaba ininterrumpidamente, Joseph se tomaba su tiempo para llegar a la puerta y ahora eran golpes a la puerta.

-Comandante Delgado, a qué se debe el honor de su visita- Decía Joseph sin dejar pasar al comandante.

-Sabemos que está aquí, hágase a un lado.- Ordenó enérgico el comandante.

-Vamos Comandante Delgado ¿Por qué tan violento?- contestó Joseph sin moverse de la puerta.

-No quiero empujarlo, ¡quítese de inmediato¡- volvió a ordenar el comandante.

-De acuerdo a sus leyes debería de traer una orden de cateo, comandante- Insistió Joseph.

-Mañana se la traigo.- Dijo el comandante empujando a Joseph y dando paso a su gente.

-Busquen por toda la casa, que no escape.- gritaba Delgado.

Diez soldados entraban corriendo, revisando cada habitación, después de unos minutos se concentraron en el recibidor.

-No está aquí, debe haber escapado- comentó un soldado.

-No puede ser, tenemos rodeada la cuadra, busquen en las casas de junto, pongan retenes en la entrada del pueblo, no se va a escapar.-

Ordenó el comandante. Unas horas después encendían fogatas en las esquinas y mantenía la guardia alrededor de la cuadra y otros patrullaban el pueblo.

-Ya es muy tarde, ¿me puedo ir a dormir?- preguntaba Joseph a Delgado.

-Haz lo que quieras, pero si has estado ocultando a un prófugo la vas a pasar mal.- aclaró Delgado.

-Ya revisaste la casa varias veces, le podrías decir a tu gente que salga de la casa, ya me quiero dormir y quiero cerrar la puerta- agregó Joseph.

-No escapará, lo vieron entrar y debe estar cerca.- insistió Delgado. Joseph no contestó y entró a la casa pidiéndole a los soldados que salieran, iba detrás de él Delgado que confirmó la orden.

Muy de mañana se levantó Joseph preocupado y al salir de la casa vio a Delgado sentado en el porche de la casa.

-No me diga que no ha dormido Comandante, por cierto creí que éramos amigos.- exclamó Joseph.

-La recompensa son 50,000 mil pesos y un ascenso, es una oportunidad única.- replicó.

-Necesito ir a la mina, ¿me podrás dar un salvoconducto para salir del pueblo?.- preguntó Joseph con un tono de ironía.
-No es para tanto, te acompaño. Quiero descansar unas horas, ya caerá el angelito.- dijo delgado al tiempo que se levantaba del sillón del porche. Caminaban por la calle principal junto al río.
Hacía solamente unos días que habían corrido una parranda juntos y ahora el trato era demasiado formal.
-Es importante para mí el ascenso ya me estoy haciendo viejo y no tengo ahorros.- rumiaba Delgado.
-Todo te lo tomas.- dijo Joseph tratando de romper el hielo.
-Quien lo dice, Mr. Joseph el whiskey de dos pies.- rió Delgado rompiendo el hielo al tiempo que llegaban al reten del camino principal.
-¿Quiénes han entrado o salido del pueblo.- Preguntó en forma imperativa Delgado a los encargados del retén.
-Nadie señor, parece que el pueblo entero se encerró en su casa, solamente esta madrugada pasaron los refuerzos que mandó pedir a Creel.- contestó el soldado.
-Seguro que nadie cruzó este retén.- insistió Delgado.
-No señor, nadie, únicamente el padre Adrián y una monjita como a eso de las once de la noche, tomaron la vereda que va para la misión, por cierto traía un resfriado muy fuerte no dejaba de estornudar.- contestó el soldado.
Delgado se volteó hacia Joseph y le dijo.
-Vaya, mosquita muerta este padrecito a las once de la noche y con una monjita rumbo a la misión, le digo Joseph que son unos hipócritas estos curitas- reía Delgado.
-¿Una monjita y el padre Adrián a las once de la noche? que raro, no conozco a ninguna monjita aquí y el padre Adrián lo cambiaron a Norogachi hace un mes.- afirmó Joseph.
-¡Maldita sea! Eran ellos, ¡cabo! pronto a la misión.- Gritaba desesperado Delgado al tiempo que estrellaba

contra el piso su quepí y hacía aspaviento con los brazos, Joseph aprovechaba para retirarse cuando se escuchó el ruido de un fokker que volaba a unos cuantos metros, Delgado se volteo hacia Joseph y le gritó.

-Maldito gringo, ¿no eras tu el único que sabe manejar ese aparato?- gritó irritado Delgado.

Joseph hizo como que no oía y siguió su camino, Delgado lo alcanzó y lo tomó por las solapas del saco sacudiéndolo.

-Ese era tu patrón, dímelo.- exigía Delgado.

Joseph no contestaba y Delgado lo soltó corriendo a donde estaba el cabo y le arrebató el rifle para disparara contra el avión que se alejaba, al escuchar los disparos, Franz jaló la perilla del acelerador y el motor rugió incrementando la velocidad al máximo pero manteniendo la altura a escasos metros de la copa de los árboles.

Lentamente empezó a tomar altura y corrigió la dirección rumbo al norte, el Fokker había sido modificado para llevar un pasajero atrás y eso había reducido un poco más al espacio de por sí reducido del puesto del piloto, sabía que no tenía suficiente combustible para llegar al frontera pero aterrizar en algún lugar de México sería entregarse, por lo que había elaborado un plan alcanzaría la máxima altura posible y luego disminuiría lo más posible el consumo de combustible e iría descendiendo lentamente pero avanzando. El plan era arriesgado porque si se paraba la hélice no habría forma de arrancar el motor de nuevo ya que no tenía marcha automática el motor sino que se arrancaba haciendo girar a mano la hélice.

Franz le había explicado a Moramai que al subir el aire se enrarece y podría sufrir un desmayo, por lo que si se sentía mal le avisara de inmediato, sin embargo, fue Franz el que empezó a sentir mareos y dejó de ascender.

Trataría de llegar hasta el desierto y aprovechar las corrientes ascendentes para volver a subir con poco gasto de combustible.

Terminaba la sierra cuando necesitó subir de nuevo. Tenía la esperanza de llegar al desierto de Samalayuca y volver a subir para llegar sin problema a El Paso, durante el viaje una pequeña fuga de aceite ensuciaba el visor por lo que tenía que sacar la cabeza cuando necesitaba una visión más precisa.

Cuando vio las dunas del desierto y sonrió satisfecho aún había medio cuarto de gasolina y llegaría sin problemas al El Paso, sin embargo la presión de aceite disminuía y la temperatura del motor aumentaba por lo que de inmediato buscó un lugar plano para aterrizar, el motor fallaría de un momento a otro.

No había ningún llano ni carretera donde aterrizar y las dunas era un lugar muy peligroso, el golpe sería duro ya que no rodaría el avión, finalmente pudo ver una plantación y se dirigió hacia ella justo al momento que el motor se paraba, cesó el ruido y solamente se oía el aire, volteó hacia Moramai y le gritó que se preparara para un aterrizaje forzoso, aunque la verdad era que poco podía hacer ella para prepararse, sujetó bien el bastón de control, movió los alerones como si fuera a elevarse para aumentar la fricción y reducir la velocidad.

Alcanzó a ver que caería en forma trasversal a los surcos por lo que hizo algunas maniobras para llegar por la parte que coincidía con los surcos, los movimientos le hicieron perder más altura por lo que llegó a los surcos casi al ras del piso. El impacto fue duro, el avioncito parecía desbaratarse fueron instantes muy difíciles pero al final se detuvo sin desbaratarse, Franz salió de inmediato y le preguntó a Moramai.

-¿Cómo estas?.

-Asustada- Contestó, riéndose y agregó- No te deberían de dejar volver a volar estos aparatos.-

-Debe ser esto un oasis, vamos a buscar al dueño del sembradío.- Dijo Franz mientras ayudaba a Moramai a salir del avión.

No tardaron en encontrar un cuarto de adobe con pisos de tierra y techo de madera donde habitaban un par de ancianos, que asustados se pegaban las espaldas al muro exterior de la casa.

-Mira, ahí vienen los que cayeron del cielo- decía la anciana temerosa.-

-Atrás del hombre viene un ángel- Contestaba el anciano.

Soplaba una suave brisa que esponjaba el cabello de Moramai y su vestido blanco brillaba bajo el fuerte sol al tiempo que su cara irradiaba alegría y felicidad, verdaderamente parecía un ángel de Rafael.

-Buenos días, ¿Qué tan retirados estamos de la frontera?- preguntó Franz.

-En la falda de aquella montaña está El Paso- apuntó el anciano.

-Muchas gracias, buen hombre- dijo Franz al tiempo que se daba media vuelta y empezaba a caminar.

-Llévense a la Simona, nomás la sueltan y ella se regresa sola.- dijo el anciano apuntando a un burra, Franz sonrió y sacó un billete de su cartera y se lo extendió al anciano que le respondió.

-No señor, no se la estoy vendiendo, se la presto- se apresuró a decir el anciano.

-Lo sé pero tómelo, por favor- Insistió Franz.

Luego tomó de la cintura a Moramai y la subió en ancas para luego montarse él e iniciar el viaje en el desierto.

Parecemos San José y la virgen- Comentó riendo Moramai

El sol caía a plomo y la arena lastimaba los ojos pero no la alegría y felicidad de la pareja, a medio día el sol quemaba verdaderamente y Moramai rompió la parte baja de su vestido para improvisar un sombrero para ella y otro para Franz.

Ya entrada la noche llegaron a El Paso Texas, descendieron del burro para caminar hasta el centro de la ciudad, en un almacén ue se encontraba abierto Franz pidió un teléfono y a los pocos minutos llegaba un packard 1925 del que bajó apresurado un hombre vestido de traje sastre y peinado relamido.

-Sr Franz, qué gusto tenerlo por aquí - saludó el chofer.

-Llévanos por favor a Isleta.- dijo Franz al tiempo que le abría la puerta a Moramai y subía detrás de ella.

Pronto dejaron el pueblo para entrar a las plantaciones de algodón y más adelante a un caserío.

-¿Van al convento? Sr Franz.- Preguntó tímidamente el chofer.

-Así es, necesito que prepares el auto y pases por mí en una hora.-Apuntó Franz.

Al escuchar la campana la madre Celina corrió a abrir la puerta.

-Padre Cereceres, qué gusto tenerlo por aquí, pase por favor, se ven cansados y deben de estar hambriento- dijo la monjita con una alegría manifiesta.

¿Hambrientos? No habían probado bocado y sin embargo no habían pensado en ello, pero aceptaron la invitación y pronto se dieron cuenta que en verdad tenían hambre.

La madre Celina no paraba de hablar, el edificio de junto se había habilitado como hospital y en él tenían a varios sacerdotes convalecientes de heridas, algunos rescatados de prisiones y otros que habían dado por muertos. - Madre Celina, quiero que por el amor de Dios cuide a Moramai como el tesoro más preciado, estaré de regreso en un mes por ella. – dijo Franz al terminar de cenar al tiempo que se levantaba.

-Cuente con ello Padre- contestó con una sonrisa la monjita. No había luna aquella noche y el cielo estaba totalmente estrellado con esa transparencia de los cielos en el desierto.

Moramai lo abrazó fuertemente al tiempo que dejaba correr las lágrimas por sus mejillas, Franz sufría la separación pero no quería arriesgar más a Moramai, sus enemigos no tenían frontera y eran muy poderosos.

El tiempo parecía haberse detenido y fusionados en una abrazo parecían ser uno solo, cuando las luces del auto que regresaba los hizo separarse.

-Cuídate mucho.- dijo Moramai entre sollozos.

-Regresaré por ti, lo más pronto posible.- contestó Franz al tiempo que le daba un beso en la mejilla, ella hizo un movimiento para regresarle el ósculo en la mejilla y los labios de ambos se rozaron, fue como si una corriente eléctrica les recorriera todo el cuerpo y suavemente sin pensarlo unieron sus labios, la luz del auto se apagó en forma respetuosa y el cielo parecía resplandecer ante aquel amor a prueba de todo.

Que difícil fue la separación para ambos, Franz la acompañó hasta la puerta que se había quedado entreabierta y dió media vuelta, un minuto más y no se habría podido separar.

Capítulo XX
El regreso

Aun no salía el sol cuando Franz, abordó su mercedes, mostraba una alegría y felicidad desbordante, aún sentía aquel abrazo de despedida, sus labios recordaban la mejilla de su amada y su suave perfume le envolvía totalmente.

Avanzaba por una brecha entre los campos de algodón dejando una gran estela de polvo, subió a la carretera interestatal y el mercedes rugió al sentir el acelerador a fondo, había prisa; entre más pronto llegara a Roma más cerca estaría de su amada.

El aire seco de la región y la ausencia de luna hacia que las estrellas lucieran espléndidas, en otras circunstancias habría bajado a disfrutar de este espectáculo grandioso, habría recorrido la esfera celeste para ubicar a sus amigas de infancia, pero había prisa.

John Wish, Sheriff del condado, había pasado la noche dormitando en su Chevrolet, habilitado como patrulla, vigilando la tranquila carretera interestatal bostezaba al momento que vio pasar un bólido rugiendo ¿qué es eso? se preguntó al tiempo que arrancaba su patrulla, subió a la carretera y aceleró buscando alcanzar aquel par de luces rojas que se alejaban, unos minutos después su vehículo alcanzaba la velocidad máxima y las luces parecían seguir alejándose de él ¿pues a qué velocidad irá esa cosa? se preguntaba, pronto lo perdió y una hora después llegaba al siguiente poblado parándose en la tienda del Sr Smith.

Aún no habría la tienda por lo que lo despertó y hubo de esperarlos unos minutos, John le pidió el teléfono comunicándose al fuerte, le llamó al oficial de turno para comunicarle el suceso.

-No se preocupe hace 5 minutos pasó por aquí y ya salió una patrulla por él.- Respondió muy ufano el oficial, John soltó una carcajada y le respondió.

-Me sacó una ventaja de 40 millas en una hora, me imagino que tu cafetera lo va a alcanzar en cinco minutos.- John no dejaba de reírse.

El oficial del fuerte colgó y siguió durmiendo no sin antes decir, si quiere matarse que lo haga, ya somos muchos.

Al amanecer el sol le daba de frente pero no bajaba la velocidad, quería pasar a Houston antes de dirigirse a Dallas donde tomaría el avión a Nueva York, el jefe de control de tráfico del aeropuerto era su amigo y contacto en Houston.

Era el medio día cuando llegó al aeropuerto de Houston, bajó de su auto dirigiéndose de inmediato a la torre para saludar a Cliff, después de los saludos de rigor pasaron a una modesta oficina.

-Te ves muy feliz, pensé que estarías preocupado- dijo confundido Cliff.

-Soy el hombre más feliz del mundo.- aclaró Franz.

-Vaya, pues me dejas muy confundido, si los recientes hechos alrededor tuyo no te preocupan, nada te va a preocupar en la vida.- dijo entre molesto y asombrado.

-Si te refieres al atentado, sólo fue un susto y ya pasó- respondió Franz.

-Y lo de Aurelio y los demás ¿no te preocupa?- preguntó Cliff ya enojado.

-Aurelio es muy hábil, un muchacho extraordinario, el tomará las medidas de precaución necesarias y sabrá dirigir a los demás con su gran talento.- aclaró sonriendo Franz.

-Me imagino que harán un gran equipo en el cielo o se habrán ido al infierno- contestó con sarcasmo Cliff.

-¿De que estas hablando?- preguntó Franz.

-No me digas que no sabes lo que le paso a Aurelio, a Rubén y a toda tu gente- inquirió Cliff.

-No, ¿Que les pasó?- pregunto serio Franz.

-Todos tus colaboradores directos están muertos, por si no lo sabías.-

-¿Como pudo pasar eso?- preguntó Franz sin poder contener la rabia y el asombro.

-Solamente se explica con una traición, conocían el nombre y escondite de todos, déjame traerte el cable donde está el nombre - respondió Cliff.

Franz recorrió con rapidez la lista, apretó la mandíbula y dijo:

-Falta un nombre, tienes razón fue una traición.-

-¿Qué nombre falta?- preguntó Cliff.

Franz se dio media vuelta mirando sin ver el horizonte a través de la ventana.

-Hay un avión Folkker con el tren de aterrizaje destrozado en un oasis a unos kilómetros al sur de El Paso, por favor quémelo y dé la noticia al mundo de la muerte del Franz Gramer, con tu permiso me retiro- Se levantó Franz rumbo a la puerta.

-Pero el vuelo sale en 3 horas- rebatió Cliff.

-No voy al Aeropuerto- dijo Franz sin voltear la cabeza.

-Necesito un avión.- respondió lacónico Franz.

-¿Cuando regresas de Roma?- pregunto Cliff

-Vende mi mercedes y te envió el resto, pero dame un avión en este momento- insistió Franz

-Tengo un Pipper de dos plazas, pero tendrás que hacer varias escalas para llegar a Nueva York.- contestó Cliff.

-Necesito que pongas los tanques de gasolina que puedas en el lugar del copiloto- ordenó Franz.

-Te daré un plano donde te puedes abastecer de gasolina de aquí a Nueva York.- contestó Cliff.

-Ponme por favor tanques de gasolina donde quepan en el avión.- repitió Franz.

Volvía a ser el tipo firme e impenetrable y Cliff se sintió intimidado, no replicó saliendo rumbo al almacén.

-Podremos amarrar 3 tanques en el lugar del copiloto.- aclaró Cliff.

Llegaron a un pequeño almacén, Franz levantó dos tanques llenos y Cliff le acompañó con uno, a paso acelerado se dirigieron a un hangar modesto donde estaba el Pipper de Cliff.

-Llamaré a los puestos para dar tu plan de vuelo.- añadió Cliff.

-¡NO! Roma puede esperar.- contestó enérgico Franz.

-No estarás pensando regresar a México, te están buscando hasta debajo de las piedras, sería un suicidio.- Dijo preocupado Cliff.

-No temas el día que no has vivido, mi estimado Cliff- aclaró Franz.

-Bien te haré un plan de vuelo.- contestó Cliff.

-Sabré llegar a donde voy, no te preocupes.- dijo Franz al tiempo que abría la llave y se dirigía a tomar la hélice para hacerla girar.

Cliff sintió respeto, sabía que estaba frente a un gran guerrero y nada que le dijera le habría de hacer cambiar de parecer y solamente atinó a decir.

-Que Dios te bendiga, Franz.- Franz le dio un apretón de manos.

-Muchas gracias Cliff, que Dios esté contigo- dicho esto, Franz subió a la pequeña avioneta, vió la dirección del viento y jaló suavemente el acelerador para entrar a la pista, no hizo el trayecto para tomar toda la pista, sino que arrancó a media pista levantando el vuelo justo al límite.

Cliff subió a un tapanco que servía como torre de control y vió alejarse su avioneta con rumbo suroeste, se estuvo hasta que el avión era solamente un punto en el horizonte, sacó un plano y una brújula y dijo para sus adentros, creo que a Nueva York no se va por Tamaulipas.

Atardecía cuando sobrevolaba por la carretera México Laredo que usaba como referencia, muy pocos vehículos transitaban la carretera, vio una gran recta, disminuyó la velocidad y altitud, había aterrizado en caminos vecinales y llanos así que la carretera era un verdadero lujo.

El aterrizaje fue suave, aprovechó una brecha para dejar la carretera parando el avión en medio de dos árboles, saltó de la avioneta y empezó a arrancar ramas con las manos para cubrir la avioneta. Ya entrada la noche terminó su tarea, afortunadamente nadie pasó por la carretera que hubiera reportado el incidente.

Tomó los tanques de gasolina llenando el tanque de la avioneta, luego subió a una ala dispuesto a dormir como le gustaba de niño, viendo las estrellas, la imagen de las estrellas fue sustituida por la imagen de Moramai y su espíritu se fue tranquilizando.

Despertó como a las 3 de la mañana, se puso su gorra de cuero de aviador, luego una bufanda, una chamarra, retiró las ramas del avión caminando por donde pensaba sacar el avión, un error y no habría forma de levantar el vuelo, encendió el motor y esperó unos minutos para que se calentara, mientras fue a la parte trasera empujándola para hacer girar la avioneta y regresar por el mismo camino.

Finalmente la avioneta corría por la carretera cuando repentinamente ve dos luces que se acercan.

Nicandro conducía su camión GMC con costales de maíz, iba bostezando cuando vio algo raro que se acercaba hacia el, pegó un grito y oprimió el freno hasta el fondo, Franz jaló la perilla del acelerador hasta el tope y unos metros antes del impacto jalaba el bastón hacia él con fuerza, Nicandro gritó al ver las llantas del avión rozar el parabrisas.

Las montañas estaban al frente y la visibilidad era mala por lo que hizo un circulo para ganar altura dirigiéndose hacia el sur, siguió ascendiendo hasta que su respiración se hizo agitada y estabilizó el avión, la noche era oscura y al pasar las nubes pudo ver el cielo estrellado inmensamente hermoso y nada hacia abajo.

Pensó que había cierto simbolismo con su vida, siempre viendo hacia el cielo no le había puesto la atención necesaria a las cosas mundanas, embriagado por la lealtad de su gente y lo alto de su misión, nunca previó una traición en el interior de su organización, solamente alguien muy cercano a él podría conocer la dirección de todos.

En pocos días había experimentado al máximo sus sentimientos, al amor, el odio, el dolor, por primera vez en su vida de adulto no podía contenerse, esa mezcla de sentimientos lo turbaba, se concentró en las estrellas para calcular el rumbo y poco a poco fue cayendo en la magia del espectáculo que le remitió, inexorablemente a la figura de Moramai y empezó a murmurar su nombre una y otra vez, subiendo el tono hasta gritar al espacio ¡Moramai!

Tres horas después amanecía al tiempo que el medidor de gasolina marcaba casi en cero y aparecía un problema, seguía nublado y corría el riesgo de que al bajar por las nubes se encontrara con una montaña, inclinó el avión para perder altura y giró en círculos para disminuir la velocidad, al cruzar el banco de nubes le esperaba otra sorpresa, estaba en medio del mar, de inmediato giró hacia el oeste, ahí debía de estar la playa y redujo la velocidad para ahorrar combustible.

El avión perdía altura y no se veía la costa, debía estar cerca, pero la baja altura le impedía ver a lo lejos, la gasolina se agotaba y pronto el motor se pararía, estaba volando a tan sólo 5 metros de altura y las olas se dibujan perpendiculares al vuelo, iba en la dirección correcta.

Caer al mar a esa velocidad era grave así que lo mejor sería aprovechar la poca gasolina que le quedaba para hacer un acuatizaje suave, sin embargo, mientras hacía sus cálculos el motor se apagó y de inmediato bajó la cola para que las alas presentaran más resistencia y bajara la velocidad, esto le dio más altura al avión para luego desplomarse, en el último momento picó el avión para que el contacto fuera menor, el avión se hundió de inmediato.

El golpe fue duro pero de inmediato salió de la cabina y desesperado buscó la superficie, si desde el avión no se veía la costa a unos centímetros del nivel del agua era aún más difícil y aunque el oleaje era moderado le costaba trabajo mantenerse a flote, se despojó de su gorra y chamarra y al hacerlo, vió flotando un tanque de gasolina vacío, de inmediato nadó hacia él, para usarlo como flotador, pasaron las horas y ya dudaba de estar en la dirección correcta, tenía los labios secos y las piernas acalambradas.

Al caer la noche le pareció ver una luz y reanudó el nado en esa dirección, era una fogata que unos muchachos hacían en la playa, al sentir el contacto con la arena empezó a caminar pero no le respondieron sus piernas.

Capítulo XXI
EL Estallido

-¡Nicasia! ¡Nicasia! Tráeme otro trago, pero muévete.-

Nicasia tomó la licorera y le sirvió un Whiskey al general.

Con mano temblorosa, el general tomó un trago y se quedó profundamente dormido en aquel sillón del porche.

Nicasia lo veía con cierto desprecio, le había servido desde hacia muchos años pero no le podía guardar ningún aprecio.

Igual que su padre, ¡alcohólico!, se decía en silencio parada en el quicio de la puerta que daba al jardín en esa casa de Cuernavaca, donde se refugiaba a descansar o a estar solo.

La señora Natalia la trataba bien, por eso seguía al servicio, lo conocía desde su época de maestro iracundo y desobligado, recordaba cuando circulaban los rumores de que había dispuesto de los dineros de la caja de la agrupación de maestros, lo mismo cuando fue tesorero, de nuevo acusaciones de robo y luego lo de la quema del negocio, la gente rumoraba que lo había hecho para cobrar el seguro.

Al morir su madre, cuando tenía 3 años, lo habían llevado a la casa de sus tíos, sabía que su padre los había abandonado y sería hasta los 20 años cuando le diera su apellido, tenía un sentimiento de bastardía que le llevaba a ser irascible con sus amigos y albergaba un odio profundo a los "niños bien" y a la iglesia.

Su inestabilidad le llevó a desempeñar muchos oficios, cantinero, empleado de hotel, maestro, agricultor, pero en todos salía mal, sin embargo, en la masonería encontraría el apoyo para salir adelante pese a sus continuos yerros y a su deshonestidad. Conoce a

Venustiano Carranza en una logia e inician una amistad basada en sus odios anticlericales, Venustiano lo asciende a Coronel y después lo hace gobernador de Sonora.

Siendo gobernador decide expulsar a todos los sacerdotes del estado para mostrar a los masones que sí se podía terminar con la Iglesia Católica.

Nicasia observaba aquel hombre que ni dormido podía borrar de su cara dura, ajada y agresiva, propia de un dictador, recordaba cómo había tomado aquella noche cuando junto con de la Huerta y Obregón se juntaran en Agua Prieta, justo en la frontera, con aquellos gringos habían decidido la suerte de Carranza, Huerta sería el interino luego Obregón y después él, Sonora manejaría el país.

Los gringos confiaban en ellos para recomponer el país y salvaguardar sus intereses, la amabilidad que mostraba el caudillo con los gringos le molestaba a Nicasia, muy para sí misma decía: ¡Este cabrón¡ muy duro con los de su color y arrastrado con los güeros.

Pero lo que más le incomodaba a Nicasia eran las intensiones de Calles y el panzón Morones, como ella le decía, de formar una iglesia !ora sí!, un demonio haciendo una iglesia, les comentaba a sus amigas.

Nicasia lo veía tumbado en el sofá, totalmente ebrio y aún con el mandil ceremonial, ya le había perdido todo respeto y sentía un profundo rencor y desprecio.

La campana de la puerta de servicio la sacó de sus pensamientos y se dirigió a abrirla, era Adán que le traía una muchacha al general.

-El general está dormido y no quiere que lo molesten- dijo Nicasia de mal modo.

-Pero el general me insistió que la trajera hoy- contestó Adán.

-Ya te dije que no quiere que lo molestes- Insistió Nicasia.

-Bueno, ya sabes donde buscarme si se despierta.- dijo Adán antes de retirarse. Adán enamoraba jovencitas que luego se las llevaba al general y obtenía muy buena paga, el rostro de Nicasia estaba rojo de coraje y se dirigió al cuarto de costura, esos malditos tienen que caer.

Aunque solamente había ido dos años a la escuela sabía leer y escribir, leía todo lo que tenía a su alcance y ahora le era muy útil con el trabajo que le habían encomendado.

Entró al cuarto de costura y aseguró la puerta con una silla, encendió una vela y de una armario sacó una hoja de papel y un lápiz.

De niña le decían que tenía oído de tísica porque escuchaba perfectamente platicas a distancia, pero su mayor habilidad era recordarla con lujo de detalles.

Escribía despacio tratando de hacer clara la letra, recordaba perfectamente la plática del general con el gobernador de Tabasco, Garrido Canabal, lugares, personajes y fechas, al terminar dobló cuidadosamente la hoja y la ocultó entre sus ropas con mucho cuidado, sabía lo que le esperaba si la encontraban con esa carta, la muerte sería un alivio a la tortura y abusos que cometían con las mujeres que llevaban parque o recados a los cristeros.

Se visitó de negro y cubrió su cabeza con una pañoleta negra que le tapaba parte de la cara, empezaba a llover y sonrió, poca gente habría a esas horas por las calles y menos lloviendo, se deslizó como una sobre hacia el huerto saliendo por la puerta de servicio que pocas veces se abría, el agua arreciaba con vientos fuertes, pero lejos de intimidarla le alegraba.

Avanzaba casi corriendo y se levantaba el vestido al cruzar los pequeños ríos que se formaban en las calles de tierra, pocas estaban empedradas y pronto se formaban lodazales, llegó hasta un corral y se metió por debajo de la cerca hasta llegar a la puerta de la casa de los peones de aquella casona, tocó la puerta con la clave de dos toquidos largos y tres cortos, salió un adolescente con pantalón de manta.

-¿Qué pasa Nicasia?- preguntó Pedro.

-Tienes que entregarle este papel al General Gorostieta- le dice con gravedad Nicasia.

-Salgo mañana a primera hora- Contesta Pedro.

-Hoy, muchas vidas dependen de esta carta, no lleves nada contigo, sólo estas monedas y ensilla de inmediato- Responde grave Nicasia.

Pedro tomó la carta y las monedas y de inmediato. Nicasia con paso lento tomó el camino de regreso por donde mismo, se sentía realizada, entró por el huerto y luego la cocina pero al entrar le esperaba la figura del general.

-¿De donde vienes, Nicasia?- preguntó en forma severa el general.

A Nicasia le dio un vuelto el corazón pero no dejó que su rostro la denunciara y por el contrario adquirió un aire solemne y enigmático contestando.

-Usted sabe de donde vengo, general- contestó Nicasia.

-¿Cómo diablos voy a saber de donde vienes? – dijo en forma ruda el general subiendo el tono de su voz.

-Del cementerio, ellos están aquí, señor- contestó Nicasia con voz tenebrosa. El general se recargó en el pilar y del pico de la botella tomó un largo trago.

-¿Quiénes son ellos?- Preguntó con la mirada borrosa y los ojos inyectados por el alcohol.

-Los jinetes de la muerte- Nicasia abría los ojos y su voz sonaba más fúnebre.

-¿Y qué vienen a hacer?- contestó de nuevo irritado.

-Están juntando espíritus malignos, ellos también están en guerra en su dimensión.- Nicasia levantaba los brazos al tiempo que miraba la tormenta.

=Esta guerra la tengo ganada, lograré lo que no pudieron, Juárez, Lerdo y Huerta, acabaré con la Iglesia Romana y me erigiré como el Papa mexicano, todos tendrán que venerarme, el gobierno americano ya prohibió la ayuda a los cristeros y nadie les venderá un sólo cartucho, lo mismo Europa, los hermanos masones se están moviendo para que nadie ayude a estos revoltosos.

Tenemos gente en el propio Vaticano y estos jinetes vienen a ayudarme, nadie podrá conmigo seré eterno en el poder y dominaré sus cuerpos y almas-

Gritaba el general a la tormenta, al tiempo que Nicasia aprovechaba para escurrirse, llegó a su pequeño cuarto, se secó poniéndose un camisón para dormir, encendió dos velas y se hincó en un viejo reclinatorio que le había regalado una señora. Nicasia había escuchado una platica que había tenido el general con Petra la bruja y al verse descubierta fue lo único que se le ocurrió y ahora estaba aterrada, en el pueblo todos temían a Petra ¿Y si Petra se enterara?.

Tomó su rosario pidiendo protección por su mentira, no le temía tanto a la muerte como morir en pecado y haber mencionado a las fuerzas del mal las podría llamar.

Los rezos la tranquilizaron y pronto sintió sueño, se levantó del reclinatorio y sin desvestirse se tiró a la cama hasta que el canto del gallo la despertó.

Todavía no salía el sol, tomó un baño, se recogió el cabello en un chongo y salió al jardín. El cielo empezaba a clarear, la lluvia había cesado y el aire olía a tierra húmeda.

Nicasia se sentía fuerte a pesar de su edad y ese aire la hacía sentirse bien, caminó hacia un pequeño jardín donde cultivaba hierbas de olor y de cocina, era su refugio particular en aquel gran huerto.

Al salir el sol, casi por instinto, Nicasia se dirigió a la cocina a tomar un café, casi no desayunaba pero no podía prescindir de su café, negro y amargo como mi suerte, solía decir.

Las mujeres de la cocina ya trabajaban preparando las tortillas, la avena, la fruta en abundancia ya que el general siempre tenía visitas.

A media mañana le dijeron que el general quería hablar con ella y de inmediato fue a su despacho. El despacho era grande y decorado de muy mal gusto, junto al general estaban dos militares, los tres con la mirada seria y autoritaria mimetizada a la expresión del general.

-¡Nicasia! Lleva a estas personas con la bruja y ya sabes, ninguna palabra a nadie-

Dijo el general en tono autoritario, con ese gesto imperativo que no aceptaba negativas. Nicasia contestó con un ¡Sí señor¡ poniéndose a las órdenes de los militares quienes se despidieron con respeto y adulación de "su general" saliendo con paso militar exagerado al tiempo que Nicasia los seguía silenciosamente como una sombra.

Nicasia se sentò junto al chofer y en la parte de atrás hicieron lo propio los coroneles.

-Que puntada la del general de mandarme hacer una limpia- Dijo Samuel, el coronel más joven.

-Mejor debieras decir, que suerte que no me fusiló el general- Contestó Javier, un coronel ya viejo pero aún con gran vigor y temple.

-Pero es que el general no sabe con quiénes nos estamos enfrentando, esta gente no le tiene miedo a nada, se lanzan a la lucha como fieras, con palos, piedras con lo que tienen a la mano. Pocos están armados pero consiguen vencernos, a nosotros militares de carrera- decía Samuel justificando sus derrotas.

-Hay que darles un serio escarmiento- Contestó Samuel en tono de sabelotodo.

-Ya lo hemos hecho pero no sirve de nada, hemos quemado pueblos enteros que protegían a los rebeldes y nada, los fusilamos y lejos de asustarse nos perdonan y al recibir la descarga gritan felices ¡Viva Cristo Rey!, ese grito me atormenta, despierto en las noches porque en mis sueños veo sus rostros felices y sus gritos, me da la sensación de que se burlan de mí y la rabia crece, mi gente les tienen miedo, ya nadie quiere estar en los pelotones de fusilamiento, muchos están desertando, a la primera oportunidad jalan pa'l monte.-

La expresión de Javier había cambiado y ahora dejaba ver sus miedos y temores.

Samuel también cambió su expresión y le contestó: Mi abuelo peleó contra los religioneros que se levantaron contra Lerdo y me describía lo mismo, un valor suicida, esperaban la primera descarga y luego se lanzaban con tal furia que no daban tiempo a la segunda, con palos y herramientas del campo atacaban sin piedad, al mismo general Escobedo lo derrotaron tantas veces como las que se enfrentaron, no les vamos a ganar nunca en el campo de batalla ya han tomado varias ciudades y pueblos y en lugar de saquearlas las organizan y sobreviven con el pago de impuestos, a la gente les gusta el nuevo gobierno.

Calles debe estar atento porque si aparece un general como Porfirio Díaz y les propone darle marcha atrás a la ley Calles tomará el poder casi de inmediato.-

-¿Cómo esta eso de Don Porfirio?- Interrumpió Javier.

- En 1867 Juárez y Díaz se lanzan tras la presidencia, Benito Juárez gana las elecciones usando todo su poder, considera una traición de los generales apoyar a Porfirio y los manda fusilar, rellena urnas y presiona a la gente para que vote por él.

Porfirio se retira a La Noria, en 1871 Juárez se postula por tercera ocasión a la presidencia y Díaz decide participar lo mismo que Lerdo de Tejada que era Presidente de la suprema corte. Juárez gana de nuevo con trampas y le impugnan la elección pero fracasa la impugnación por lo que Lerdo regresa a su puesto y Díaz se levanta en armas en el plan de La Noria y aunque gana varias batallas al acercarse a la capital lo derrota mi general Sostenes Rocha.

Al poco tiempo muere Juárez y de nuevo Díaz se presenta como candidato junto con Lerdo, quien había aprendido de Juárez como ganar las elecciones le gana, Díaz se retira derrotado y tiene que vender su hacienda para pagar sus deudas.-

Samuel había adoptado la pose de historiador y Nicasia no perdía detalle de lo hablado con su oído de tísica.

El carro dejaba la carretera al salir de Tepoztlán y seguía avanzando por las brechas de terracería mientras Samuel continuaba su historia.

-Juárez, contrario a lo que se piensa, no gobernó de acuerdo a la constitución, sino a su voluntad, él era la ley, en parte debido a las revueltas que tuvo que sofocar y en parte por su personalidad indígena, por lo tanto no aplicó las Leyes de Reforma.

Lerdo de Tejada se lanzó a fondo contra la Iglesia Católica, un año después de llegar al poder, expulsa a los jesuitas y a las hermanas de la caridad, llevándose entre las patas a los católicos, asesinó a cuanto sacerdote pudo, profanó los templos y se hizo de todos los bienes de la Iglesia.

Como te dije antes, en 1874 aparecen los religioneros principalmente en los estados de Michoacán, Puebla, Querétaro, Morelos y el estado de México, al término de sus cuatro años de gobierno, Lerdo, igual que Juárez, cambia las leyes para poder reelegirse obligando a los burócratas y militares a que voten por él, gana las elecciones a José María Iglesias quien encabezaba el poder judicial. De nuevo declara que las elecciones habían sido fraudulentas.

Díaz se levanta con el plan de Tuxtepec y aunque sufre varias derrotas, con la ayuda de Manuel González, algunos generales pero sobre todo de los religioneros que fueron los que inclinaron la balanza, gana finalmente Díaz y acuerda con Justo Benítez la reconciliación con la Iglesia Católica.-

-Ahora entiendo porqué Porfirio no aplicó las leyes de Reforma- Interrumpió Javier.

El carro se detuvo en la parte baja de una loma, el chofer les avisó que de ahí en adelante tenían que caminar ya que la choza estaba en lo alto del cerro.

Nicasia se adelantó para mostrar el camino, sudorosos llegaron hasta la puerta de la choza construida con carrizo, lodo y techo de palma

-¡Petra!- Gritó Nicasia.

Pasaron unos minutos hasta que se abrió la puerta y apareció una mujer gorda, vestida de china poblana, en el rostro, quemado por el sol no cabía una arruga más, sus movimientos eran solemnes y preguntó:

-¿Qué quieres, Nicasia? ¿quiénes son estos hombres?-

-Son amigos del general y quieren que les hagas una limpia- Contestó Nicasia.

-¿Trajeron las yerbas y los huevos?- preguntó Petra.

-No, nos dio tiempo- Respondió Nicasia con una cara de se me olvidó.

-El pueblo está lejos y tengo que caminar, si no quieren ir los tendrán que pagar aquí conmigo. - Contestó Petra.

-No se preocupe, yo se los pago- Interrumpió Javier.

-¡Pásenle, pues!- dijo Petra, al tiempo que despejaba el camino para que entraran a la choza de una sola habitación, al fondo se veía un catre y colgadas en las paredes, santos e imágenes aztecas, en la parte contraria un comal, una pequeña mesa con dos sillas.

-¿Quién es el que se va a limpiar?-

Preguntó Petra en forma autoritaria. Samuel empujó a Javier quien quedó en el centro de la choza, Petra encendió incienso a los lados de Javier e indicó unas oraciones en Náhuatl.

El humo se esparcía rápidamente por la pequeña choza haciendo difícil la respiración, Petra levantaba los brazos al cielo pidiendo ayuda a los espíritus y gesticulando, Nicasia que entendía perfectamente el náhuatl lucía asustada y tensa.

Petra detuvo las oraciones, tomó un manojo de yerbas y empezó a "barrer" el cuerpo de Javier reanudando las oraciones, hizo a un lado las yerbas, tomó un huevo pasándolo por todo el cuerpo, luego lo quebró en una vasija y apareció la yema llena de sangre. Antes de que Petra dijera algo, Samuel le pidió que tomara otro huevo de la cesta y lo quebrara, Petra lo hizo de mala gana y el huevo salió perfectamente limpio.

-A ver, hágame también a mí una limpia- dijo Samuel. Petra lo vio a los ojos fijamente diciéndole.

-Usted no cree en esto-dijo, enérgicamente Petra.

Samuel no contestó pero empujó a Javier y se puso en su lugar, Petra repitió las oraciones y la limpia, cuando terminó el huevo de nuevo estaba lleno de sangre.

Samuel fue a la cesta y tomó un huevo diciendo:

-Ahora límpiela a ella- dijo volteando a ver a Nicasia.

Petra inició la rutina y al abrir el huevo este estaba limpio.

-No entendí el truco- dijo molesto Samuel.

-No hay ningún truco, venían ustedes muy sucios- dijo Petra tranquilamente.

-¿Sucios de que?- Replicó entre molesto y asustado Javier.

-Ya váyanse que tengo que limpiar mi casa-

Replicó Petra sin contestarle a Javier. Samuel se sentía mareado por el humo del incienso que tenía un extraño olor y sacó de su billetera un billete de alta denominación y lo extendió a la bruja, pero al sentir el contacto de la mano de ella, creyó ver en el humo del incienso las caras asustadas de los niños y las mujeres del pueblo que habían quemado, la cabeza le daba vueltas y sintió que se desmayaba, instintivamente salió de la choza a trompicones tratando de respirar aire fresco.

Respiró profundamente varias veces hasta que se sintió bien, luego se llevó la mano a la pistola, Javier y Nicasia lo abrazaron, ¡no por favor! Imploraba Nicasia al tiempo que Javier no sabía qué hacer, Samuel se liberó de un movimiento fuerte entrando de nuevo a la choza, hasta muy lejos se escuchó la descarga de la pistola, Nicasia entró corriendo a la choza y se arrodilló junto al cuerpo de Petra quien le miró los ojos con cierta ternura.

-Sabía que vendrían estaba...- ya no alcanzó a decir más porque su boca se llenó de sangre, pero continuó con la vista fija en los ojos de Nicasia hasta que su cuerpo se quedó inerme y su rostro perdió la expresión.

Bajaron sin pronunciar palabra, Nicasia no podía ocultar su rabia, pero permanecía en prudente silencio, el camino de regreso fue muy pesado, al pasar por Tepoztlán, las sombras de la tarde hacían ver las paredes de piedra de los cerros como gigantes fantasmagóricos que los seguían, Nicasia volteó a ver el cerro del Teposteco y murmuró para sí misma, "el señor del Tepozteco vió todo, que Dios se apiade de nosotros". Llegaron a la casa ya entrada la tarde y al bajarse Samuel dijo:

-Una palabra al general y los mando con la bruja-

Nicasia se dirigió de inmediato su cuarto y se hincó a rezar por el alma de Petra combinando el rezo con sollozos, ya entrada la noche escuchó que tocaban a su puerta, era Javier que volteando para todos lados le pedía permiso a Nicasia para entrar a su habitación se veía visiblemente asustado.

-¿Qué fue lo que pasó?, ¡mujer!- preguntó desesperado Javier.

-Usted no habla mexicano ¿verdad?- preguntó a su vez Nicasia.

-No para nada, pero creo que el coronel Samuel sí, - contestó apresurado.

-Entonces no entendió nada- replicó Nicasia

-¡No! ¡explíqueme! ¿de que estábamos sucios?- preguntaba Javier.

-Los espíritus del mal se apoderaron de sus almas, llenándolas de odio y maldad, la sangre de los inocentes les ha oscurecido el alma.- Nicasia fijaba sus ojos en Javier quien parecía estar en trance.

-¿Qué hago para librarme de eso?- Preguntaba Javier.

-Es muy sencillo, arrepiéntase de sus pecados, pida perdón a Dios, vaya a confesarse- Dijo en voz baja Nicasia.

-Pero si ya no hay curas, las iglesias están cerradas.- dijo apresuradamente Javier

Nicasia lo observó y creyó ver en su rostro arrepentimiento por lo que se atrevió a decir:

-El domingo busque en el campo algún grupo que este haciendo día de campo acérquese con el más viejo del grupo y salúdelo diciendo ¡Viva Cristo Rey!

No vaya armado y mucho menos uniformado, no haga movimiento militares y use palabras comunes, si le contesta en la misma forma él sabrá dónde o quién es sacerdote del grupo, ahora hínquese conmigo para rezar por el eterno descanso de Petra.- dio Nicasia al tiempo que le ponía la mano en el hombro obligándolo a hincarse, Javier no se resistió y empezó a rezar junto con Nicasia en voz baja, poco a poco Javier empezó a sentir una gran tranquilidad, rezaron por más de dos horas y al salir Javier se sentía otro hombre no rezaba desde niño cuando su madre lo obligaba a rezar antes de dormir, el domingo salió al campo a buscar al sacerdote. No tardó mucho tiempo en ver en un llano cercano al monte un grupo de familias que en grupo parecían celebrar algo. Al acercarse todos voltearon a verlo y pararon su actividades, Javier siguiendo las indicaciones de Nicasia se acercó al que parecía ser el patriarca del grupo y dijo la clave:

-¡Viva Cristo Rey!-

-¡Viva Cristo Rey!- le contestó el patriarca y continuó- -¿Qué te trae por estos lugares?.

-Estoy buscando un sacerdote- contestó.

El patriarca no le contestó solamente con la mirada le indicó quién era el sacerdote.

-El ranchero ese ¿es el sacerdote?-preguntó Javier.

El patriarca asintió con un gesto y Javier se dirigió a el Ranchero que estaba rodeado de personas.

-Qué tal Javier ¿como estas?- le preguntó el sacerdote a Javier quien se mostraba sorprendido que lo conociera, le tomó por el abrazo y lo llevó a un álamo donde se sentaron en sendas piedras, platicaron largamente, Javier se confesó y prometió arrepentimiento, al terminar la confesión le dijo al cura.

-Me gustaría unirme a la causa aunque sea desertando del ejército, quiero pelear al lado de ustedes.- comentó Javier.

-¿Estás seguro de tu decisión?- preguntó el sacerdote.

-Completamente seguro- afirmó Javier.

-¡Bien!, no tienes desertar, nos haces más falta dentro, necesitamos que te cambien al ministerio de guerra y nos informes de envíos de municiones y tropas, trata de ir por las tardes al Bar "La Estela" que está en la calle de donceles, los mensajes los tienes que cifrar, aquí te doy un manual para que aprendas a cifrarlos, si te los encuentran pensarán que es una carta a tu novia.- le dijo el sacerdote al tiempo que le extendía el manual.

-¿Cómo voy a hacer para que me cambien a las oficinas del ministerio de guerra?- preguntó Javier.

-Le conoces un crimen a Samuel y en este sobre encontrarás otros, platica tranquilamente con él y dile que le serás útil para guardarle la espalda- Contestó el sacerdote, Javier estaba confundido así que se decidió a preguntar.

-¿Cómo sabía que iba a venir? ¿Cómo sabía que me iba a convertir en Cristero?-

-Sabía que podrías venir y tenía la esperanza de que te pasaras a nuestro lado, el resto lo hizo Dios- contestó el sacerdote con una sonrisa.

La vida en la capital seguía su curso normal, a diferencia de otras rebeliones y salvo el boicot, la guerra Cristera no afectaba grandemente la economía de la metrópoli, los negocios se empezaban a recuperar de la destrucción que habían tenido con la revolución que se había alargado demasiado.

Algunos de los grandes empresarios regresaban pero se cuidaban mucho de no caer en desgracia del gobierno por lo que se mantenían alejados de apoyar a los cristeros, no así la clase media que sacrificaba parte de sus ingresos en apoyo de la causa. Muchas mujeres arriesgaban su vida transportando entre sus cuerpos municiones o mensajes, sabían de los duros castigos a las que eran sometidas si las descubrían pero su Fe era más grande que sus riesgos y seguían apoyando el movimiento.

Los primeros levantamientos habían ocurrido en las zonas controladas por la Unión Popular como Jalisco, Nayarit, Zacatecas, Guanajuato y Michoacán, los hombres abandonaban sus tierras y sus familias por abrazar la causa y entre cantos a la virgen avanzaban por los caminos donde se les unían voluntarios y las familias les aplaudían su marcha por los caminos, el ejército se mostraba muy confiado de apagar el movimiento.

Después de terminar la reunión con los masones el general se encierra en un privado con unos banqueros.

-Ya me tienen esa información?- preguntó con voz firme y amenazante.

-Después de analizar todas las cuentas solamente tenemos dos sospechosos.-respondió uno de ellos con cierta timidez.

-¿Son de la Iglesia?- interrumpió el general.

-No señor, recuerde que se confiscaron todas sus cuentas- respondieron rápidamente.

-Entonces, ¿qué pasa? ¿cómo se están financiando estos facinerosos?- insistió

-Creemos que es financiamiento hormiga, de donativos de la gente- dijeron los banqueros con tono de excusa.

-Pero me hablaban de dos cuentas sospechosas.- Retomó el tema el general.

-Si señor, en una se hicieron veinte retiros en una semana por un importe total de un millón de dólares y en otra se giraron cheques por dos millones y medio de dólares.- Contestaron.

-¿Cómo era la persona que hizo los retiros?- Insistió el general.

-Bueno este.. nos lo describen como alto, fornido y de unos 50 años, tez oscura, rasgos finos…

-¿Como era el otro?- no lo dejó terminar el general.

-Bueno, era alto, fornido, tez blanca, como de 30 años…

-¡Estúpidos¡, era el mismo !Váyanse¡ déjenme en paz, ¡fuera! !inútiles! -gritó finalmente.

-Déjeme explicarle- Se atrevió a decir uno de los banqueros.

-No me explique nada, ¡debieron detenerlo!-. gritó.

-Bueno lo detuvimos.- alegó tímidamente el banquero.

-¿Y donde esta?- saltó de su silla el general.

-Bueno, en el quinto retiro, pidió entrar al sótano donde tenemos cajas de seguridad, me comuniqué con el jefe de la policía secreta y lo encerramos en el sótano- Dijo el banquero tímidamente.

-Bueno, ¿y donde está? Con un demonio ¡hablen ya!- Interrumpió molesto.

-Cuando llegó el jefe de seguridad el tipo había desaparecido.- Respondió tímidamente.

-¿Cómo va a desaparecer alguien?.- Gritó el general para después preguntar -¿Había alguien más en el lugar?-

-Nadie, solamente el señor del aseo que se quedó encerrado por error, un anciano encorvado que apenas si puede caminar.- Respondió el banquero ahora interrumpido por su asistente.

-Señor, no trabaja con nosotros ningún anciano encorvado.- Le dijo casi en voz baja.

-¡Estúpidos! Lo dejaron ir. ¡lárguense no los quiero ver- Gritó de nuevo el General.

El ejército federal se encontraba en un gran problema, aunque absorbía casi el 45 % del presupuesto nacional una gran mayoría de efectivos registrados eran hombres de paja que solamente existían en la nómina y su sueldo iba a parar a los bolsillos de generales, coroneles y hasta tenientes del ejercito, de igual manera el dinero para la pastura de caballos inexistentes.

Pronto fueron declarados muertos en combate y sus lugares fueron ocupados por gente capacitada al vapor y muchos de ellos a través de una leva forzosa de campesinos, obreros, presos, mineros y desempleados los cuales desertaban después del primer combate.

El personal administrativo que se agregó aprendió pronto las prácticas corruptas de vender las municiones y provisiones para hacerse de entradas adicionales.

Mientras que los Cristeros eran hombres de convicciones y estaban dispuestos a dar la vida, gran parte de los federales solamente estaban esperando el momento para escapar.

Los mejores soldados del ejercito resultaron ser los indios Yaquis de Sonora, los Tehuanos de Oaxaca y los Tarascos de Michoacán.

Esto explica en gran medida los fracasos continuos del ejército federal, los Cristeros atacaban de sorpresa para luego desaparecer en una guerra de guerrillas que enardecía a los generales y mantenía en continua tensión al ejército.

El jefe de la policía llegó ya bien entrada la mañana y estuvo en antesala solamente algunos minutos, le urgía al general hablar con él.

-Estoy seguro que Franz vive y sigue operando- le dijo sin el saludo previo.

-Franz murió en el accidente de su avión, Señor.- aseguró el jefe.

-¿Viste el cadáver?- preguntó enfático.

-Estaba totalmente quemado, el aeropuerto de salida nos dio los datos de vuelo y era el, además encontramos su cartera con su pasaporte y dinero- contestó ufano el jefe.

-¿El cuerpo hecho cenizas y la cartera intacta?. Pero de que tipo de imbéciles estoy rodeado.-

Gritó indignado el general, al tiempo que el jefe se daba cuenta de su error y se llevaba el puño a la frente dándose ligeros golpes al tiempo que el general seguía.

-¿De que sirvió que mataras a Anacleto y a su gente?. No pudiste sacarle ninguna información, solamente me echaste encima a la gente.- el general estaba verdaderamente molesto.

-Traemos vigilados a todos sus amigos y familiares, ninguno esta trabajando.- respondió Atanasio.-

-Entonces dime ¿Quién dirige el abasto de municiones? ¿de donde sale el dinero para sostener las tropas?- preguntó irritado.

-Lo estamos buscando señor y ya estamos muy adelantados.- contestó el jefe.

-No me des atole con el dedo, los quiero ya y los quiero muertos, ¿entiendes?.- gritó el general.

-¡Si señor! como usted diga.- contestó Atanasio.

-Ve a ver a estos banqueros y pídeles los datos del hombre que hizo los retiros, estoy seguro que es Franz.- gritó de nuevo el general.

-Ya lo hice señor, de hecho estuvimos a punto de atraparlo..

-Y se te fue de enfrente de tus narices lo quiero ya y tres metros bajo tierra. ¿Entiendes?.- interrumpió el general.

-¡Sí Señor!- contestó el jefe haciendo una reverencia.

-Ahora vete y no regreses hasta que hayas acabado con él, ¡Bola de idiotas!.- concluyó el general.

El ejército Cristero más bien parecían ser varios ejércitos desvinculados y sin un mando único, aunque victorioso, la liga se dedicó a buscar un director técnico, un militar con conocimiento de estrategia y contrataron al general Gorostieta, un gran estratega que les pidió sueldo y un seguro de vida para su familia. A la liga le pareció bien un mercenario que pudiera manejar a su antojo y destituirlo cuando quisieran, Gorostieta era agnóstico, desapasionado y cerebral.

Los generales cristeros vieron con malos ojos la llegada de un mercenario a dirigirlos pero con el paso del tiempo se estableció una gran química entre los Cristeros y su general.

Gorostieta se contagió del ánimo de los Cristeros y su personalidad sedujo a los Cristeros, con estrategia y espíritu, los Cristeros se convirtieron en un ejercito temible que aterraba a los federales, el gorra prieta arengaba a los cristeros llevándolos al éxtasis al tiempo que la admiración que sentía por su gente lo llevaron de regreso a la Fe.

La actividad del ejército cristero se volvió frenética, el liderazgo de Gorostieta rebasaba cualquier pago, se había convertido en un Cristero más preocupando a los lideres de la Liga.

Ya no era un montón de campesinos desarmados y hambrientos sino un verdadero ejército armado, con municiones y provisiones.

La rabia del general aumentaba cada día ya no era uno sino dos los personajes que le inquietaban, estando en reunión con los altos mandos del ejército se acercó su secretario para pasarle una nota que decía: esta afuera una mujer que asegura tener una información muy importante para Ud., el general la leyó:

-Dile que me espere y que si no es cierto la mando apalear.-Contestó con cierta molestia.

La junta duró hasta la media noche, cuando salieron el general vio al fondo del recibidor a una hermosa mujer que se le acercó.

-General, yo tengo una información que es en extremo importante para usted.- Le dijo con voz sensual.

-Lo vemos mañana, ya es muy noche.- Contestó el general que no dejaba de recorrerla con la vista.

-Mañana quizás no tenga valor para decírselo.- Contestó la mujer enigmática.

-Pero sea breve, ¡venga a la sala!- El general se mostraba amable, lo cual era raro para él, pero además tenía una corazonada de que podría ser.

-La anterior vez que trataron de atraparlo cometieron errores elementales, el mayor fue no medirlo bien, él tiene un conocimiento enciclopédico, pero además habilidades técnicas increíbles, una condición física inmejorable, mucha información y una inteligencia cercana a la de genio, no en balde se le conoce como el cerebro, mire ¿Recuerda su fistol de oro que lucía el día viernes?- preguntó la mujer.

-Ese fistol se me cayó, ¿para que habría de querer él mi fistol? ¿no tiene acaso una gran fortuna?.- contestó el general al tiempo de que un frío le recorría todo el cuerpo.

-Para convencer a un embajador de lo vulnerable que es usted- Le dijo con una sonrisa mitad burla mitad coquetería.

-Jovencita, Usted sabe mucho y mi gente le hará decir todo lo que sabe del movimiento.- el general tomaba el control.

-Traigo en la boca una cápsula de cianuro, si usted intenta algo la morderé y se quedará sin la información que le puede salvar la vida.- ahora su sonrisa era francamente burlona.

- Era una broma, dígame como lo puedo atrapar y se irá usted con toda tranquilidad a donde quiera.- respondió el general con una sonrisa fingida.

-Me iré con toda tranquilidad por donde vine y usted tendrá la información mañana, le enviaré las instrucciones detalladas en una carta.- Se dio la media vuelta y caminó unos pasos para voltearse de nuevo.

-Una recomendación importante.- continuó la mujer.

-Mañana lea usted personalmente el sobre, memorícelo y después tírelo al fuego, nadie debe verlo y otra cosa, cada paso hágalo usted personalmente, recuerde que él tiene ojos aquí, en su casa, en todas partes, un error y todo estará perdido para usted.-

Dicho esto se retiró la mujer lenta y rítmicamente, sin afán de seducir, pero era la seducción en persona.

El general se quedó frío, pasmado, cuando la perdió de vista, llamó de inmediato a su secretario.

-Haz que la sigan las 24 horas del día, informe de cada paso que dé.- había desesperación en su rostro y en su voz, como pocas veces había perdido esa seguridad de que hacía gala.

-¡Sí señor!- Respondió el secretario al tiempo que corría al teléfono.

El general se dirigió a sus habitaciones como si tuviera prisa, tomó la jara de agua que estaba en su buró y después de servirse la bebió toda de corrido, se tiró en la cama solamente para darse cuenta de que no tenía ni trazas de sueño, se sentía inquieto. ¿Quién sería esa mujer? Estaba en esta cavilación cuando tocaron a su puerta, se puso las pantuflas y preguntó quién era.

-¡Yo, general!- Gritó el secretario atrás de la puerta, el general abrió la puerta y preguntó.

-¿Qué quieres que interrumpes mi sueño? dijo molesto el general. Al tiempo que abría la puerta.

-Se esfumó, Señor.- Dijo con el rostro atónito.

-¿Quién se esfumó?.- Preguntó molesto el general.

-.La mujer señor, nadie la vio salir.-

-Pues entonces está aquí, vamos a buscar por todo el palacio, nadie se esfuma.- contestó irritado el general, mientras el secretario salía a buscar refuerzos.

El general se vistió de prisa y salió a unirse a la búsqueda. Una hora después se daban por vencido y el general regresaba a su habitación, al tomar su pijama ve con asombro un sobre debajo de ella, lo abre y lo lee de inmediato exclamando al terminar.

-Ahora sí Franz, eres hombre muerto, ¡Secretario!.- gritaba el general saliendo del cuarto.

El secretario alcanzó a oír los gritos y regresó de nuevo, lucía bastante cansado.

-¡Ve por el gran maestro! lo necesito de inmediato.- Le dijo en forma imperativa el general.

-Pero señor son casi las tres de la mañana- Contestó atribulado el secretario.

-No importa la hora !Ve! y tráelo de inmediato, ¡Ah! y mándame dos guardias para que estén en la puerta de mi cuarto y dos para que vigilen mi ventana por fuera.

El general estaba feliz, ahora en lugar de irse a la cama, tomó papel y lápiz y empezó a escribir unas instrucciones, terminó y la metió en el sobre junto a la carta que había encontrado en la cama, salió de su recamara y se dirigió la oficina donde hizo una llamada, no bien había terminado cuando su secretario se presentó con el gran maestro de la logia del Valle.

-¡Ya puede irse a dormir secretario! No sea tan desvelado.- Ahora hasta bromeaba el general.

-Señor me sorprende.- Dijo el Gran Maestro.

-Un día me juraste fidelidad absoluta y obediencia. ¿No es así?.- Preguntó el general.

-¡Así es Señor! Usted puede disponer de mi vida.- Contestó con resignación.

-No es la cosa tan dramática, tengo un encargo que hacerte donde se define tu destino, si lo logras tendrás asegurada tu vejez, pero si fallas ya no necesitarás asegurar tu vejez, porque no llegarás a viejo.- dijo con voz firme el general y el Maestro sabía que estaba hablando en serio.

-Te esperan en el aeropuerto, vas de viaje.- Ordenó

-Pero señor, los aviones no son muy confiables y además es de noche.- Argumentó.

-En dos horas amanece, están preparando el avión parten al salir el sol o si pueden antes pero ya vete al aeropuerto, aquí están las instrucciones, el viaje es muy largo y harás muchas escalas, así que no pierdas tiempo y vete.- Terminó de ordenar el general.

-¡Como Usted diga señor!.- Con exagerado respeto tomó el sobre, hizo un reverencia y se retiró.

-Bien, ahora sí a dormir.- Dijo para sí el general y unos minutos después estaba profundamente dormido y con una sonrisa en su rostro.

Si bien la lucha se consolidaba en el bajío y en Puebla, los estados del Norte no estaban inactivos, Cabrera en San Luis Potosí, que pese al férreo control de Cedillo en la zona se daban escaramuzas, En Coahuila García Cuellar se levantaba en armas, En Chihuahua, a pesar de la amenaza del obispo Guizar y Valencia de excomulgar a quien se levantara, Nicolàs Fernández se levantó en armas cerca de los límites con Durango y Ricardo Ramírez "El Chato" en Batopilas. En Tamaulipas y Nuevo León hubo levantamientos cerca de la frontera con Estados Unidos pero al combatirlos los dos ejércitos, el de México y USA decidieron mantenerse a la expectativa.

Franz, había comprado un edificio en Paseo de la Reforma bajo la personalidad de John Douglas, un americano bonachón de enorme barriga y abundante papada, en la parte baja estaba la joyería del tal Douglas, en los pisos dos y tres departamentos de viviendas todos ocupados por gente fiel y entrenada, en el PentHouse.

Cada día tenía más personajes y contactos en puestos claves, uno de sus personajes era corredor en la bolsa y por ese medio canalizaba dinero a la causa, lo mismo vendiendo bienes raíces que compraba con traspaso y vendía en efectivo, la joyería le permitía vender las joyas que las mujeres donaban para la causa.

El dinero se transformaba en municiones y avituallamiento para las tropas, trabajaba intensamente los siete días de la semana y casi 20 horas sin que aparentara cansancio, su gente lo adoraba y estaban dispuestos a todo por él.

Estaba en una reunión cuando sonó el teléfono, Rosita contestó el teléfono.

-Padre, es David dice que es muy urgente que le conteste.- Dijo Rosita extendiendo el teléfono.

El corazón le dio un vuelco a Franz, había colocado a David en el Arzobispado justo en el puesto de correspondencia, él sería el primero en enterarse de que habría llegado.

-Padre, tengo en mis manos una carta del Vaticano dirigida a Usted.- dijo David orgulloso.

Franz no podía respirar, sentía que se le salía el corazón.

-Aló, Padre, Aló ¿se encuentra ahí?- insistía David.

-Ve de inmediato al café de chinos ahí nos vemos, salgo ya.- contestó visiblemente emocionado Franz.

Todos lo vieron extrañado, rara vez se emocionaba y ahora estaba fuera de sí, salió corriendo sin despedirse de nadie y sin disfraz alguno, tomó la motocicleta de unos de sus personajes y salió a toda máquina al café.

Ya lo esperaba David que se la extendió de inmediato, temblando la abrió y al leerla gritó de felicidad, todos los parroquianos voltearon asombrados y sin despedirse ni dar las gracias echó a correr hacia la moto.

Entró al edificio corriendo y subió las escaleras del mismo modo, tomó tres cambios de ropa, sus documentos y pasaporte, sacó un paquete con dinero y de nuevo a correr escaleras abajo.

-¡Emilio!, ¡Emilio!, ¡llévame al aeropuerto!-

Le gritó al portero del edificio. Eso de llévame fue un decir porque Franz se subió al volante y aceleró para ir curveando entre los autos a toda marcha, nunca había hecho tan poco tiempo al aeropuerto.

Emilio estaba preocupado, Franz sin disfraz exponiéndose a que un policía lo parara por exceso de velocidad.

Mexicana de aviación había establecido tres años atrás el servicio de taxi aéreo.

-¡George! Necesito un taxi a Juárez de inmediato.- dijo Franz efusivamente. A George le extraño la familiaridad con la que le hablaba el desconocido aunque se le hacía conocida la voz pero no podía saber a quien se parecía esa voz.

Franz se dio cuenta de que George a quien conocía era a Douglas así que corrigió:

'Perdón señor Rihi, soy el secretario particular del señor Douglas y necesita que viaje de inmediato a El Paso Texas- Dijo Franz ahora en tono respetuoso.

-No sé si ya terminaron el aeropuerto municipal, el año pasado estuvo Lindbergh ahí y prometieron terminarlo para septiembre.- dijo George en pésimo español.

Franz cambió el idioma a inglés para que se sintiera más cómodo, le mostró el dinero y una hora después despegaba el taxi aéreo rumbo a El Paso, no había querido avisarle a Moramai, ¡vaya! Ni siquiera había habido tiempo.

El avión era un biplano Lincon Standar de un pasajero y cabina abierta, capaz de transportar equipaje de 50 kilos, el avión tomaba altura con rumbo a Tuxpan tratando de alcanzar la fabulosa velocidad de 95 Km por hora.

La ruta de reabastecimiento sería Tuxpan, Tampico, Brownsville, San Antonio y de ahí tratarían de llegar a El Paso.

Al atardecer estaban aterrizando en Brownsville, ahí pasarían la noche para volar muy de mañana, por la noche en la cena convenció al piloto que lo dejara pilotear al otro día, al principio se resistió pero pudo más la cartera de Franz que sus reglamentos.

Al salir el sol despegaba el Lincoln con Franz al mando, Franz sabía que había unas corrientes de chorro de Este a Oeste, trataría de subir hasta una altura donde sintiera el empuje de esta corriente, evidentemente no podía entrar en ellas porque en el centro había velocidades hasta de 800 km-h y desbarataría el avión pero a lo mejor en la parte baja podría tener un empuje que le permitiera llegar a El Paso sin necesidad de parar en San Antonio, el avión tomaba altura y el aire se enrarecía, el piloto sintió que le costaba trabajo respirar y empezó a golpear el casco de Franz para indicarle que bajara un poco, justo en ese momento se empezó a sentir el empuje del viento, Franz picó el avión para recibir más fuerte el viento y bajó la aceleración del motor al mínimo para ahorrar combustible, el piloto se agarraba fuerte del asiento delantero y cerraba los ojos, las alas vibraban como si se fueran a despedazar, unos minutos después disminuía la vibración.

El piloto veía el avión inclinado hacia abajo pero no sentía bajar por lo que trataba de ver el altímetro desde el asiento de atrás, cuatro horas después iniciaban el descenso en El Paso, el aterrizaje fue suave y muy pronto estaban saltando fuera del avión.

-¿Cómo que estamos en El Paso y no en San Antonio? ¿Pues a que velocidad veníamos?- Gritaba el piloto.

-Por el tiempo que hicimos calculo que veníamos como a 300 km-horas- Respondió tranquilo Franz.

-¡A 300 km-hora! Pero si estas mugres están diseñadas para viajar a 95 km-h nos pudimos matar ¿cómo te atreviste a hacer esto? Estás loco pusiste en riesgo mi vida y la tuya- Seguía gritando el piloto fuera de sí, -Voy a denunciarte para que te quiten tu licencia-

Franz lo tomó de un hombro y le dijo:

-No es la velocidad la que destruye los aviones, sino la variación de la velocidad, esto es la aceleración, si alguna vez quieres repetir este vuelo, solamente cuida de no hacer movimientos bruscos y mantenerte en la parte baja de la corriente, ¡olvídalo!, en ningún momento corrimos ningún riesgo.- Dicho esto sacó unos billetes de la cartera y se los dio.

-Ve a divertirte un rato a Juárez, la vas a pasar bien-.

Dicho esto Franz caminó casi corriendo a buscar un taxi que lo estaba esperando.

El camino hacia el convento se le hizo eterno finalmente pudo divisar el jardín de la entrada, traía su equipaje en la mano por lo que se bajó de inmediato, con su mente fija en la puerta no se percató de dos camionetas de Rangers estacionadas en un lado ni los cuatro jardinero que estaban bajo cada árbol del jardín con un costal recargado a sendos árboles.

Al verlo bajar un ranger levantó el brazo y de inmediato los jardineros sacaron de sus costales un rifle y sin pensarlo dispararon desesperados contra el peligroso hombre que esperaban, abordaron de inmediato la camioneta y salieron a toda prisa.

En Morelos, Puebla, Michoacán, Estado de México, Nayarit la lucha se intensificaba, el transporte de municiones funcionaba de maravilla, se asaltaban trenes, se tomaban pueblos, el mismo embajador de Estados Unidos Monrow estuvo a punto de ser secuestrado.

El general estaba desesperado, todos los partes de guerra eran negativos, no paraban los embarques de USA con armamento y municiones pero hasta esos eran asaltados por rebeldes incrementando su fuerza ofensiva, en esa situación estaba cuando suena el teléfono, lo levanta de mala gana y por el hilo llega la noticia con acento americano.

-El trabajo fue realizado correctamente- Se escuchó.

Los Cristero heridos eran trasladados a hospitales improvisados, pero los sacerdotes que se vieran que estaban en condiciones de viajar y su convalecencia fuera larga era trasladados al convento de las hermanas del Buen Pastor en las afueras del Paso Texas para evitar que cayeran en manos del gobierno.

Moramai se había convertido en una diestra enfermera, su experiencia en Francia le había ayudado mucho, así que desde temprano recorría las camas de los enfermos saludándoles y regalándoles una sonrisa, los enfermos la veían como un ángel, ese día se levantó con una alegría especial, recorría las camas cantando suavemente, cuando escuchó los disparos sintió un sobresaltos, la hermana portera gritaba desesperada pidiendo un médico, el médico que también era sacerdote cambiaba las vendas de un herido y salió al jardín con grandes zancadas.

-¡Pronto!, una camilla- Gritó el médico al tiempo que tapaba una hemorragia en el cuello con sus dedos.

Moramai vio una camilla de lona en una esquina y la tomó de inmediato corriendo hacia la entrada, Moramai lanzó un grito al verlo y de inmediato se arrodilló tomándole la cabeza.

-¡Aguanta mi amor! Te vas a poner bien. -gritaba entre llantos.

-Ya podemos casarnos- Apenas si se escuchaba la voz, tenía perforado un pulmón y trataba de darle la carta a Moramai, al ver la sotana del sacerdote hizo un esfuerzo por voltear.

-¡Padre! Cásenos por favor.- dijo con una voz casi inaudible.

Moramai arengaba al padre para que lo llevaran adentro y lo salvaran, el sacerdote hizo un movimiento negativo con la cabeza y le pidió a Moramai que le tomara la mano.

-¿Cómo se llama el novio?.- preguntó el sacerdote.

-Franz, no, José es su verdadero nombre.- dijo angustiada y llorosa Moramai.

- ¡José! ¿Tomas por esposa a Moramai?- Preguntó el sacerdote.

- ¡Si!, padre- contestó con una voz ya sin fuerza José.

-¡Moramai! ¿aceptas por esposo a José?.- preguntó el sacerdote.

-¡Si!, padre- contestó entre sollozos Moramai.

-Por el poder que se me ha conferido los declaro marido y mujer ante los ojos de Dios.-

Dicho esto el sacerdote los bendijo y siguió la liturgia en silencio.

Moramai lo abrazó llorando besando su frente, sus ojos y sus labios, el sacerdote retiró su dedo del cuello al darse cuenta que el corazón ya no latía.

Las monjas habían formado un círculo alrededor de ellos rezando y llorando.

El sacerdote, un hombre ya mayor, se levantó y fue a recargarse a un árbol, empezó a llorar en forma compulsiva, lloraba por Moramai a la cual le tenía un gran cariño, lloraba por la muerte de su colega, pero más lloraba por sí mismo.

Al día siguiente, por la tarde, cuatro sacerdotes convalecientes cargaban el féretro a su destino final, el sacerdote le había pedido a Moramai que vistiera de blanco y que marchara de frente del cortejo, la gente se unía al cortejo, veían en Moramai la majestad de la belleza y sencillez, su semblante lucía tranquilo y luminoso. Unas delgadas nubes parecían encenderse de un rojo hermoso a la puesta del sol, en esos maravillosos atardeceres del desierto. Quedaban sus restos en un país distinto al que había amado y por el cual había entregado su vida.

Había vivido intensamente en la entrega a su ministerio y sus ideales, sumergido en el pensamiento abstracto y al mismo tiempo vibrando en el tono más sublime de los sentimientos humanos el amor a la pareja.

Un amor espiritual intenso que no tuvo tiempo de consumarse perpetuándose en el corazón de la mujer que lo inspiró y compartió con la misma intensidad hasta la muerte.

El sacerdote hizo una remembranza de José y de sus valiosas aportaciones a la libertad en México, del ministerio sacerdotal llevado hasta los límites máximos, no lo había conocido personalmente pero su vida se conocía en el medio y ya era una leyenda, siguieron las oraciones de la liturgia, con un fervor especial, el misticismo del momento se contagiaba tomando tonos intensos, los silencios eran solemnes, cuando apareció un grupo de muchachos, algunos habían viajado toda la noche, la noticia se había extendido por todo el país de inmediato, era la ACJM quienes iniciaron de inmediato un canto.

¡TU REINARAS! ESTE ES EL GRITO
QUE ARDIENTE EXHALA NUESTRA FE.
TU REINARAS ¡OH REY BENDITO!,
PUES TU DIJISTE: REINARE.
REINE JESUS POR SIEMPRE, REINE SU CORAZON;
EN NUESTRA PATRIA, EN NUESTRO SUELO,
QUE ES DE MARIA LA NACION.(2)
¡TU REINARAS! DULCE ESPERANZA,
QUE AL ALMA LLENA DE PLACER,
HABRA POR FIN PAZ Y BONANZA
FELICIDAD HABRA DOQUIER.
REINE JESUS POR SIEMPRE...
¡TU REINARAS! DICHOSA ERA,
DICHOSO PUEBLO CON TAL REY,
SERA TU CRUZ NUESTRA BANDERA
TU AMOR SERA LA UNICA LEY.

REINE JESUS POR SIEMPRE...
¡TU REINARAS! EN ESTE SUELO,
TE PROMETEMOS NUESTRO AMOR,
¡OH BUEN JESUS DANOS CONSUELO
EN ESTE VALLE DE DOLOR!
REINE JESUS POR SIEMPRE...
¡TU REINARAS! TODA LA VIDA,
TRABAJAREMOS CON GRAN FE,
EN REALIZAR Y VER CUMPLIDA
LA GRAN PROMESA: ¡REINARE!
REINE JESUS POR SIEMPRE...

FIN

Epílogo

Viéndose perdido Calles trató de concertar la paz con Gorostieta, el cual se negó, sabía que tenía la victoria en sus manos, tiempo después moría Gorostieta en una emboscada.

El embajador Monrow y la gente del gobierno pactaron con la iglesia la paz sin consultar a los combatientes quienes se sintieron traicionados.

Después de deponer las armas, el gobierno mandó asesinar a muchos cristeros ya desarmados, en una de las páginas más vergonzosas de la historia mexicana.

Oficialmente la Iglesia nunca estuvo de acuerdo con la guerra y le prohibió a sus obispos participar, los sacerdotes y obispos que se unieron a la lucha como capellanes o combatientes lo hicieron en forma personal.

En permanente riesgo, muchos sacerdotes otorgaban los sacramentos a los católicos con riesgo de su vida y muchos la perdieron, la brecha en el alto clero y el bajo clero siguió un curso semejante al de la independencia, donde el alto y el bajo clero se dividieron.

La Cristiada fue la lucha de un pueblo por su libertad y como eso hay que rendirle el tributo que el estado le ha negado permanentemente, entendible en los gobiernos priistas descendientes ideológicos de Calles, Huerta, Cárdenas y tantos otros gobernantes jacobinos.

Pero inadmisible en estos doce años de gobiernos panistas, herederos ideológicos de los Cristeros.

Rindo un humilde homenaje a estos héroes de la libertad que evitaron que México llegara a los niveles de esclavitud que llegaron la URSS, Cuba, China y tantos otros países socialistas, donde los gobernantes se sintieron dioses y dispusieron a su antojo de la población.

www.ingramcontent.com/pod-product-compliance
Lightning Source LLC
Chambersburg PA
CBHW070716160426
43192CB00009B/1214